동물 유토피아를 찾아서

동물 유토피아를 찾아서

룽위안즈 지음 | 강수민 김영화 옮김

산지니

일러두기

미주는 모두 원주이고, 옮긴이 주는 본문의 괄호 안에 표시하였다.

들어가는 말

'동물 유토피아'는 현실과 너무 동떨어진 세계지만, 그래도 나와 수많은 동료들이 여전히 좇고 있는 꿈의 세상이다. 이 책은 세계 각지의 동물이 처한 현실을 될 수 있는 한 사실대로 서술하는 한편, 우리의 꿈을 조금씩 실현해나가는 과정을 그렸다. 나는 사람들이 잊거나 혹은 알지 못하는 동물들의 모습을 기록해두고 싶었는데, 이들의 숨소리와 눈빛을 묘사하는 일이 내게는 무척 어렵게 느껴졌다. 하지만 아무리 그래도 동물 유토피아라는 꿈의 세상에 다가가는 일만큼 힘겹지는 않았다.

이 책은 과거 있었던 일들을 시간적 순서와 사회적 맥락에 따라 서술했다. 모든 장은 각기 다른 동물 문제를 다루고 있다. 서장 「비행술과 로큰롤」은 동물보호 분야에 막 들어섰을 무렵에 겪었던 이야기로 내게는 잊을 수 없는 기억이다. 이때 해외로 떠나 살기 시작한 것이 동물보호운동에 본격적으로 뛰어드는 계기가 됐다.

1장 「치명적 귀여움」은 곰쓸개 채취 산업부터 전시동물 문제를 다룬다. 몇 년간 나는 동물원과 서커스단 동물에 관심 있는 친구들과 함께 중국 각지에 있는 동물원을 찾아다녔다. 당시 우리는 열정으로 충만했지만, 그만큼 방황도 했으며 무력감도 느꼈다. 자료와 정보가 제한적이었지만, 현지조사에서 수집한 증거를 토대로 무엇이 문제인지 짚어내고 이를 대중에게 널리 알리고자 했다. 그리고 정부를 설득해 동물 전시를 점차 도태시키려는 의도도 있었다.

2장 「유럽 보호소의 이상주의자」는 내가 유럽 각지의 보호소와 동물복지단체를 탐방하고 실습했던 첫 경험을 담았다. 내게 깊은 인상을 남긴 것은 끝없이 펼쳐진 아름다운 풍경과 완벽해 보이는 동물복지 제도만이 아니었다. 유럽 각국의 종교와 사회, 문화도 내 가치관을 송두리째 흔들기에 충분했다. 하지만 전 세계가 유럽의 동물복지 제도를 청사진으로 삼고 나아가야 하는 것이 맞는지 의문이 들었다. 나는 유럽에서 동물복지가 가장 잘 되어 있는 영국의 시범 농장도 참관했다. 이곳 시스템에서 오랜 시간 길들여진 가축은 현지인이 소비하기 위해 만들어진 '상품' 그 이상 그 이하도 아니었다. 모든 여정을 마친 후, 나는 유럽의 동물복지 제도에 만족하지 않고 내가 속한 사회로 돌아가 다른 길을 모색해보기로 결심했다.

3장 「아무것도 기억하지 말아줘」에는 길다면 길고 짧다면 짧았을 몇 년간의 동물보호 활동으로 동정 피로를 앓으면서 힘든 시간을 보낸 경험을 서술했다. 당시 나는 중국 각지에서 물밀듯이 쏟아지는 메시지에 묻힌 채 하루하루를 보냈다. 여기에는 학대받거나 유기된 동물의 구조 요청은 물론이고, 고양이와 개를 도축장으로 실어 나르는 차량에 대한 정보도 있었다. 그리고 학대받는 동물 때문에 정신적으로 힘든 동물애호가들도 내게 도움을 요청했다. 이런 사회적 문제는 내 주변에서도 심심치 않게 발생했다. 게다가 동물에 대한 주류사회의 태도와 나의 가치관 사이에는 큰 괴리가 있었다. 결국에는 나 자신을 의심하기에 이르렀고, 시간이 흐를수록 감정 또한 메말라갔다. 동정심의 다른 말은 고통일지도 모른다.

베이징에서 입양한 길고양이 코코와 카카를 데리고 대만으로 돌아가려면, 제3국에서 최소 반년 이상 체류해야만 했다. 그래서 2015년에 나는 일본에서 잠시 유학 생활을 하게 됐다. 4장 「도쿄 거리의 샌드위치맨이 되다」는 30년 넘은 역사를 지닌 애니멀라이츠센터에서 실습했던 내용을 담았다. 그곳에서 나는 매주 있을 가두행진에 대한 기획 회의와 현지조사에 참여하고, 사무실 물품을 정리하는 등의 일을 했다. 과거 대만 간판공처럼 몸 앞뒤로 광고판을 걸고 거리를 배회하는 '샌드위치맨'이 되기도 했다. 또 시부야 같은 번화가에서 시민을 상대로 캠페인도 펼쳤다. 나는 치밀하고 절제적인 일본 문화를 온몸으로 경험함으로써 사회운동 저변에 깔린 대중의 힘을 확실히 느낄 수 있었다.

5장 「핀란드에서 늑대의 탈을 쓴 양이 되다」와 6장 「북유럽, 동트기 전의 어둠」은 핀란드와 덴마크, 노르웨이 등 북유럽 국가를 돌아다니며 현지조사를 했던 이야기를 담았다. 국제 모피무역 현장으로 직접 날아가 정보를 수집하고, 동물 문제의 해결책과 연구의 돌파구를 찾으려 했다. 그러기 위해 일명 '늑대의 탈을 쓴 양' 작전을 펼쳤다. 신분을 속이고 늑대 소굴과 다름없는 모피무역센터와 사육장, 모피경매장 등에 잠입해 모피산업에 대한 조사를 벌인 것이다. 긴장감 넘치는 현지조사를 마친 후, 우리는 핀란드 최초의 동물농장보호소를 방문했다. 여기서는 인간과 동물의 상호작용이 더 다양하고 흥미롭고 건설적인 방식으로 이루어지고 있었다.

덴마크의 코펜하겐 근처 밍크 사육장을 방문했을 때는 독가스로 동물을 죽이는 '킬링 박스'를 마주했다. 이어서 노르웨이에서는 철창 안과 밖의 동물을 대하는 태도가 완전히 다른 사람들을 만날 수 있었다. 북유럽 국가를 탐방하며 동물들이 고통받는 모습만 목격한 것은 아니었다. 동물권 운동의 역사가 태동한 곳이라는 사실도 피부로 실감할 수 있었다. 수십 년 동안 쭉 이어진 동물보호운동은 용감하고 뛰어난 활동가들을 양산하는 밑거름이 됐다. 이들은 저마다 특별한 능력을 갖고 있을 뿐만 아니라, 과거 활동가들이 이룩한 동물보호 역사의 토대 위에서 새로운 문화를 구축하고 있다.

7장 「모든 동물은 평등하지 않다」는 우리에게 상당히 친숙한 동물인 판다 보호를 주제로 삼았다. 동물원의 인기스타 판다는 어쩌다 산림을 떠나 세계 각지의 도시로 흩어진 것일까? 내 박사 논문의 주제는 지난 30년간의 판다 보호 역사를 돌아보는 것이었다. 나는 연구를 위해 중국 쓰촨성의 자연보호구역을 탐방하며 순찰대원과 함께 산짐승의 발자취를 쫓으며 야생동물의 터전을 살펴봤다. 이후 판다 보호 역사를 정리하고 과거에 내렸던 잘못된 판단이 현재에도 영향을 끼치고 있음을 발견했다. 산 채로 쓸개를 채취당하는 아시아흑곰과 이 장에서 다룬 자이언트 판다는 원래 같은 서식지에서 살던 곰과 동물이지만, 현재 전혀 다른 운명에 처해 있다. 그러나 인간이 각기 다른 이유를 내세워 이들을 철창에 가뒀다는 점에서는 비슷하다. 나는 조지 오웰(George Orwell)의 『동물농장(Animal Farm)』에 나오는 문장 '모든 동물은 평등하다. 하지만 어떤 동물은 더 평등하다.'를 차용해 이 장의 제목을 지었다. 이는 동물 유토피아가 실현 불가능하다는 말을 하고자 함이 결코 아니다. 현재 우리가 깃대종을 대하는 방식이 옳은 것인지 다시금 돌아봤으면 하는 마음으로 지은 것이다.

종장은 평소 내가 관심을 갖고 있는 주제인 '누가 동물을 제대로 보호하고 있는가'를 다루고 있다. 이 장은 종교단체에서 벌이는 동물보호 활동을 이야기한다. 내가 '방생 현장'이나 '호생원' 등에서 만난 동물은 대부분 즐겁거나 행복해 보이지 않았다. 동물복지는 심각한 수준인 데다, 동물의 입장은 전혀 고려하지 않는 지극히 일방적인 '보호'만 존재할 뿐이었다. 이런 상황들을 직접 목격한 후, 나와 동료들이 올바른 방법으로 동물들을 돕고 있는지 진지하게 반성하게 되었다.

몇 년 전, 우연히 초등학교 때 썼던 일기장을 펼쳤다가 누렇게 바랜 종이 위로 문장 하나가 불쑥 떠올랐다. '의미 있는 삶을 살고 싶다.' 동물과 약자가 처한 상황을 직시하고, 이를 개선하기 위해 노력하는 것은 힘겹고 고된 일이지만, 그래도 내게 커다란 행복과 보람을 안겨준다. 나는 동물 유토피아를 찾는 이 여정이 지난 백 년간 세계 곳곳에서 펼쳐진 동물보호 활동이 이뤄낸 성취를 객관적으로 바라보는 기회가 되길 바란다. 그동안 동물의 도덕적 지위와 법적 지위가 향상됐으며, 세계 각지에서 민간 동물보호단체가 생겨나고 발전했다. 동물 문제에 관심을 갖는 매체도 점점 늘고 있다. 이런 큰 진전은 생명존중과 동물보호에 대한 대중의 의식을 향상하는 데 긍정적 영향을 미칠 것이다. 더 나아가

모든 이들의 가슴속에 영원히 꺼지지 않는 '사랑'의 등불을 밝힐
수 있기를 희망한다.

차례

비행술과 로큰롤

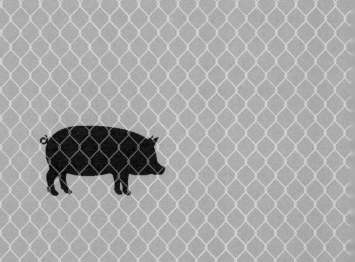

행동은 호기심에서 비롯된다. 2008년 설 연휴 때 베이징에 첫 발을 내디딘 나는 그 후 10년 가까이 여러 지역을 두루 여행했다. 처음에는 베이징대학의 옌베이위안(燕北園) 교직원 숙소에 방을 구했다. 고양이 세 마리와 함께 지냈는데 한 마리는 대만 출신 룸메이트가 입양한 코코라는 아이고, 다른 두 마리는 겨울 방학 동안 잠시 머무르던 중이었다. 밖에서 고양이들끼리만 겨울 방학을 보내기가 외로웠던 것 같다. 어느 늦은 밤, 나는 무거운 짐을 들고 5순환도로(5환로) 옆에 지어진 구소련식 타운하우스에 다다랐다. 꽁꽁 얼어붙은 손으로 허둥대며 문을 열고 방에 불을 켜자 아담한 거실에는 고양이 세 마리가 야옹거리며 서성이고 있었다.

우리의 도시, 베이징

처음 베이징에 도착했을 때만 해도 고양이가 곁에 있어 전혀 외롭지 않았다. 컴퓨터 앞에 앉으면 코코는 늘 책상에 앉아 나와 함께해주었다. 하지만 역시 이곳에서 새 친구도 사귀고 새 도시를 속속들이 알고 싶었으며, 언젠가는 '베이징 토박이'처럼 이곳이 편하고 익숙해질 날이 오기를 기대했다. 그러던 중 어느 날 우연히 '채식문화협회'라는 동아리에서 베이징대학의 익명 게시판에 올린 글을 읽었다. 동물보호를 주제로 로큰롤 공연이 열린다는 정보였다. 술집에 한 번도 안 가본 나는 베이징에서 만난 고등학교 동창에게 채식과 동물보호 활동을 하는 록 밴드를 보러 같이 가달라고 일주일 내내 졸랐다.

공연에 가기 전에 출연자의 정보를 인터넷에서 쓱 훑어봤다. 그중에 키가 훤칠하고 호리호리하며 머리를 묶은 삼십 대 초반의 남자가 있었다. 그는 채식을 실천하며 느낀 감상들을 블로그에 많이 써두었다. 동물들의 피해를 줄이기 위해 채식을 한다고 밝혔는데 나도 비슷한 생각을 품고 있었다. 블로그를 살펴보던 중 고양이들과 함께 찍은 사진에 눈길이 갔다. 일본 잡지의 표지 문구 같은 '고양이와 남자, 행복의 마법을 소환하다'라는 설명도 곁들여 있었다. 대만 남자들과는 달리 그는 강단도 있고 결단력이 있는 듯했다. 나는 문화적으로는 낯설지만 가치관은 비슷한 그에게 점점 끌렸다.

당일 저녁 8시부터 시작하는 공연을 앞두고 우리는 하이뎬구(海澱區)의 한 동네로 갔다. 그곳에는 로큰롤 바가 두 군데 있는데 베이징대학과 칭화대학(淸華大學)이 지척인데도 드나드는 사람들은 대부분 학생이 아닌 듯했다. 한 곳은 D22라는 이름의 트렌디한 바로, 내부 공간은 길고 좁았으며 조명이 매우 특별했지만 자세히 들여다보진 못했다. 더 안쪽에 자리 잡은 13Club이라는 바에는 그렇다 할 장식 없이 심플한 무대만 있었다. 무대 앞쪽은 네모반듯한 '로큰롤 존'으로 수많은 관중들이 디귿 자 형태로 무대를 에워싸고 있었으며, 2층에서도 무대를 내려다볼 수 있었다. 내가 보고 싶어 하는 '동물은 친구'[1]의 공연은 바로 여기에 올려졌다. 이윽고 무대가 시작되자 내부는 어느새 담배연기로 자욱해졌다. 바 입구는 여느 가게들처럼 방풍용 비닐들이 길게 드리워져 있었다. 짙은 담배연기 때문에 눈도 맵고 공연 소리도 잘 들리지 않아 노래가 대체 동물보호랑 무슨 관계인지 알기 어려웠다. 하지만 출연자가 결연한 어조로 산 채로 쓸개즙을 채취당하는 곰을 비롯한 여러 동물들의 비참한 현실을 전할 때 내 마음은 크게 움직였다. 머리를 기르고 붉은 계열의 옷을 입은 남자의 이름은 '셰전'으로 동북 지역의 밴드 '눅눅한 꽈배기'의 리드보컬이다. 셰전은 물론 동료들도 모두 채식주의자였다. 나는 줄곧 이 남자를 유심히 지켜보다 바 바깥에서 용기를 내어 자기소개를 하고 이메일 주소도 교환했다. 셰전은 내가 베이징에서 처음으로 사귄 친구가 되었다.

셰전은 다음 주 금요일에 퇀제후(團結湖)에서 다른 친구들과 '동물보호간담회'를 여는데 나도 데려가 주겠다고 약속했다. 그날따라 베이징은 황사도 없고 태양이 유달리 높게 비쳤다. 거기 모인 친구들 면면을 보니 허베이성, 랴오닝성 단둥시 출신이 있었고, 셰전은 랴오닝성 안산시 출신이었다. 성별이나 말투, 체격이나 외모도 제각각인 친구들이 한데 모여 있는 게 신기할 따름이었다. '동물은 친구'는 셰전이 속한 밴드 '눅눅한 꽈배기'의 멤버들을 주축으로 얼마 전에 설립한 공익단체다. 그들의 계획은 먼저 언더그라운드 밴드 공연을 통해 반항적이지만 새로운 사상에 거부감이 없는 수도권의 젊은 세대를 공략하는 것이다. 처음에는 개와 고양이 식용, 모피, 살아 있는 곰의 쓸개즙 채취 등의 문제를 알리고 차츰 동물보호와 채식을 집중적으로 홍보하려고 했다. '동물은 친구'의 공연 스케줄은 많지 않았지만 앞으로는 활동 영역을 넓혀 전국을 돌 예정이었다. '눅눅한 꽈배기'의 음악은 중국의 5음음계 스타일로 최근에 지은 곡의 주제는 모두 동물보호였다. 그들이 들려주는 이야기라면 밴드 이야기든 동물보호 사상이든, 아니면 베이징이나 고향에서 지낸 이야기든 죄다 흥미진진했다. 한번은 버스에서 우연히 만난 여성이 동료들에게 동물보호에 대한 생각을 듣더니 밴드 의상에 아이디어를 보태고 싶어 했다. 이렇듯 그 어떤 홍보 기회도 놓치지 않을 정도로 적극적인 사람들은 태어나서 처음 봤다. 우리들은 톈제후 공원에 앉아서 음악으로 사회를 뒤흔들고, 동물보호라는 새로운 문화를 널리 전파할 궁리를 했다.

그즈음 나는 셰전의 친구들과도 가까워졌다. 베이징 토박이인 샤오수는 키가 아담하고 눈이 가늘었으며 뱅 헤어에 머리가 길었다. 나는 시원시원한 성격에 언제나 자전거를 타고 온 베이징을 누비는 그녀를 '나타(哪吒, 중국 신화에 등장하는 신-옮긴이)'라는 별명으로 불렀다. 쓰촨성 난충시에서 온 탕징(唐晶)은 중앙미술학원의 대학원생으로 티베트인을 닮은 데다 실제로 불교 신자였다. 호리호리한 몸매에 섬세한 매력이 있지만 다부진 면도 있었다. 츠야(匙亞)는 허베이성 바오딩 안궈시 출신으로 키가 170cm에 가까웠는데 도회적인 느낌과는 거리가 있었다. 하지만 독립적인 중국의 MZ세대 여성다웠다. 나는 그녀들과 친하게 지냈다. 셰전의 동료 중 린판은 눈이 매우 크고 당당하며 강인했는데 밴드에서는 드럼을 맡았다. 기타리스트 펑쯔는 귀엽고 순수한 남자였다. 나는 베이징 출신에 네 살 연상의 그와 4년간 사귀었다. 또 다른 동료는 동북 지역에서 온 베이시스트 추신즈다. 어느 날 셰전이 나

더러 같이 베이징 서역에 추신즈를 마중 나가자고 한 적이 있는데 이런 사소한 일도 어쩐지 특별하게 느껴졌다. 여태 이렇게 많은 사람을 본 적이 있을까 싶을 정도로 중국에는 정말 사람이 많았다. 새로 사귄 친구들과 함께할 때면 베이징은 우리 발아래에 놓인 듯했고, 길거리도 모두 우리들 차지였으며, 베이징의 미래도 우리 손에 달린 것 같았다.

채식주의 이상 국가

셰전은 베이징 근교 펑황링(鳳凰嶺)에서 월세 1,000위안(한화 약 18만 원-옮긴이)짜리 방을 빌려 살았다. 베이징 서북쪽의 이허위안(頤和園) 정류장에서 346번 버스를 타면 약 40분에서 한 시간 만에 도착하는 곳이었다. 이 버스는 차량 두 대가 연결된 2단 버스로 5환로를 빠져나가면 도로가 울퉁불퉁해져 느릿느릿 기어갔다. 아크릴판으로 된 차창이 크게 덜컹거릴 때마다 팍팍한 현실이 느껴졌다. 나는 2, 3년 동안 흔들거리는 버스에 곧잘 몸을 싣고 아지트에 가서 셰전과 그의 친구들, 고양이, 그리고 아지트 주인이 오래 키운 셰퍼드 '뚱뚱보'와 만났다. 나는 이따금씩 고양이 장난감이나 생활용품을 셰전과 동료들에게 전달했다. 그리고 가족들에게는 팔찌나 옥 장신구를 모아 좀 보내달라고 부탁했다. 이들이 공연이 끝난 후 팔아 약간의 돈이라도 마련하길 바라는 마음이었다. 그러나 그 장신구들을 셰전이 직접 차고 다닌 걸 당시에는 알아채지 못했다. 우리의 아지트는 나의 온갖 꿈이 담긴 곳으로 순수하며 목표가 확실한 여기 친구들은 가족이나 마찬가지였다. 나는 여기서 밥도 자주 먹고 설거지도 했다. 아지트에서 처음 묵은 날 린판은 "여기 사람들은 모두 형제자매나 다름없으니까 남자, 여자 구분 없이 한 침대에서 자"라고 했다. 베이징의 밤은 몸서리치게 추웠지만 난방 기구는 없었다. 우리는 한 푼이 아쉬운 처지였기에 걸칠 옷이건 잠자리건 신경 쓰지 않고 닥치는 대로 살았다. 다들 양치나 세수도 잘 안 했고, 입던 옷 그대로 침대에 드러누워 잤다. 베이징은 건조하고 먼지가 많지만 북방 지역은 워낙 수자원이 부족한 탓에 샤워는 자주 못 했다. 그런데도 희한하게 몸에서는 냄새가 별로 나지 않았다.

베이징 토박이가 아닌 로큰롤 청년들은 대부분 위안밍위안(圓明園)의 화가촌(畫家村) 같은 베이징 근교에 살았다. 나는 훗날 그 지역에서 연주가, 시인, 지하 간행물의 편집자 같은 다양한 예술가들과 교류했다. 당시 베이징의 월세는 그리 비싸지 않았는데 5환로와 6환로 사이에 들어선 콘크리트 건물은 한 달에 대략 800위안에서 1,000위안이면 빌릴 수 있었다. 나는 그보다 더 외곽에 살았는데 그 지역은 건설 계획이 더욱 부실해 불법 건축물들이 한밤중에 불쑥불쑥 솟아오르는 경우가 허다했다. 그런가 하면 골목길은 태반이 비포장도로에 종종 고약한 냄새가 코를 찔렀다. 솔직히 말해 '노상방변'을 상습적으로 하는 사람이 꽤나 많았다. 내 주위만 해도 최소한 몇 명은 그랬으니까. 내가 사는 베이징대학 옌베이위안 캠퍼스의 지명은 싸오쯔잉(騷子營, 냄새가 고약한 주둔지라는 뜻-옮긴이)으로 위안밍위안과 이허위안이라는 두 정원 사이에 위치한다. 들리는 말에 의하면 공교롭게도 우리 집 주변은 위안밍위안에 사는 사람들의 분뇨 처리장이었고 그래서 싸오쯔잉이라는 지명이 붙었다고 한다.

그 시절의 생활은 단순하고 즐거웠다. 집에서 생활비를 대주는 덕분에 대학원 입시 준비 외의 시간은 자유롭게 보냈다. 그 무렵 셰전은 베이징 공연뿐 아니라 산둥(山東) 지역의 투어 공연에도 나와 몇몇 여자아이들을 데려가 주겠다고 약속했다. 우리는 함께 지난(濟南), 타이안(泰安), 그리고 칭다오(靑島)를 돌았다. 미니밴을 타고 북부 농촌이나 작은 마을, 그리고 낯선 여러 도시를 둘러봤다. 우리는 무대나 간판 없이 다 쓰러져가는 나이트클럽의 조출한 무대에서 공연을 하기도 했다. 여러 곳을 다니다 지역마다 각기 다른 '소동물보호협회'가 있다는 사실을 알고 깜짝 놀랐다. 한참 시간이 흘러서야 그중 일부는 엉터리 협회임을 알게 됐는데 그때 우리를 산둥성으로 초청한 단체만 해도 자금을 조달하기 위해 온라인으로 개를 팔고 있었다.

여행 내내 우리들은 웃고 떠들었지만 이따금씩 진지한 이야기도 나누며 자신이 알고 있는 고통받는 동물들의 사연을 공유했다. 어떤 친구는 농장동물의 처참한 상황을 들려줬고 또 다른 친구는 사람에게 모질게 버림받은 개가 죽음을 택한 이야기를 했다. 린판은 자신에게 먹이려고 고기를 삶던 부모님이 일산화탄소 중독으로 돌아가신 비극적인 사연을 들려줬다. 나는 농촌 길가의 전봇대에서 '개 삽니다'라고 쓰인 광고를 자주 봤는데 그제야 개를 잡아먹거나 집에서 기르던 개를 파는 일이 베이징 근교에서도 흔하단 걸 알게 됐다.

　나는 대학교 2학년 때부터 고기는 입에 대지 않았고 달걀이나 우유로 만든 식품은 조금씩 먹었다. 셰전과 다른 동료들은 동물성 식품은 모조리 거부하며 가죽이나 모피, 오리털로 만든 제품도 몸에 걸치지 않았다. 나도 금방 영향을 받아 엄격한 채식주의자가 됐고 갖고 있던 가죽 신발도 전부 버렸다. 그즈음 날 만나러 대만에서 온 동창 이즈와 페이인에게 베이징의 친구들을 소개할 수 있어 무척이나 기뻤다. 그리고 톈진 투어 공연에도 동창들을 데려가 술집과 식당 혹은 빈 방에서 잠자리를 해결하는 북방 청년들의 생활을 체험시켰다. 이즈는 서구의 록 밴드가 투어 공연을 할 때 여자를 데리고 다니는데 낮에는 일을 시키고 밤에는 잠자리를 갖는다며 농담처럼 말했다. 중국에도 록 가수에 빠져 따라다니는 여자들이 있지만 나는 그 애들과는 달랐다. 게다가 정직하고 포부도 남다른 내 친구들은 절대 그런 부류가 아니었다.

　우리는 공연하러 다니다 가끔 특이한 사람들도 만났다. 레몬 먹기 퍼포먼스를 하는 '과일 먹는 슈퍼맨'이나 수천 명 앞에서 불경을 가르치는 열 살짜리 아이, 그리고 수많은 신도를 거느린 묘령의 소녀도 있었다. 셰전은 비행술을 익혀서 하늘을 날 수 있지만 오래 날면 피곤해진다고 했다. 하지만 그가 나는 걸 본 사람은 아무도 없다. 셰전은 또 어떤 무술도 익혔다고 주장했는데 지금은 잘 기억이 나지 않는다. 다른 사람들은 그런 셰전을 두고 도사 같다는 농담을 던졌다.

1 | 2
‾‾‾
3

1 '동물은 친구' 동료들과 산둥 지역 투어 공연을 다니던 시절.

2 산둥 어느 무대에서 공연을 마치고 관객과 함께 찍은 사진.

3 '동물은 친구'의 산둥 투어 공연.

그때 나는 동물을 위해 되도록 많은 일을 하고 싶었다. 공부하는 시간 외에는 대부분 '동물은 친구' 동료들과 어울렸고 종종 풀뿌리단체나 국제기구에서 자원봉사도 했다. 내 눈에 비친 동료들은 다양한 방법을 시도하며 언제 어디서나 기회를 포착하는 듯 보였다. 스스로를 채찍질해가며 비건[2]이 되고 동물권(당시에는 이런 단어들이 아직 보편화되지 않았지만)의 이미지를 내세워 대중에게 영향을 미치고 사회를 바꾸고자 노력했다. 특히 사람들에게 육식 소비를 줄이자고 호소했다.

적의를 품은 동물보호 청년들

당시를 돌아보면 나는 셰전을 주축으로 뭉친 이 단체에 정신적으로 많이 의지했다. 그들이 장기적으로 잘되기를 진심으로 바라며 물심양면으로 지원했다. 캠코더도 한 대 마련해서 다큐멘터리를 찍기 시작했다. 일주일에 하루 이틀 밤은 동료들과 뭉쳐서 베이징 곳곳의 바에서 영상을 찍었다. 남자 동료들이 무대에 올라 동물을 위해 샤우팅하는 모습을 무대 아래에서 영상으로 담았고 다른 여자 동료들은 사진을 찍었다. '행운', '량마차오', '우공이산', '소금 조금', '사이좋은 두 친구' 같은 언더그라운드 공연장에도 뻔질나게 드나들었다. 그 무렵에는 우리처럼 현실에 분노해 사회운동에 뛰어든 청년들이 퍽 많았다. 공연을 보러 온 관객들은 일 인당 30위안(약 5,000원-옮긴이)가량을 내고 티켓을 구입했는데 수익의 대부분을 점주와 주최 측에서 떼 갔다. 정산을 치르고 나면 하루 수입은 한 사람당 15위안에서 30위안으로 카풀을 해서 집에 돌아갈 차비 정도는 됐다. 셰전의 집에 돌아가는 저녁 셔틀버스를 놓쳤을 때는 동료들 모두 우리 집에서 하룻밤을 묵었다. 당시의 나는 이런 해프닝조차 즐거웠다. 게다가 나는 인터넷으로 구입한 백신을 고양이 코코와 카카에게 접종해달라고 셰전에게 부탁도 했다. 지금으로서는 정말 이해되지 않는 일이지만.

로큰롤계에는 '3X'로 불리는 세 가지 금기가 존재하는데 바로 흡연, 음주, 문란한 성생활이다. 나는 한때 이것이야말로 셰전과 동료들의 생활 철칙이라고 생각했다. 우리는 술은 잘 안 마셨지만 린판은 걱정거리가 많다며 줄담배를 폈다. "지금 우리에게 부족한 건 돈이야"라고 린판이 말했다. 돈만 있다면 '동물은 친구'는 전국 각지에서 공연할 수 있을 테고 동물보호 메시지도 널리 퍼뜨릴 수 있지 않을까. 우리의 영향력은 음악을 좋아하는 젊은 층들로부터 시작해 점점 더 많은 이들에게 널리 퍼져나갈 터였다.

우리는 돈과 인연이 없었지만 다행히 사회 전체로부터 각종 지원을 받았다. 대학 교수님은 우리를 위해 자원봉사자 학생도 구해주고, 행사에서 연설도 해주셨다. 동물을 윤리적으로 대우하는 사람들(People for the Ethical Treatment of Animals, PETA), 국제동물복지기금(International Fund for Animal Welfare, IFAW), 아시아동물기금(Animals Asia Foundation, AAF), 스위스동물보호협회(Swiss Animal Protection, SAP), 영국황실 동물학대방지협회(Royal Society for the

Prevention of Cruelty to Animals, RSPCA), 농장동물복지기금(Compassion in World Farming, CIWF)을 비롯해 훗날 내가 일하게 된 액트아시아(ACTAsia) 같은 국제 동물보호단체는 베이징에 사무실을 두거나 대표가 머무르는 경우가 많았다. 그래서 '동물은 친구'는 수많은 단체와 협업할 기회도 얻었다. 때로는 공연이 대성황을 이루기도 했다. 한번은 베이징의 유명 밴드를 초청했는데 현지 경찰서에서 공연 당일에 물과 전기를 끊겠다고 통보할 정도였다.

베이징은 중국의 정치 중심지이기 때문에 당국에서는 어떤 사상이든 아주 민감하게 받아들인다. 6월 4일에는 어떠한 이벤트도 개최할 수 없고(민주화 시위를 정부에서 무력으로 진압한 톈안먼 사건이 일어난 날이다-옮긴이) 전날인 6월 3일도 마찬가지다. 6월 5일 행사 역시 그 누구도 확신하지 못한다. 그러나 어떤 의미에서 보면, '동물은 친구'의 활동은 성공적이었다. 중국중앙텔레비전(CCTV), 베이징텔레비전(BTV) 같은 중앙 매체에도 보도되었으니까. 특히 중국중앙텔레비전의 보도는 방송 분량이나 내용으로 따지면 10만 위안(약 1,800만 원-옮긴이)의 가치가 있는 걸로 추정된다. 당시 우리로선 도저히 상상할 수 없는 큰 금액이다. 『중국일보(China Daily)』는 쓰촨성의 흑곰 보호소를 방문한 셰전이 흑곰과 얼굴을 맞댄 사진을 컬러지면 한가운데에 실었다. 이 흑곰은 동물보호단체가 사육농가에서 사들인 녀석이었다.

당시 우리의 캠페인 활동에 가장 큰 영향을 미친 것은 정부에서 채식주의 캠페인에 우려를 표명한 점이다. 중국중앙텔레비전의 어떤 기자 말에 의하면, 파룬궁(중국에서 사도로 지정된 심신수련

법-옮긴이)도 채식을 권장했다는 점을 '윗선'에서 지적했기 때문에 관영매체에서는 채식주의를 다룰 수 없단다. 동물보호라는 테마는 괜찮지만 특정 동물이나 특정 문제, 개선 방안에 대해서는 언급하기 힘들었다. 우리는 어떤 사상이 정부의 금기 사항에 맞닿아 있는지 알 수 없어 뿌연 안개 속에서 전쟁을 벌이는 것 같았다. 정부에서 "전기와 물을 끊겠다"라고 통보하는 바람에 공연이 무산될 때면 몹시 애가 탔다. 우리는 공공의 적을 향해 적의를 품으며 같은 정서를 공유했다. 어쩌면 집단의 정체성이란 작은 단체에 소속된 사람들끼리 독특한 행보를 밀고 나가며 형성되는 것인지도 모른다. 셰전은 시간이 갈수록 일이 잘 풀렸다. 한 여성이 고양이들을 위해 써달라며 셰전에게 무려 200만 위안(약 3억 7,000만 원-옮긴이)을 기부했고, 국제기구의 두터운 지지와 신임을 얻었다. 게다가 노트북과 프로젝터에 자동차까지 부족한 게 없었다. 셰전은 사회에서 '대외 활동'을 하는 데 훨씬 많은 시간을 투자했다. 본인은 '동물은 친구'의 미래, 그러니까 우리가 할 수 있는 일과 그 방법에 대해 생각하는 데 시간을 많이 쏟는다고 주장했지만. 이윽고 셰전은 첫 솔로 앨범을 발표했고 나는 코러스로 참여했다. 우리가 각 지역 대학을 돌며 공연할 때마다 학생들이 구름처럼 몰려들었고 자원봉사 지원도 줄을 이었다.

'당신'은 남다를 뿐이니까요

매년 겨울, 베이징 동네마다 어김없이 나타나는 고양이 장수

生产　　一公斤牛肉　　需要　　10万升水

2009년 3월 20일 '세계 고기 없는 날'을 맞아 우리는 '소고기 1kg
생산하는 데 물 10만ℓ가 소비된다'는 사실을 시민들에게 알렸다. 이처럼
축산업에는 막대한 수자원이 소모되지만 감자 1kg을 생산하는 데는
500ℓ의 물만 있으면 충분하다.

들은 참새와 삼태기를 이용해 고양이를 잡아들인다. 고양이는 허베이의 도축장으로 보내져 고기는 식용, 가죽은 가공용으로 팔려나간다. 고양이는 길거리 좌판이나 인터넷, 심지어 길거리에서도 마음만 먹으면 쉽게 구할 수 있다. 고양이의 개체 수가 기하급수적으로 늘어나면서 학대받거나 살해당하는 경우도 많아졌다. 베이징대학만 해도 매년 잔인한 사건이 몇 건씩 터졌다. 몇몇 학생들이 분개하며 고양이를 위해 들고 일어섰는데도 학교 측에서는 일절 관여하지 않았다. 그러나 베이징시에서 '중성화 쿠폰'을 제작해 동물보호단체를 통해 배포한 덕분에 시민은 길고양이를 지정 동물 병원에 데려가 무료로 중성화 수술을 시킬 수 있었다. 나와 동료들도 여러 곳을 돌아다니며 길고양이들을 포획했는데 일부는 중성화 수술을 시킨 다음 안전한 동네로 돌려보냈고, 사람을 잘 따르는 고양이들은 입양 보냈다. 당시에는 아쉽게도 진료도 잘 보고, 소통도 잘 되며, 동물보호 활동가에게 협조적인 수의사가 우리 주변에 없었다. 동물병원들은 대체로 동네 세탁소만큼 시설이 낡았을뿐더러 경험이나 관리 역량도 부족했다.

지금 생각하면 당시에는 아무래도 상황이 열악해서 우리가 고양이들을 체계적으로 돌보지 못했던 듯하다. 그때 우리 집과 셰전의 집은 늘 고양이 떼로 북적였다. 입양을 기다리는 고양이나 중성화 수술을 받고 실밥 제거를 기다리는 고양이도 있고, 새끼 고양이도 있었다. 우리는 항상 인터넷을 통해 '베이징 토종고양이'[3]의 새 가족을 찾아줬다. 셰전은 자기 집 작은 뜰에 대형 새장을 설치해서 고양이들을 수용한 뒤 개방형 보호소로 운영하며 방문객을 맞이할 계획을 세웠다. 그리고 기부금을 받아 늙고 병든 고양이를 치료하거나 임종을 앞둔 고양이를 보호하려고 했다. 우리 단체의 중심 활동이 점차 반려동물로 옮겨가면서 셰전은 외부에 나가 동료들도 잘 모르는 사람들과 어울리는 일이 갈수록 잦아졌다.

한번은 우리 팀이 멀리 선전(深圳)에 가서 공연을 했는데 현지기업가나 유명 인사들이 셰전을 떠받들었다. 고가 의류 브랜드에서는 셰전의 요상한 디자인을 티셔츠에 인쇄해 매장에서 판매했고, 트렌디한 레스토랑에서는 셰전을 모셔와 환영회와 콘서트를 열었다. 셰전은 채식을 실천 중임을 밝히며 조리한 음식을 먹는 대신 레스토랑 측에 썰지 않은 가지 한 개를 요청했다. 콘서트 중간에는 한 소녀가 몰티즈와 '소통'하는 퍼포먼스까지 선보였다. 나는 이 모든 것에 거부감이 들었고 동물보호운동은 비즈니스나 종교단체와는 달라야 하며 독특한 행보도 자제해야 한다고 생각했다.

중국 관영매체에서 발표한 10대 사이비 종교 명단에는 채식을 장려하는 이단종교가 대거 포함돼 있다. 불교의 이단종교인 '칭하이 무상사'는 2011년에 '세계 종말' 예고를 했다. 이를 전후로 신도들이 중국 각지에서 채식 패스트푸드 체인점을 열고 저가 공세를 펼쳐 손님들을 끌어모았다. 그 시기 베이징 3환로의 지하철 입구에서 사람들은 출처 불명의 전단을 자주 받았다. 채식의 각종 이점을 선전하는 내용으로 '채식이 지구를 구한다'라는 슬로건도 여기저기 적혀 있었다. 한번은 차오양구의 도서관에 가서 책을 넘기는데 작은 쪽지가 떨어졌다. 손글씨로 '아래 인터넷 주소에 수많은 진실이 담겨 있습니다'라고 쓰여 있었다. 컴퓨터에 인터넷 주소를 쳐봤지만 홈페이지는 이미 폐쇄된 뒤였다. 칭하이 무상사 같은 이단종교든 신흥종교든 아니면 피라미드 조직이든 모두 중국 전역에 널리 퍼져 있다. 베이징이 이 정도면 다른 도시나 농촌의 상황은 불 보듯 뻔하다. 사람들은 많은 사이비 단체들이 우리 생활에 깊숙이 침투한 현실을 쉬쉬한다. 하지만 우리의 동물보호 활동에는 큰 지장이 있었다.

한편, 셰전은 대형 철창을 주문 제작해 술집이나 식당에 놓자고 제안했다. 사람들이 안에 들어가 갇히는 체험을 하거나(정말 그 안에 들어가는 사람은 아무도 없었다) 가수가 안에서 노래를 부르면 좋을 것 같다고 했다. 그리고 우리는 '돼지 보호 프로젝트'의 일환으로 방문한 산둥의 양돈장에서 나쁜 관행을 밝혀냈다. 바로 도축 전 돼지에게 엄청난 양의 물을 억지로 먹이는 것이다. 경비가 삼엄한 젖소 농장에서는 셰전이 담배 몇 갑으로 경비를 매수해 잠입 촬영을 하려고 했다. 나는 가죽이나 고기를 얻기 위해 사육되는 동물의 출생부터 도축장에서의 최후까지를 기록으로 남기자고 제안했다.

당시 스물다섯이었던 나는 중국 사회의 다양한 면을 속속들이 알고 싶었는데 특히 사람과 동물의 관계에 관심이 깊었다. 베이징대학에서 유학생활을 하는 틈틈이 다른 학생들에게 동물보호 메시지를 담은 전단지를 나눠주는 한편, 채식문화협회에 가입해 학교와 외부 기관에서 강연과 행사를 진행했다. 그리고 물려

받은 낡은 고물 자전거에 'PETA'에서 제작한 동물권 스티커를 여러 장 붙였다. 캠페인 차량 같은 이 자전거를 타고 좁은 하이뎬구 땅을 매일 누볐다. 셰전은 무척 매력적인 사람이었다. 언젠가는 그가 무대에 올라 이런 말을 했다. "남과 다르다고 걱정하지 마세요. '당신'은 남다를 뿐이니까요"라고. 그때만 해도 나는 내가 다른 친구들 눈에 어떻게 비칠지 생각해본 적이 전혀 없었다. 매번 수업에 집중하며 발표와 질문을 했고 다른 사람과 어울릴 때마다 틈틈이 동물보호를 알리느라 여념이 없었다. 시간이 흘러 학생 때 자주 가던 식당이나, 학교 경비실, 기숙사와 세탁소에 들러보니 당시에 내가 돌린 캠페인 포스터, 마우스패드, 스티커가 아직도 남아 있었다.

그 무렵, 베이징의 평균 월급은 약 3,000위안에서 4,000위안(약 54만 원에서 72만 원-옮긴이)이었다. 그런데 부동산이 폭등하고 고속철도가 개통하면서 국민소득도 대폭 상승했고, 덩달아 내가 살던 교직원 숙소의 월세도 세 배로 뛰었다. 사람의 마음이 물가와 부동산 가격에 따라 요동치는 이때 무한한 가능성이 열렸을지도 모른다. 하지만 우리는 흐르는 역사 속 자신의 모습조차 알아보지 못하며 진실과 위선조차 구별하지 못한다.

동물보호를 빙자한 사기꾼?

가장 먼저 셰전을 저격한 건 지린성 출신의 키보드 담당 황 차이였다. 우리가 함께 공연을 하러 광저우(廣州)에 갔을 때 관객들이 셰전에게 꽃을 선물하고 동물보호 활동가들도 우리 호텔로 아침식사를 보냈다. 셰전은 영웅 대접을 받았지만 다른 멤버들은 그렇지 못했다. 더군다나 우리 밴드가 텔레비전에 출연했을 때도 오로지 셰전만 카메라에 잡혔다. 황차이는 기분이 몹시 상했고 나를 비롯한 다른 사람들도 난처했다. 무대 위와 아래에서 느끼는 군중의 극과 극 온도차에 점점 견디기 힘들었다. 지난에서 머문 어느 날 밤, 셰전은 우리를 한방에 모아놓고 군기를 잡으려고 했다. 그때 내가 침묵을 깼다. 셰전이 단독으로 일을 벌이고, 우리의 활동 방향이 개나 고양이의 보호 문제로 치중된 것 같아 마음에 걸린다고 허심탄회하게 밝혔다. 그러나 셰전이 한 말은 "고양이들이 없으면 우리 수입도 없어"였다.

그만 말문이 막혔다. 나는 내가 하는 일이 동물을 돕는 일이라고 믿어 의심치 않았다. 그런데 동물을 돕는 일이 대체 언제부터 우리 단체의 생계수단이 됐단 말인가? 일본 추리소설에는 어떤 사건이든 여자와 돈, 이 두 가지만 추적하면 반드시 진실이 밝혀진다는 법칙이 있다. 개인이나 집단의 본질을 파악하는 데도 이 법칙을 적용할 수 있을 줄은 생각지도 못했다.

이 말을 듣기 전까지만 해도 샤오수를 비롯해 셰전과 거리를 두던 동료들이 그를 비난할 때도 곧이듣지 않았으며, 사실을 확인해볼 생각도 하지 않았다. 동물보호에 몸담은 사람들은 숭고한 희생정신과 봉사 정신을 지녔으리라 막연하게 믿었던 것이다. 순진해빠진 나는 활동에 쓴 자잘한 경비들이 어떻게 기록되는지, 자선 바자회 수익금이 어떻게 쓰이는지 생각해본 적이 한 번도 없었다. 그리고 어떤 사람들에게는 애초에 정한 원칙과 이상보다 개인의 '지속적인 발전'이 더 중요하다는 걸 미처 알지 못했다. 이 윽고 셰전은 요즘 '시간이 많을' 테니 '동물은 친구'를 위해 애써 달라는 당부를 했다. 이 한마디에 몹시 충격을 받은 한편 무력감을 느꼈다. 불현듯 거울 속에 비친 내 모습을 본 것 같았다. 그 거울은 한때는 간도 쓸개도 내줄 만큼 가까운 친구였지만 실은 악취 나는 구정물일 뿐이었다. 여기에 비친 내 모습은 어슴푸레하고 흐릿하기만 했다.

그날 나는 밤새도록 소리 죽여 울었다. 며칠이 지나자 충격은 서서히 분노로 바뀌었고, 배신감은 갈수록 커졌다. 그러던 중 단체에서 친한 여자아이들과 연락하다가 알게 된 사실인데 '동물은 친구'의 이성 간에 한 침대를 쓰게 한 방침이 결과적으로는 남자들이 여자 동료에게 접근하고 성관계를 맺는 수단이 됐다는 것이다. 이 이야기에 큰 충격을 받은 나는 당장 '동물은 친구'와 선을 긋고 사리분간도 못하는 남자친구와도 헤어졌다.

그 후 3, 4년이 지날 때까지 많은 이들이 내게 '동물은 친구'의 소식을 물었는데 그간 나의 홍보 활동이 아주 성공적이었다는 뜻으로 받아들이기로 했다. 어느 해 셰전이 국제연합(UN)의 초청으로 연설을 했지만 나는 그나 다른 친구들에게 다시는 연락하지 않았다.

그로부터 몇 년 후 일본에서 유학하던 어느 날 아침, 꿈에 셰전이 나타났다. 나는 그에게 "아직도 사기 치고 다니는 거야?" 하고 물었다. 꿈에서 깨자 어이가 없어 실소가 터졌다. 벌써 10년도 더 지난 지금은 셰전과 동료들이 한밤중에 고기가 든 햄버거를 몰래 먹었을지 모른다는 의심은 하지 않는다. 하지만 당시에 거기에 더 깊이 빠지지 않은 걸 다행으로 여기고 있다. 그 시절, 나와 함께 베이징을 활보하던 내 곁의 동료들은 정말 유명세를 노리고 세상을 속인 사기꾼이었을까? 그러나 우리들 중 완벽한 진실을 아는 사람은 아무도 없을 것이다. 지금까지도 일부 친구들은 '채식을 알리는 데' 성공하지 않았냐며 이들을 옹호한다. 하지만 셰전과 그의 동료들이 올바른 길을 택하지 않았다는 사실은 분명하다.

그로부터 몇 년 후에 나는 사이비 종교에 관한 여러 연구를 접했다. 그런데 놀랍게도 내가 예전에 소속감을 느낀 그 단체에서 사이비 종교의 특징을 발견할 수 있었다. 연구에 의하면, 사회 주류의 가치관과 전혀 다른 사상을 처음 접하면, 어떤 사람은 충격을 받는 반면 신선하다고 생각하는 사람도 있다고 한다. 나는 후자에 속했다. 한편 단체의 지도자는 특수한 카리스마를 발휘하며 집단효과를 이용해 측근으로 하여금 스스로를 특별한 존재로 여기게 한다. 우리는 단체의 분위기에 깊은 영향을 받아 스스로 세뇌를 거듭하며, 마음이 맞는 동료를 만나 새 인생도 찾고 더 자유로워졌다고 여겼다. 동료들과 함께 지내던 때는 매일이 모험 같고 특별하게 느껴졌다. 마치 인생에 특수한 가치(채식을 실천하고 장려하는 것)나 우리에게 깨달음을 주는 일종의 '진리'를 얻은 듯했다. 그리고 단체와 여기서 만들어진 하위문화는 교수나 부자, 가수, 유명 인사 같은 이용 가치가 있는 사람들을 속속 끌어들인다. 그리고 행정 업무나 회계, 생활 전반에 필요한 일을 처리해주는 젊은 여성들도 합류한다. 나도 이런 환경 속에서 서로의 존재 덕분에 꿈과 진리를 실현할 수 있다고 믿었다. 개개인은 단체 안에서 눈에 띄지 않는 역할을 맡더라도 자신을 사랑과 평화로 가득한 대가정에서 '선택'된 사람이라고 여기는 것이다.

베이징 올림픽 개최를 전후해 중국 사회에는 채식주의, 동물보호운동 같은 새로운 사상이 유입되었다. 그즈음 농촌에 사는 친구의 가족이 천주교를 믿다가 이듬해에는 불교협회에서 발급한 '귀의증'을 받는 일이 있었다. 그러나 당시로서는 그다지 이상한 일도 아니었다. 인터넷 보급이 더뎌 정보 교류가 어려웠을 때 나는 중국 사회에 움트는 저력을 느꼈다. 그때 베이징에서의 생활은 혼란스럽고 무질서했지만 활기 넘쳤다. 때마침 열린 베이징 올림픽은 변화의 도화선이 되었다. 린판은 "이제 중국인이 세계를 향해 뻗어갈 때야"라고 말했다. 미래는 예측하기 어렵지만 나 같은 젊은이들은 더 많은 정보를 흡수하고 세상에 목소리를 내서 우리들의 도시를 세우고 싶어 한다. '동물은 친구'와 함께한 몇 년, 셰전으로부터 진실과 거짓이 뒤섞인 이야기들을 들었지만 내겐 가짜 정보를 가려낼 힘도 능력도 부족했다. 그래서 셰전을 우상화하는 무대를 지켜보며 안일하게 박수갈채를 보낸 것이다. 지금 생각하면 정말 후회스럽지만 한편으로는 이런 경험 덕분에 나도 한 단계 성장했다고 믿는다.

셰전과 같이 활동한 4년은 내가 첫사랑을 한 시기와 완전히 겹친다. 그때는 나도 남자친구도 어렸고 단순했으며 어수룩했다.

실제로든 비유적으로든 그 시절의 내가 처음으로 모든 감정을 쏟아부었다는 걸 시간이 한참 흐른 뒤에야 깨달았다. 처음에 나는 그들의 순수함과 선한 영향력을 집요하게 믿었다. 결국 내가 인연을 끊어버렸지만 원망스러운 마음이 드는 건 어쩔 수가 없다. 지금은 셰전과 동료들을 절대 악이라고 생각하는 대신 과거의 경험을 객관적으로 바라보려고 한다. 만일 그 일을 겪지 않았다면 나는 과연 스스로 선택한 가치를 부단히 탐색하고, 기나긴 동물 보호의 여정에서 내 자리를 찾아갈 수 있었을까?

1장

치명적 귀여움:
살아 있는 곰의 쓸개즙
채취부터 기이한 곡예
공연까지

내가 전시동물에 관심을 갖게 된 계기는 곰쓸개 채취 산업 때문이었다. 정확히는 곰의 쓸개가 아닌 쓸개즙을 추출해 내는 것이다. 쓸개즙은 보통 곰의 복부를 절개한 후 쓸개에 호스를 꽂아 추출한다. 곰 쓸개즙은 해열과 해독에 좋다고 알려져 있지만, 주로 안약이나 치약, 건강식품 등을 만드는 원료로 쓰인다. 중국에는 좁은 우리에 갇혀 사는 사육 곰이 대략 만 마리에 달하는데, 이들은 거의 매일 쓸개즙을 채취당하는 고통을 겪는다.

중국 국가주석에게 부치는 엽서

2001년, 나는 타이베이시 징메이(景美)에 있는 한 카페에 갔다가 곰 사진이 인쇄된 엽서 한 장을 받았다. 곰 얼굴 위로는 '자유가 필요해'라는 글귀가 적혀 있었다. 알고 보니 '엽서 한 장씩 보내 곰을 구하자'라는 캠페인이 진행 중이었다. 카메라 렌즈를 응시하는 곰의 표정에서는 아무 감정도 읽어낼 수 없었다. 다만, 엽서에 적힌 설명을 통해 중국의 곰쓸개 산업의 잔혹성을 짐작할 수 있었다. 이 엽서 속 주인공도 철창에 갇혀 살아가는 사육 곰 중 하나였다.[1]

살아 있는 곰의 쓸개를 채취하다

살아 있는 곰에게 쓸개즙을 채취하는 행위는 북한과 중국, 베트남 등지에서 벌어졌다. 2005년부터 베트남 정부는 곰 쓸개즙 채취를 법적으로 금했지만, 불법 사육장에서 채취한 쓸개즙이 세계 각지로 팔려나갔다. 대만 정부도 2000년부터 당국의 허가 없이는 곰 쓸개즙 제품 판매는 물론, 진열과 전시도 금지했다. 그러자 대만에서 곰 쓸개즙을 사러 베트남 여행을 떠나는 사람들이 생겨났다. 심지어 베트남 현지에 곰 사육장을 차리는 대만 업자까지 등장했다. 2008년까지만 해도 베트남의 현지 가이드는 대만 관광객을 곰 사육장으로 안내했다. 그곳에 가면 서너 마리 곰이 철장에 갇혀 있다. 업자는 관광객이 구매 의사를 밝히면 곰을 직접 지목하게 했다. 그리고 그 자리에서 바로 마취시켜 꺼낸 다음, 곰의 복부에 꽂혀 있는 호스로 쓸개즙을 추출했다.[2]

나는 엽서의 수신인에 '중국공산당 중앙판공청(中共中央辦公廳) 장쩌민(江澤民) 주석'이라고 적었다. 그리고 우표를 붙인 다음 빨간 우체통에 집어넣었다. 몇 년 후, 중국통인 주변 친구들에게 그 얘기를 하자, 다들 신기한 눈빛으로 쳐다보며 너무 순진한 행동이었다고 말했다. 아마 중국 우편배달부조차도 그 엽서를 어디로 보내야 할지 모를 거라고 했다. 친구들이 보기에는 이런 방식으로 정부 기관에 호소하는 내가 낯설고 이상하게만 느껴졌던 것이다.

한 번은 기차를 타고 선양(瀋陽)에 갔는데, 기차역을 나오는 순간 높은 빌딩에 걸린 곰쓸개 광고판이 눈에 들어왔다. 관광객이 붐비는 둥베이 일대의 번화가에도 곰쓸개로 만든 다양한 건강식품이 진열돼 있었다. 곰 그림이 인쇄된 화려한 선물 상자에 든 상품은 주로 곰 쓸개즙 가루나 통으로 말린 곰쓸개였다. 가격은 수백 위안에서 수천 위안 사이였다. 결코 저렴한 가격은 아니었지만, 그래도 선뜻 이해가 되지는 않았다. 곰을 사육하는 데 적지 않은 비용이 들어갈 텐데. 곧이어 이런 의문이 들었다. 사육 곰은 태어날 때부터 쓸개즙을 채취당하는 걸까? 아니면 우리가 모르는 다른 얘기가 숨겨져 있는 걸까?

아시아흑곰은 가슴에 부드러운 U자 모양의 하얀 털이 나 있다. 이런 특징 때문에 '반달곰' 또는 '반달가슴곰'이라고 불린다. 아시아동물기금 같은 국제기구의 부단한 노력 끝에 2010년 중국의 30여 개 성, 자치구, 직할시 중 18곳에서 곰쓸개 채취 산업이 자취를 감췄다.[3] 2011년에는 곰쓸개 산업을 더는 허가하지 않겠다고 선언한 지역이 20곳으로 늘어났다.[4] 그래서 사육 곰의 수가 줄어들었을까? 애석하게도 그렇지 않았다. 오히려 곰쓸개 산업의 규모화를 부추기는 결과를 초래했다. 이는 곰에게는 재앙과도 다름없었다. 중국 남부의 가장 큰 곰 사육장으로 알려진 '구이전탕(歸眞堂)'에는 600여 마리의 곰이 살고 있는데, 매년 100여 마리의 새끼 곰들이 태어났다. 마침 2012년에 구이전탕의 상장 추진 소식이 전해졌다. 곰쓸개 산업을 규모화하려는 시도가 분명했다. 해외 인사들은 즉각 비판을 쏟아냈다. 그러자 중의학협회 회장 팡수팅(房書亭)은 이렇게 말했다. "쓸개즙 추출은 수도꼭지를 틀면 물이 나오는 것처럼 아주 자연스러우면서도 간단한 시술이라 하나도 고통스럽지 않습니다. 쓸개즙 추출이 끝나고 나면 곰은 신나게 뛰어놀 수도 있습니다. 이게 대체 뭐가 문제입니까? 곰은 오히려 개운함을 느낍니다."[5] 이 인터뷰는 많은 논란을 불러일으켰다. 동물보호단체에서도 거세게 반발했으나 중국 정부나 곰쓸개 산업 관계자들은 꿈쩍도 하지 않았다. 마치 계란으로 바위를 치

푸젠성(福建省) 구이전탕 곰 사육장에서 살아 있는 곰에게
쓸개즙을 채취하는 현장.(2012년 2월 12일, 장커(章軻) 촬영)

는 격이었다.

새끼 곰은 어디서 와서 어디로 가는가?

중국 각지의 곰 사육장을 심층 조사한 후 발표한 「중국 곰 사육장의 진실」에 따르면, 새끼 곰에게서는 쓸개즙을 채취하지 않는 대신 매일매일 곡예 훈련을 시켰다. 조사원이 방문한 사육장 중 세 곳이 새끼 곰을 전문적으로 훈련시키고 있었다. 사육사는 새끼 곰이 생후 2~3개월이 되면 어미에게서 강제로 떼어놓았다. 어릴 때부터 사람 손을 타야 나중에 쓸개즙을 채취하기 수월하다는 이유에서였다. 새끼 곰은 재주를 부리거나 기념사진 촬영에 끌려다니며 곰 쓸개즙 판매를 촉진하기 위한 미끼 상품으로 쓰이기도 했다. 이를 위해 사육사는 원래 사족보행을 하는 새끼 곰에게 장시간 두 발로 서 있는 훈련을 시켰다. 먼저 목에 쇠사슬을 채운 후 앞발이 들리도록 줄을 팽팽하게 잡아당겨 벽에 고정해놓는다. 뒷발에 힘을 기르는 또 다른 방법은 곰의 앞발을 불로 지지는 것이다. 그러면 앞발이 바닥에 닿을 때마다 고통스럽기 때문에 뒷발로 몸의 균형을 잡을 수밖에 없다. 이 훈련이 끝나면 바닥에 나란히 붙인 테이프 두 줄을 따라 11자로 똑바로 걷는 연습을 한다. 걷는 것에 능숙해지면 와이어줄을 타기 시작한다. 새끼 곰들은 줄타기뿐만 아니라 권투나 횃불 돌리기 같은 서커스 공연을 펼치다가 보통 두 살 반에서 세 살이 되면 쓸개즙을 착취당하기 시작한다.[6]

2010년 무렵, 나는 동물원 실태조사를 하러 선전 야생동물원에 갔다. 수백 종에 달하는 수천 마리의 동물이 전시된 이 엄청난 규모의 광장에서 내 눈길을 끌었던 것은 수십 미터 높이에 걸린 와이어 두 줄이었다. 알고 보니 흑곰의 자전거 곡예용 줄이었다. 그런데 흑곰이 보이지 않았다. 직원에게 물으니 떨어져 다쳤다는 대답만 돌아왔다. 어떻게 된 일인지 자세히 묻고 싶었지만, 직원들은 하나같이 말을 얼버무리며 황급히 자리를 피했다. 동물원 홈페이지에 들어가니 공연 사진이 올라와 있었다. 사진 속 흑곰은 아무런 보호 장치도 없이 관중들 앞에서 공중 곡예를 펼치고 있었다. 이렇게 높은 곳에서 떨어진 흑곰이 얼마나 고통스러웠을지 도저히 상상이 가지 않았다. 제대로 된 치료를 받기는 했을까? 그것도 알 수 없었다.

중국의 '야생동물원'

1992년, 중국 정부가 발표한 〈중화인민공화국 육생야생동물 보호 실시 조례〉에 따르면, 야생동물의 상업적 이용을 합법화하는 데 그치지 않고, 그 이용 범위를 최대치로 허용하는 조항이 많았다. 예를 들어 제22조를 보면 '국가 중점보호 야생동물의 사육과 번식 시설을 운영하려는 자는 사육번식 허가증을 소지해야 한다. 또한 생산경영을 주목적으로 하는 국가 중점 야생동물의 사육과 번식 시설을 운영하려는 자는 반드시 공상행정관리국에 등기 신청을 완료해야 한다.'라고 명시하고 있다. 이후 1993년부터 2000년까지 약 10년 동안, 중국에 상업적 이익을 추구하는 기업 형태를 띤 야생동물원의 개수가 30곳 정도로 늘어났다. 이는 대중들의 동물보호 의식 수준을 떨어뜨리는 데 일조했다. 한편, 서커스단에서 사육되는 야생동물의 수도 증가했다. 중국동물원관찰단이 2003년부터 10여 년간 실시한 조사에 따르면, 동물쇼를 하는 야생동물원은 무려 95%를 넘는다고 한다.

망핑(莽萍) 교수가 창단한 '중국동물원관찰단(China Zoo Watch)'은 2003년부터 2004년까지 중국 내 야생동물원을 돌아다니며 맹수에게 살아 있는 동물을 먹이로 주는 공연에 대한 조사를 실시했다. 그리고 이를 바탕으로 「중국 야생동물원 실태조사」 보고서를 완성했다. 당시 동물원에서는 '야생화 훈련'이란 미명을 앞세워 관람객에게 돈을 받고 굶주린 사자나 호랑이 같은 맹수에게 오리나 닭, 소, 양을 산 채로 던져주는 잔혹한 공연을 벌이고 있었다. 인간에게 사육된 맹수는 스스로 먹잇감을 잡아본 적이 없어 사냥 능력이 현저히 떨어졌다. 이 때문에 소와 양처럼 몸집이 제법 큰 동물은 맹수의 공격을 받고도 숨이 완전히 끊어지지 않았다. 잔인하게도 동물원 측은 피투성이가 된 소와 양을 우리 밖으로 꺼내놓았다가 다음 관람객이 돈을 지불하면 다시 맹수 우리에 집어넣었다. 이런 행위는 소와 양이 죽을 때까지 몇 번씩이나 반복됐다. 많은 사람들이 이 피비린내 나는 공연에 반감과 불만을 표출했다. 보고서가 발표된 후 동물원 측은 대형 초식동물을 맹수에게 먹이 주는 공연을 더는 하지 않았다. 그러나 산 양을 먹이로 주는 행위는 지금도 가끔씩 벌어진다. 닭, 오리 같은 조류의 경우는 더 말할 필요도 없다. 중국동물원관찰단 선배인 류샤오위(劉曉宇)를 필두로 나와 다른 동료들은 매년 여름 방학, 겨울 방학, 어린이날, 설 연휴가 되면 베이징 교외에 있는 바다링 야생동물원 등을 돌아다니며 전시동물과 공연에 대한 실태조사를 벌였다.

바다링 야생동물원에 사는 새끼 곰

동물원 실태조사는 공개적으로 진행된다. 다시 말해, 우리가 동물원에서 보는 것들은 일반 관람객들과 거의 다르지 않다. 다만, 우리는 동물에게 환호성과 박수를 보내는 대신, 무대 뒤 동물의 고통을 보고 느끼려고 노력한다.

바다링(八達嶺) 야생동물원에는 공연용 새끼 곰 한 마리가 살고 있었다. 이 곰은 매일 주둥이를 가죽 끈으로 단단히 동여맨 채 바닥에 누워 횃불 돌리기, 철봉에 매달리기, 포복 자세로 장애물 통과하기, 두 발로 허들 뛰어넘기 등의 진기한 곡예를 펼쳤다. 관중들의 뜨거운 환호가 쏟아지는 가운데 나와 류샤오위는 묵묵히 공연 장면을 카메라에 담았다. 수십 분 후, 공연이 끝나고 무대 뒤 관중들의 시선이 닿지 않는 구석진 곳으로 향했다. 공연용 원숭이와 늑대가 시멘트 우리에 각각 갇혀 있었다. 새끼 곰은 창가 쪽 우리에 있었는데, 겹겹이 둘러진 창살만 없었다면 손 뻗으면 닿을 만큼 가까운 거리였다.

동물보호를 주제로 한 사진집 『포로(Captive)』에 실린 동물원 속 불곰은 사람처럼 두 발로 서서 아득히 먼 곳을 바라보고 있다.

옛날 동물원은 관람객이 곰을 구경하기 쉽도록 수직 동굴처럼 생긴 '곰 구덩이'에 곰을 가두어놓았다. 이런 우리는 요즘 동물원에서는 찾아보기 어렵다. 하지만 사육농장 같은 곳은 곰 관리의 용이성과 관람의 편의성을 이유로 여전히 움푹 파인 구멍에 사육한다. 사진작가는 촬영 당시의 상황을 이렇게 묘사했다. 불곰은 이쪽 끝에서 저쪽 끝으로 기어가더니 몸을 일으켜 세우고 주위를 두리번거렸다. 그리고 다시 이쪽 끝으로 기어와 사람처럼 두 발로 선 채 앞쪽을 응시했다. 좁은 구덩이에 갇혀 똑같은 행동을 무한 반복하는 곰을 한 시간 정도만 지켜본다면, 곰의 괴로운 심정을 조금이나마 이해할 수 있을 것이다. 이런 곳에서 20년, 50년, 심지어 70년 동안 살아야 하는 동물도 있다. '종 보전 기능과 교육적 효과를 기대할 수 없는 곳에서 동물들이 희생을 당할 필요가 있는가?'[7]

많은 사람들이 동물원에 와서 말 타고 꽃구경을 하듯 동물들을 쓱 한 번 훑어보고 지나친다. 이런 사람들의 머릿속에는 우표 수집처럼 동물원에 동물이 많을수록 무조건 좋다는 인식이 깔려 있다. 만약 사람들이 우리 앞에 한동안 멈춰 서서 동물들을 가만히 지켜본다면, 이들이 얼마나 단조로운 환경에서 지내는지 알 수 있을 것이다. 나와 류샤오위가 바다링 야생동물원에서 만났던 곰도 비슷한 처지였다. 우리가 찾아갈 때마다 곰은 온순하고 호기심 어린 눈빛으로 쳐다보곤 했다. 창문 앞으로 바짝 다가오려고 앞발로 철창을 잡고 기어오르기도 했다. 볼 때마다 몸집이 조금씩 커져 있었지만, 하는 짓은 여전히 귀여웠다. 이 곰은 나와 류

<u>1</u>
2

1 바다링 야생동물원에서 횃불 돌리기 묘기 중인 새끼 곰.
(2001년 10월, 류샤오위 촬영, 중국동물원관찰단 사진)

2 다시 찾은 바다링에 여전히 살고 있던 새끼 곰.
(2012년 6월, 『금일주간(今日周刊)』 기자 제공 사진, 중국동물원관찰단 사진)

샤오위가 지금껏 만난 수많은 동물들 중에서 가장 기억에 남는 녀석이었다. 그러나 언제부터인가 새끼 곰은 생기와 호기심이 사라진 눈빛으로 바깥을 멍하니 바라보기 시작했다. 대만의 공립, 사립 동물원에 있는 동물들처럼 어떤 자극에도 반응하지 않았다. 어쩌면 영국의 미술비평가 존 버거(John Berger)의 말대로 상호작용할 대상이 존재하지 않기 때문일지도 모르겠다. "혼자 동물원에 가서 동물을 한 마리씩 찬찬히 살펴보고 나면 외로움이란 감정이 물밀듯이 밀려올 것이다."⁸ 더욱 잔인한 현실은 세월이 흘러 곰이 더 이상 공연할 수 없게 되면 쓸개즙을 착취당할 운명에 처한다는 것이다.

그때 나는 베이징에서 살고 있었는데, 어느 날 하루는 이런 꿈을 꿨다. 꿈에서 나는 동물원에 있었고 쇼윈도 너머로 목에 사슬을 찬 채 벌거벗고 있는 한 남자가 보였다. 남자는 반듯하게 누워 미동도 하지 않았다. 잠시 후, 직원들이 다가가 남자의 복부에 구멍을 뚫고 호스를 꽂자 황록색 쓸개즙이 줄줄 흘러나왔다. 그때 바로 옆에서 한 관람객이 이렇게 말했다.

"너무해. 어떻게 저런 끔찍한 짓을 할 수 있지?" 꿈에서 깨어난 나는 울적하고 답답한 기분이 들었다. 인간은 지금까지 동물에게 저지른 만행만으로는 성에 안 차는 걸까? 대체 얼마나 더 잔인해져야 대중의 공분을 살 수 있을까? 대체 언제쯤 동물을 향한 온갖 학대와 박대에 더 이상 침묵하지 않을까?

흑곰 보호소

쓰촨성(四川省) 청두시(成都市)의 룽차오진(龍橋鎮)에는 영국인 질 로빈슨(Jill Robinson)이 세운 흑곰 보호소가 있다. 이곳에는 크고 작은 사육장에서 돈을 주고 빼내 온 흑곰 수십 마리가 살고 있다. 다큐멘터리 〈반달가슴곰〉을 본 사람들이라면, 중국에는 기업형 사육장 말고도 곰 사육농가가 있다는 사실을 알 것이다. 시골 사육농가에서 기르는 곰들도 쓸개즙을 채취당하는 고통을 받기는 마찬가지였다. 농가 뒤뜰로 가면, 곰이 자기 몸집보다 약간 큰 우리에 갇혀 있다. 마치 관처럼 생긴 이 우리에서 곰은 꼼짝없이 쓸개즙을 추출당할 수밖에 없었다. 만약 농가에서 곰을 더는 사육하길 원치 않으면, 지방 정부에서 보호소로 연락을 주기도 한다. 그러면 보호소에서 사육업자에게 '업종 변경 보조금'이란 명목으로 일정 금액을 지급한 다음, 곰을 보호소로 데려온다. 사실상 보조금은 곰의 몸값과 다름없는 셈이다.

보호소를 견학하면서 나는 흑곰에게 저마다 사연이 있다는 사실을 알게 되었다. 2000년에 이 시설에서 처음 구조한 세 흑곰 중 하나인 앤드류는 왼쪽 앞발 하나가 절단된 상태로 이곳에 실려 왔다. 그런데 잘린 앞발보다 직원들에게 더욱 인상 깊었던 것은 앤드류의 행동이었다. 트럭 짐칸에서 철창을 내리는 순간에도 앤드류는 비좁은 철창 안에 가만히 누워 창살에 매달린 밧줄만 만지작거릴 뿐이었다. 로빈슨은 당시를 회상하며 이렇게 말했다. "심리 치료를 받고 나서 앤드류는 활발하고 선한 천성을 되찾았어요. 그리고 이 보호소의 직원과 곰들의 좋은 친구가 됐죠." 앤드류는 이곳에서 약 5년간 행복하게 살다가 간에 발생한 심각한 병변으로 안락사됐다. 수의사들이 고심 끝에 내린 결정이었다. 지금은 앤드류 조각상만이 우리 곁에 남아 보호소를 찾는 방문객들을 반기고 있다.[9]

보호소의 흑곰들은 사육장이나 동물원에 있을 때보다 훨씬 넓은 잔디밭에서 시간을 보낼 수 있었다. 이들은 외부 방사장에 나와서도 서로 멀지 않은 곳에 자리를 잡고 앉았다. 원래 대형 동물은 야생에서 단독 생활을 하는데, 여기서는 서로의 곁에 누워 수시로 털을 골라줬다. 나는 그 모습이 무척 행복해 보였다. 조리실에도 들어가 흑곰의 식사를 준비하는 모습을 참관했다. 직원들은 동물들의 행동 풍부화를 이끌어내기 위해 다양한 식기에다 먹이를 담아줬다. 흑곰들은 식기 안에 든 먹이를 어떻게 꺼내 먹을지 이리저리 머리를 굴리면서 일상의 무료함과 스트레스를 해소했다.

보호소에는 사육 곰과 관련된 사진 등을 전시하는 공간도 마련되어 있었다. 그중에 키가 유달리 작은 곰 사진이 있었는데, 어릴 때부터 비좁은 철창에 갇혀 지낸 탓인지 네모난 체형에 키도 땅딸막했다. 한쪽 구석에는 사육장에서 곰에게 사용한 철마갑(鐵馬甲, 톄마자이)이라는 금속 갑옷도 진열되어 있었다. 이 갑옷은 곰이 복부에 꽂은 호스를 건드리지 못하도록 하는 장치로 사육장에 있을 때 항상 착용해야 했다. 갑옷의 가슴 쪽에 10cm 정도의 뾰족한 철사가 달린 것도 있었다. 철사 끝부분이 정확히 곰의 목을 향하고 있어 이빨로 물어뜯을 수도 없었다.

1
2

1 보호소 안에 있는 곰들의 성격은 저마다
다르다. 혼자 있기를 좋아하는 곰도 있고,
무리 생활에 익숙한 곰도 있다.

2 곰이 실제로 착용했던 철마갑으로,
쓸개즙을 채취할 때 사용한다.

단언컨대, 산 채로 쓸개즙을 추출당하는 고통을 겪고 싶은 사람은 아무도 없으리라. 그런데 왜 곰에게는 이런 짓을 서슴지 않는 걸까? 사실 그때 나는 연구를 위해 판다 고향인 쓰촨성을 찾았다가 그곳에 잠시 들른 것이다. 전 세계 사람들의 사랑을 받고 있는 판다와 달리, 흑곰은 어릴 때부터 무대에 서기 위해 하루 종일 곡예 훈련을 받는다. 그리고 성체가 된 후에는 산 채로 쓸개즙을 채취당하고, 죽고 나서는 도축되어 사람들의 식탁에 오른다. 자이언트 판다와 아시아흑곰은 모두 같은 곰과 동물이지만 사람들이 대하는 태도는 이렇게 천지 차이였다. 이 세상에 고통받기 위해 태어난 동물이 있다면 아마 아시아흑곰(그 밖에 수많은 동물들)일 것이다. 이들에게 인간 세상은 지옥과도 다름없다.

　　그나마 위안이 되는 점은 사육 곰 산업을 비난하는 사람들이 점점 늘고 있다는 것이다. 2012년에는 800명이 넘는 홍콩 시민들이 거리에 모여 구이전탕의 주식 상장 반대와 곰쓸개 채취 산업을 금지해달라고 정부에 호소하는 시위를 벌였다.[10] 2017년, 나는 옥스퍼드대학에서 모피를 주제로 하는 동물윤리학 연구학회 연례회의에 참석했다. 그날 저녁에 열린 연회에서 개회사를 하러 나온 귀빈을 보고 나는 깜짝 놀랐다. 바로 영국의 중견 배우 피터 에건(Peter Egan)이었다. 일흔 살이 넘은 이 영국 신사는 아시아흑곰이 수놓아진 넥타이를 매고 있었다. 피터는 가라앉은 목소리로 인간이 곰을 어떻게 학대하고 있는지, 그리고 반대편에서는 곰을 구조하기 위해 얼마나 노력하고 있는지 설명했다. 그러다 갑자기 감정이 북받쳐 올랐는지 두 팔을 높이 치켜올린 채 어깨를 들썩이며 흐느끼기 시작했다. 그때 내 머릿속에 떠오르는 말이 있었다. '공감적 상상력에는 한계가 없다(There are no bounds to the sympathetic imagination).' 이는 노벨문학상을 수상한 존 맥스웰 쿳시(J. M. Coetzee)의 소설 『동물로 산다는 것(The Lives of Animals)』에 나오는 문장이다. 그제야 나는 내 눈물이 숭고한 감정의 분출일지도 모른다고 생각했다. 동물의 고통과 슬픔에 공감하는 나 자신을 더는 부끄럽게 여길 필요가 없었다. 동물의 처지에 관심을 갖고 이들을 위해 헌신하는 것은 가치 있는 일이다. 우리처럼 동물의 비참한 운명에 눈물을 흘리는 사람들이 점점 많아진다면 언젠가 동물이 고통에서 해방되는 날이 오리라. 그 순간 가슴 벅찬 희열과 보람을 느낄 수 있으리라.

내가 알기로 코끼리는 장기 기억이 상당히 뛰어난 동물이다. 코끼리에게 함부로 해코지를 했다가는 수십 년 후에 보복을 당할지도 모른다. 그렇다면 흑곰은 어떨까? 보호소에서 지내는 흑곰들은 인간에게 고통받았던 기억을 벌써 잊은 듯 평화로운 일상을 보내고 있었다. 직원들의 지시에 따라 실내외 방사장을 오가는 곰들은 사람을 보고도 공포에 떨거나 분노를 표출하지 않았다. 만약 내가 곰이었다면, 온종일 인간에게 어떻게 해야 가장 잔인하게 복수할 수 있을지 고민했을 것이다. 나는 인간으로서 동물에게 배울 점이 정말 많다고 생각한다. 보호소 마당 한쪽에 마련된 곰 무덤 앞에 다다랐을 때, 갑자기 마음 깊은 곳에서 말로 설명할 수 없는 감정이 솟구쳤다. 그것은 아마 내가 인간이기 때문에 느낄 수밖에 없는 슬픔과 미안함이 아니었을까?

보호소 안에 마련된 흑곰 묘지에는 나비와 노는 곰을 조각한 기념비도 있다.

사랑이 넘치는 세계 속으로

대부분의 사람들은 '곰이 쓸개즙을 추출하며 개운함을 느낀다.'는 말에 동의하지 않는다. 그러나 '동물원에 사는 전시동물은 행복할까, 불행할까?', '동물은 동물원에서 살아야 하는 걸까?' 같은 질문에는 쉽사리 대답하지 못한다. 관중들의 환호와 웃음이 쏟아지는 무대 위가 정말로 동물들을 학대하는 장소일까? 그렇다면 동물원을 찾은 관람객들도 동물 학대에 동참한 공범인 걸까?

베이징대학에는 한국에서 온 유학생들이 많은 편이었다. 내가 다녔던 예술과에도 몇 명 있었지만 교류는 전혀 없었다. 그러다 한국 방송사 SBS가 허베이(河北)에서 모피 생산을 위해 희생당하는 동물의 실태를 취재한 영상을 계기로 한 한국 친구와 인연을 맺게 됐다. 이 영상에 중국어 자막을 달아줄 사람이 필요했던 나는 평소 친분도 없던 한국 유학생들에게 편지를 썼다. 뜻밖에도 답장을 해줄 거라고 생각지 않았던 한 친구가 연락을 해 왔다. 그 친구의 이름은 홍승연이었다. 차분하고 수수한 외모와 달리 풍기는 분위기는 전혀 평범하지 않았다. 중국어를 그리 잘하지 않았고 말수도 적었지만, 번번이 핵심을 찌르는 말을 던지곤 했다. 그녀를 알고 지내는 시간이 길어지면서 온화한 외모와 달리 독립적이고 강인하며 분명한 사람임을 알게 되었다. 그녀는 〈동물농장〉 외에도 동물을 주제로 한 다른 영상들도 자진해서 번역해줬다. 우리는 회사원들이 즐겨 찾는 5환로에 있는 비건 식당에서 티타임을 가지며 애니멀 호딩이나 한국 개고기 문화 등을 탐사 보도한 영상을 함께 감상하곤 했다. 내 관심을 끌었던 영상 중에는 한국 기자가 중국 하이난성(海南省)에서 촬영한 동물쇼 취재 영상도 있었다.

이 프로그램의 제목은 〈쇼동물의 그림자(동물농장 500회 특집 방송, 2011년 2월 방영-옮긴이)〉로 일일 방문객이 4,000명에 달하는 하이난성의 난완허우섬(南灣猴島, 원숭이섬이라고 불림-옮긴이)을 촬영한 영상이었다. 이곳에서는 매우 다채로운 원숭이 공연이 펼쳐졌다. 처음에는 중국의 여느 동물쇼처럼 원숭이가 조련사를 놀리거나 엉뚱한 장난을 치는 등 잘 짜인 상황극이 펼쳐졌다. 그다음에는 자전거 타기, 장대 오르기, 장대 타기, 공중제비 돌기, 막대기로 풍선 터뜨리기, 원통 위에 거꾸로 서서 균형 잡기, 와이어 줄을 타는 염소 뿔 위에서 물구나무서기 등 온갖 묘기를 선보였다. 카메라 렌즈는 무대 밑에 있는 원숭이도 놓치지 않고 예리하게 포착했다. 부상을 입은 한 원숭이는 자신이 무대에 언제 올라가야 할지 아는 듯 조련사가 신호를 주기도 전에 미리 줄을 서 있었다. 그리고 무대 뒤에 놓인 철창 쪽으로 다가가자, 다리도 제대로 펴지 못한 채 구부정하게 서 있는 원숭이들이 보였다. 목에 사슬까지 채워진 상태였다. 한국 기자가 가까이 다가가자 원숭이들은 극도로 불안해했다. 끽끽 소리를 내며 기자를 위협하기도 했고, 바로 옆 우리에 갇힌 원숭이에게 주먹을 휘두르기도 했다. 피커라는 여섯 살짜리 암컷 원숭이가 새끼를 품에 안고 자전거 훈련을 받는 장면도 나왔다. 피커가 자전거를 잘 타지 못하자 조련사는 무대 아래로 끌고 가더니 새끼를 피커 품에서 강제로 떼어냈다. 피커는 새끼의 울음소리를 뒤로하고 조련사의 손에 끌려 다시 무대 위로 올라갔다. 그리고 얼마간 혼자서 자전거를 제법 능숙하게 타던 피커가 갑자기 무대 뒤쪽으로 자전거를 몰기 시작했다. 나중에는 자기 몸보다 크고 무거운 자전거를 목에 매단 채 우리 안에 갇혀 있는 새끼에게 달려갔다. 화가 머리끝까지 솟은 조련사가 피커의 뺨을 수차례 내려쳤다. 이런 구타가 마치 일상인 것처럼 보였다. 훈련이 끝난 후, 조련사는 맨밥 한 덩이를 철창 안에 쑤셔 넣었다. 새끼는 바닥에 떨어진 밥을 주워 먹다가 고개를 돌려 피커의 입에도 밥을 들이밀었다. 하지만 피커는 두려움에 허기를 잊었는지 밥을 한사코 거부했다. 장차 새끼 원숭이도 피커와 똑같은 운명에 처하게 될 거라고 생각하자 나는 가슴이 아팠다.

이곳 직원의 말에 따르면, '사랑이 넘치는 세계(愛心大世界, 애심대세계)'는 연중무휴로 운영되며 하루에 여덟 번씩 동물쇼가 진행됐다. 여기서 사육되는 동물들은 훈련과 공연을 무한 반복하며 하루하루 살아가야 했다. 영상 속 내레이션은 우리가 알고 싶지 않아 하는 진실을 알려줬다. '동물을 돈 버는 수단으로만 보기 때문에 폭력을 휘두를 수 있는 것이다.' 영상을 본 나와 동료들은 경악과 슬픔을 감추지 못했다. 특히 어미 원숭이에게서 새끼를 억지로 떼어놓는 장면을 보고 태연할 수 있는 사람은 아무도 없을 것이다. 우리는 이 영상에 중국어 자막을 삽입한 후 온라인에 게재했다. 그리고 2012년, 「베이징-동물쇼가 없는 도시」 성명서를 발표하는 기자회견 자리에서도 이 영상을 틀었다. 주택건설부(약칭 '주건부') 산하인 '도시동물원'에서 조직한 단체인 '중국동물원협회'도 동물쇼에 반대한다는 성명을 발표했다. 이런 노력들 덕분에 베이징 인근의 공립동물원에서 동물쇼가 서서히 사라지고 있다. 하지만 주건부의 영향을 받지 않는 지방 사립동물원에서는 〈야생동물 보호법〉이 적용된다. 이 법은 동물을 국가가 소유하는 일종의 '자원'으로 간주한다. 동물을 보호하려는 목적으로 제정된 법이 아니다 보니, 우리는 수많은 전시동물과 쇼동물을 돕는 데 더욱 막막함을 느꼈다.

몇 년 후, 난완허우섬을 찾은 중국동물원관찰단의 동료로부터 과거 영상에 나왔던 원숭이 피커가 여전히 무대에 오른다는 얘기를 들었다. 그렇다면 피커의 새끼는 어떻게 되었을까? 나는 문득 궁금해졌다.

아마도 사람들은 동물을 좋아하는 마음에 동물원을 찾을 것이다. 그러나 이것이 동물이 평생 고통받아야 할 이유가 될 수 없다. 동물의 감정과 욕구를 살피지 않는 일방적 관심은 동물에게는 그저 치명적일 뿐이다. 한편, 사람들은 천진난만한 동물의 모습을 오래 보고 싶은 욕심에 동물을 평생 감옥 같은 곳에 가둬놓기도 한다. 그런 의미에서 동물의 귀여움은 가히 치명적이라고 할 수 있다.

1 선전 야생동물원에서 관광객이 원숭이에게 담배를 건네는 모습.
(2011년 여름 방학, 후춘메이(胡春梅) 촬영, 중국동물원관찰단 사진)

2 산둥성 칭다오 동물원에서 관광객이 곰에게 사이다를 먹이는 모습.
(2011년, 관하오란(管浩然) 촬영, 중국동물원관찰단 사진)

1 1 우한(武漢) 주펑(九峰) 야생동물원에서 호랑이가 말뚝 위를 걷는 공연을 펼치고
2 있다. 이런 모습을 풍자하듯 무대 뒤쪽에 '왕의 풍모'라는 간판이 걸려 있다.
(2013년 6월, 망핑 촬영, 중국동물원관찰단 사진)

2 베이징 다싱(大興) 야생동물원에서는 공작새의 꼬리를 강제로 펼친 다음 빗자루
같은 것으로 고정해놓았다.(2011년 5월, 류샤오위 촬영, 중국동물원관찰단 사진)

동물원은 꼭 필요한가?
과학자가 답해줄 수 없는 철학적 문제

당신은 동물원에서 살고 싶은가? 당신 눈에는 동물원에 사는 동물이 행복해 보이는가? 동물원은 인간과 동물 중 누구를 위한 곳일까?

나는 베이징에 살 때 망핑 교수가 이끄는 시민단체인 중국동물원관찰단에 들어갔다. 소규모로 운영되는 비공식단체라서 고정적으로 나오는 멤버는 두세 명 정도였다. 몇 년간 우리는 40여 명의 자원봉사학생과 함께 전시동물 실태조사를 벌였다. 자원봉사학생들은 방학 기간에 고향에 돌아가 전시동물에 대한 실태조사를 벌였다. 나는 싱가포르와 영국, 유럽 등에 출장을 갈 때면 현지 동물원을 꼭 들르곤 했다. 그리고 일본의 애니멀라이츠센터에서 인턴 생활을 할 때는 현지조사를 위해 동료들과 함께 동물원과 수족관을 찾거나 야생 돌고래의 포획과 전시를 반대하는 활동에 참가했다. 대만에 돌아간 후에도 공립 및 사립 동물원과 동물 테마파크를 꾸준히 방문했다.

동물원 광고나 현수막을 보면 언제나 즐겁고 유쾌한 분위기가 물씬 풍긴다. 그리고 서커스장에는 늘 귀가 먹먹해질 정도로 크고 경쾌한 리듬의 음악이 울려 퍼진다. 마치 엄청난 공연을 볼 수 있을 거라는 막연한 기대감을 심어준다. 나는 이런 장소를 방문할 때마다 묵직한 슬픔이 가슴을 짓누르는 것 같았다. 횃불을 돌리는 동물 옆에 놓인 채찍도, 청각이 예민한 코끼리의 귀 옆을 왔다 갔다 하는 샹거우(象鉤, 상구)[11]도 공연을 보는 관람객의 눈에는 전혀 보이지 않는다. 동물의 목이나 등에 채워진 쇠사슬 등도 마찬가지다. 조련사는 간식이 담긴 주머니를 차고 다니다가 동물이 묘기에 성공하면 한두 개씩 꺼내준다. 이는 진정한 보상으로 보기 어렵다. 공연을 무사히 마칠 때까지 굶어야 하는 동물에게 약간의 온정을 베푼 것뿐이다.

중국 야생동물원에서는 투어카를 타고 맹수 구역을 관람할 수 있다. 곳곳에 '하차 금지'라는 경고문이 적혀 있지만, 많은 관광객이 이를 무시했다. 심지어 직원도 안전수칙을 준수하지 않았다. 햇볕이 쨍쨍 내리쬐는 대낮에 투어카 문을 활짝 열어놓고 쿨쿨 낮잠을 자기 일쑤였다. 그리 멀지 않은 곳에 호랑이, 사자 같은 맹수가 있는데도 말이다. 나는 속으로 깨워야 하나 고민하다가 결국 그만뒀다. 혹시라도 내 행동에 맹수들이 자극을 받아 날뛴다면 정말로 끔찍한 일이 벌어질 수도 있기 때문이었다. 지금도 동물원에서 맹수가 사람을 공격해 죽이는 비극은 간간이 벌어지고 있다. 사람들은 동물의 고통에 무심할뿐더러 자신에게 닥칠 수 있는 위험에 대한 경각심도 부족했다.

'지옥으로 가는 길은 선의(善意)로 포장되어 있다.'라는 오랜 속담이 있다. 인간이 만든 동물원이 동물에게 바로 그런 곳일지도 모른다. 만약 그것이 사실이라면 동물은 피해자고, 동물원 관계자와 조련사는 직접적인 가해자다. 그리고 동물원을 유지하도록 만든 대다수의 방문객은 방관자다. 동물원에서 어른, 아이 할 것 없이 가장 인기 있는 유료 이벤트를 꼽는다면, 아마 '동물과의 기념 촬영'일 것이다. 높은 평점을 받은 싱가포르 동물원조차 입구 근처에 앵무새와 기념 촬영하는 포토존이 따로 마련되어 있는데, 그 앞에는 늘 관람객이 길

항저우(杭州) 동물원에서 찍은 무대 뒤 코끼리의 모습.
(2012년 11월, 망핑 촬영, 중국동물원관찰단 사진)

게 늘어서 있다. 직원은 관람객에게 앵무새를 보여주며 날개깃을 잘라 날지 못하므로 사슬을 채울 필요가 없다고 서슴없이 말한다.

한편 일본에는 곰 전용 동물원이 총 여덟 곳이 있다. 그중 하나인 아키타현(秋田県)에 위치한 곰 목장 구마쿠마엔(くまくま園)에 현지조사를 하러 갔을 때였다. 움푹 파인 구덩이에 갇힌 커다란 곰 한 마리가 있었다. 안내판에는 이 곰의 이름이 '하나코'이며, 영화와 드라마에 출연한 적이 있다고 귀엽게 적혀 있었다. 견학을 온 아이들은 반가운 마음에 하나코에게 큰 소리로 인사했지만, 하나코는 아무런 반응도 하지 않았다. 몇몇 관람객이 땅콩을 던져주기도 했지만, 이 역시도 관심을 끌지 못했다. 오랫동안 하나코의 세상은 딱 이 구덩이 크기만 했을 것이다. 나는 눈앞에 있는 무기력한 곰이 텔레비전에 나와 사람들을 즐겁게 해주던 하나코라고 상상하기 힘들었다. 이곳까지 찾아온 관람객들도 하나코를 진심으로 아끼고 있다고 믿기 어려웠다. 그리고 아라시야마(嵐山)에는 몽키파크(Monkey Park)라는 야생 원숭이 공원이 있다. 이곳에서 사람들은 사과나 고열량 식품인 땅콩을 사가지고 커다란 새장 같은 곳에 들어가 철망 너머의 원숭이에게 먹이주는 체험을 할 수 있다. 사람들은 이런 체험 활동이 동물에게 별다른 해를 끼치지 않는다고 여겼다. 오히려 동물에게 이롭다고 생각하는 사람들이 대다수였다. 사실 운영자는 동물복지 차원에서 어떻게 해야 좋을지 고민해본 적이 없다. 그리고 동물에게 미치는 부정적 영향을 최소한으로 줄이려는 노력도 하지 않았다. 그저 돈에 눈이 멀어 땅콩 일일 급여량도 제한하지 않았다. 그러자 원숭이들은 먹이를 구하러 산속으로 들어가지 않고, 이곳에 와서 사람들이 주는 음식으로

배를 잔뜩 채웠다. 그 결과 건강을 염려할 정도로 체형이 무너지고 몸집이 비대해진 원숭이들이 엄청 많아졌다.

동물전시업자는 동물원이 대중에게 동물을 만날 기회를 제공하며, 야생동물 보호의 필요성을 깨닫도록 돕는다고 주장한다. 그러나 맹수에게 산 동물을 던져주는 야생화 훈련, 온갖 곡예를 펼치는 동물쇼, 새끼를 어미 품에서 강제로 떼어놓고 찍는 기념 촬영, 동물에게 먹이 주는 쇼나 먹이 주는 체험 등이 동물보호 의식을 기르는 데 도움이 될지 의심스러웠다.

돌고래는 뾰족 튀어나온 부리로 우울증에 걸려 약물을 복용하고 있다고 인간에게 하소연할 수 없다. 호랑이도 인간이 알아듣는 언어로 자신의 고통을 호소할 수 없다. 호랑이의 울부짖음은 인간에게는 그저 공포로 다가올 뿐이다. 산둥성 웨이하이시(威海市) 시샤커우(西霞口)의 선댜오산(神雕山)에 위치한 야생동물원에는 유전적 결함으로 하얀 털을 가지고 태어난 백호가 살고 있다. 관광객이 다가오면 백호는 조련사에게 훈련받은 대로 입을 크게 벌리며 낮은 포복을 취한다. 그러면 조련사가 관광객을 데려와 백호 등에 올라탄 채 사진을 찍게 한다. 이때 백호의 입 속이 텅 비어 있다는 사실을 발견하는 관람객은 소수에 불과하다. 사실 잘 보면 날카로운 이빨만이 아니라, 발톱까지도 모두 뽑혀 있다.[12] 동물을 보며 박수와 환호를 보내는 사람들은 자신들이 보지 않는 곳에서 이런 잔인한 행태가 비일비재하게 일어나고 있음을 알지 못한다. 2010년, 선양의 삼림야생동물원에서는 호랑이 열한 마리가 잇달아 굶어 죽는 사건이 발생했다.[13] 사육 호랑이도 사육 곰처럼 기념사진 촬영이나 전시, 공연 등 그 쓰임새가 다양하다.

중국에는 사육 호랑이가 약 5,000마리에 달하는데, 이 중에는 사체의 행방이 묘연한 경우도 있다고 한다. 아마도 시장에 유통된 후 사람들의 뱃속으로 사라졌을 가능성이 높다. 중국의 야생 호랑이는 고작 10~20마리밖에 남아 있지 않다. 주로 중국과 러시아 국경 지대를 돌아다니며 서식한다. 이렇게 행동반경이 넓은 대형 육식동물이 동물원의 사육환경에 만족하기란 쉽지 않다. 이런 상황은 미국과 크게 다르지 않다. 나는 야생동물이 자연 속에서 살아가도록 하는 것보다 더 좋은 복지는 없다고 생각한다.

업자는 동물원이 동물에게 먹이를 제공하고 의료 서비스를 지원하기 때문에 야생보다 복지 수준이 높다고 주장한다. 그러나 동물원에는 심신이 병들어 강박증 같은 이상 행동을 보이는 동물들이 많다. 실제로 동물원에 가보면 어딘가 아파 보이는 동물들을 심심치 않게 볼 수 있다. 어떻게 이런 곳에서 올바른 자연과학 지식을 습득할 수 있을까? 사실 동물 전시는 동물복지뿐만 아니라, 생명 윤리 측면에서도 우리에게 많은 질문을 던진다. 우리는 앞으로 어떻게 살아가면 좋을까? 동물에게도 자신이 원하는 삶을 선택할 기회를 주어야 하지 않을까? 나는 베이징대학의 판원스(潘文石) 교수의 글을 읽고 야생동물은 자연 속에서 살아가야 한다는 내 생각이 옳다고 확신했다. "판다는 생존을 위해 수만 년이란 시간 동안 진화해왔다. 동물원에 갇혀 사람들에게 기쁨을 주기 위해 태어난 존재가 아니다. 판다는 자신의 왕국에서 자유로이 살아가야 한다. 비바람도 맞으며 세상 물정을 배워야 한다. 그리고 먹이도 짝도 스스로 구할 수 있어야 한다. 그렇게 야생에서 살다가 야생에서 생을 마감하는 것이 맞다."[14] 판다뿐만 아니라 야생동물은 모두 이렇게 살아갈 권리가 있다.

일본에서 유명한 곰 하나코가 사는 아키타현 아니정의 구마쿠마엔.

<table>
<tr><td>1</td></tr>
<tr><td>2</td></tr>
</table>

1 베이징 다싱 야생동물원에서 본 판다처럼 털을 염색시킨 개.
(2011년 10월, 량중위안(梁中袁) 촬영, 중국동물원관찰단 사진)

2 베이징 다싱 야생동물원에서 관광객에 안긴 채 기념 촬영을 하는 새끼
원숭이. 새끼 짐승과 기념 촬영하는 유료 이벤트는 거의 하루 종일 진행된다.
기념 촬영에 동원되는 동물에게는 보통 휴식 시간과 음식이 제공되지 않는다.
(2011년 10월, 량중위안 촬영, 중국동물원관찰단 사진)

2장

유럽 보호소의 이상주의자: 현대 동물보호의 기원과 발전

예술이나 동물보호에 관심 있는 내 주변의 친구들은 대부분 유럽을 동경한다. 2010년 즈음, 대만의 일부 젊은이들이 유럽에 가서 동물보호 분야의 일을 하고 싶어 했다. 하지만 나는 이렇게 생각했다. '기왕이면 환경이 열악한 곳에 갈 것이지. 거기 동물들이야말로 도움이 절실할 텐데.' 그런데 얼마 지나지 않아 나에게도 영국, 프랑스, 네덜란드 등지의 동물보호단체에서 실습할 기회가 불쑥 찾아왔다.

잊힌 말발굽 자국

런던에 도착한 나는 액트아시아의 쑤페이펀 대표 집으로 향했다. 히스로 공항에서 제법 가까운 그 집에서 하루를 묵고 다음 날에는 대표와 함께 말신탁기금(The Horse Trust)이라는 말 보호소를 찾았다. 말들은 수십 개의 마사에서 편안하고 여유로운 한때를 보내고 있었다. 이따금 고개를 돌려 방문객으로 온 우리를 쳐다보기도 했다. 다행히도 말들은 우리가 무섭거나 불편하진 않은지 바로 앞에 털썩 엎드려 휴식을 취하곤 했다. 이곳 말들은 초조해하는 데다 갈기도 푸석푸석한 일본 보호소의 말과 달리 몸이 아름답고도 다부졌다. 나는 이들이 대체 어디서 온 건지, 그리고 입양을 원하는 사람은 있는지 궁금해졌다.

많은 이들이 영국을 동물보호운동의 발상지로 여기기 때문인지 영국에 첫발을 디뎠을 때는 내가 꼭 성지순례자가 된 듯했다. 영국에서 동물보호운동이 발달한 이유로 단순히 사람들의 선량

말신탁기금의 드넓은 초원에서 지내는 말. 마사에 돌아가지 않고
초원에 하루 종일 머물 수도 있다.

함이나 문화적 배경의 차이만을 들 수는 없다. 일찍이 19세기 산업혁명이나 그보다 앞선 농업혁명 시기만 해도 동물들은 심각한 학대나 신체 훼손, 강제 노동에 시달렸다. 이 시기 노동에 동원되어 고통받은 동물을 연구한 학자 리젠후이(李鑑慧)는 잘 알려지지 않은 비극적인 이야기를 들려주면서 동물의 큰 희생과 공헌을 강조했다. 나는 그중에서도 탄광의 조랑말 이야기가 가장 인상 깊었다.

영국 산업혁명 시기, 탄광에서 석탄 운반에 동원된 스코틀랜드 제도의 셰틀랜드 포니(Shetland ponies)와 잉글랜드, 웨일스의 왜소종 조랑말을 '핏 포니(pit ponies)'라고 부른다. 이 조랑말은 체고가 100cm에 불과해 비좁고 낮은 탄광도 자유로이 드나들 수 있는 데다 무거운 짐도 거뜬히 날랐다. 19세기 후반 영국에서 여성과 어린이의 권리가 신장되면서 더 이상 이들을 탄광 노동에 동원할 수 없게 되자 조랑말이 중요한 노동력으로 떠올랐다. 1876년, 영국에서는 약 20만 필의 조랑말이 탄광에 투입됐으며 20세기 초까지도 7만 필에 이르는 조랑말이 노동에 시달렸다. 탄광 안은 분진이 많고 환기도 어려운 데다 길은 울퉁불퉁하다. 내부 전체가 비좁고 캄캄해 사람이든 동물이든 부상을 피하기 힘들뿐더러 덥고 습하며 폭발이나 갱도 붕괴의 위험도 있었다. 리젠후이는 글에서 다음과 같이 밝혔다. '장기간 무거운 짐을 운반하는 조랑말의 목은 마찰과 하중 때문에 상처와 염증이 가실 날이 없었다. 노동자 간의 계층 구분이 엄격하고 규율이 혹독하기로 유명한 탄광에서 약자들은 늘 괴롭힘을 당했다. 조랑말도 걷어차이고 얻어

맞는 등 학대를 받았는데 가해자는 조랑말과 가장 가까우며 같은 약자인 어린이나 청소년 노동자였다.' 리젠후이는 몇 가지 학대 사례도 언급했는데 오늘날이라면 전국 뉴스에 보도될 정도로 매우 심각한 수준이니 자세한 설명은 하지 않겠다. 나는 조랑말이 일상적으로 학대받으며 고통에 시달린 점이 더 가슴 아팠다. 조랑말은 며칠 동안 탄광 속에 방치되어 물이나 먹이조차 먹을 수 없었다. 평생을 캄캄한 탄광에서 지내던 조랑말이 갑자기 탄광에서 나오면 실명할 가능성이 높고 통제도 어려워진다. 게다가 조랑말은 다시 탄광에 들어가지 않으려 필사적으로 버티며 거부한다. 이런 이유로 탄광 속 마구간에 방치될 때가 많았다. 한 동물보호단체가 구조한 다트모어라는 조랑말은 무려 20년을 캄캄한 탄광에서 지낸 끝에 겨우 빛을 볼 수 있었다고 한다.[1]

뤼비청과 『구미의 빛』

1822년 영국에서는 일명 〈마틴 법(Martin's Act)〉이라고 하는 가축보호법이 통과되었다. 이를 기점으로 다른 동물보호법도 속속 등장했다. 일찍이 영국의 동물들은 심각한 학대에 시달렸고 이를 보다 못한 사람들이 동물보호운동에 뛰어들었다. 영국을 방문했다 동물보호 사상에 영향을 받은 몇몇 외국인이 모국에도 퍼트렸고 각자 독특한 형태의 동물보호 활동으로 발전시켰다. 그중 중국의 시인 뤼비청(呂碧城)은 미국과 유럽 등지에 수십 년 머문 경험을 바탕으로 『구미의 빛(歐美之光)』이라는 책을 썼다. 현지에서 직접 경험한 동물보호운동을 소개하는 한편, 동물을 소중히 여기는 문화가 사라진 중국의 현실을 한탄했다. 뤼비청이 1933년 상하이에서 설립한 '중국동물보호회'는 근대 중국 동물보호운동의 시초로 볼 수 있다.

말신탁기금

　과거 조랑말은 탄광의 노동력이었지만 오늘날의 말은 반려동물이자 레저를 즐기는 수단이다. "말은 영국 사회에서 자전거나 다름없어요." 영국에서 20년 가까이 거주했으며 말신탁기금 방문을 주선해준 쑤페이펀 대표의 말이다. 자전거는 사람마다 수요가 다르다. 예를 들면, 누구나 저마다 성별이나 체격에 맞는 자전거를 골라 타는데 특히 어린이나 청소년은 성장세에 맞춰 자전거를 바꿔 타야 한다. 말을 자전거에 비유하면 마땅치 않은 말을 처분하거나 버리는 이유를 이해할 수 있다.

　말은 손이 많이 가는 동물로 목욕은 물론 빗질도 자주 해줘야 하며, 발굽 손질도 필수다. 게다가 먹이를 주거나 마구를 갖추는 데도 적잖은 비용이 든다. 오늘날 말은 중산층의 상징으로 가정에서도 키우지만 경주마로도 많이 활약한다. 영국에서는 매년 로열 애스콧이라는 경마 축제가 열리는데 전 국민이 열광하며 축제를 즐긴다. 하지만 어느 나라에서건 다루기 힘들거나 나이든 말, 신체 능력이 쇠퇴한 말, 경주 성적이 떨어져 은퇴한 말을 식용으로 처리하는 경우가 많다. 일본과 프랑스에서는 시중에 말고기 상품이 흔히 유통되는데 심지어는 유아용 말고기 통조림도 있다. 대만에서도 마유(馬油)는 쉽게 구할 수 있다. 나는 이 말들이 한때 가정에서 사랑받거나 경마장에서 박수갈채를 받았단 사실을 떠올리면 가슴이 먹먹해진다. 다행히도 이 영국의 보호소에서는 더이상 활동하지 못하거나 가치가 떨어진 말들을 수용해 여생을 편히 보낼 수 있도록 돕는다.

말신탁기금에서는 마사마다 말 소개와 이력을 걸어둔다. 가웨인(Gawain)
이라는 말은 시위 현장에서 과격한 시위를 진압하는 임무를 수행했다.

　보호소를 둘러보니 몇몇 마사의 문에는 말이 지나온 여정을 소개하는 글과 사진이 붙어 있었다. 축구장의 훌리건을 진압하는 경찰마로 활동한 말이 있는가 하면 영국 여왕을 수행하던 말도 있었다. 말이 활약하던 모습이 사진 속에 생생하게 남아 있었다. 나는 이곳에서 동물복지 역사가 긴 영국답게 말에게 필요한 일을 세심하고 철저하게 챙긴다는 인상을 받았다. 여왕을 모시는 임무를 다한 '수행마'는 퇴직 후에 이곳에서 여생을 보낼 수 있으니 이만 하면 행복한 마생(馬生)이 아닐까.

　내가 이곳을 찾은 때는 여름휴가 시즌이었는데 날씨도 생각보다 우중충하고 서늘한 데다 텅 빈 마사들이 많아 스산한 분위기마저 감돌았다. 영국에는 수용할 만한 말이 별로 없는 걸까? 당시 내가 살던 중국 북부 지역에는 떠돌이 개가 죄다 잡아먹혀 길거리에 거의 보이지 않았다. 그래서 나도 모르게 경험에 비추어 눈앞의 상황을 이해하려고 했다. 그때 보호소를 안내해주는 젊은 여성이 끝없이 펼쳐진 초원의 언덕으로 날 이끌었다. 저 멀리에 비옷을 걸친 말 두세 마리를 보고서야 보이는 곳 전부가 말 신탁기금의 구역임을 알았다. 말들은 안팎을 자유롭게 오가며 밤새도록 마사로 돌아가지 않고 그림 같은 풍경 속에서 지냈다. 이곳에 오기 전에는 사랑받지 못하는 불쌍한 동물의 이미지만 떠올랐는데 실제로 와보니 말들은 따스한 보금자리에서 편히 지내고 있었다.

세심한 배려로 가득한 보호소

　나는 몇 주에 걸쳐 런던 일대의 개신탁기금(Dogs Trust), 우드그린 보호소(Wood Green Animal Shelters), 메이휴 동물의 집(The Mayhew Animal Home) 등을 방문했다. 시설 견학에 그치지 않고 직원들과 함께 실습하며 아침 9시부터 오후 5시까지 사육장을 청소하고, 개를 산책시켰다.

　어쩌면 나처럼 '영국에도 떠돌이 동물이 있어?' 하고 생각하는 사람이 많을지도 모르겠다. 나도 이곳에 와서야 시설에 수용된 동물이 대부분 다른 서유럽, 동유럽, 남유럽 등지에서 데려온걸 알았으니까. 몇몇 나라는 기후가 온화해 동물의 번식이 빠를뿐더러 동물 유기 문제도 아주 심각하다고 한다. 반면 영국의 개나 고양이는 보호자가 사망했거나 피치 못할 사정이 있을 때만보호소로 보내진다. 개나 고양이의 몸속에 내장칩을 심어두어 스캐닝 한 번으로 시스템에 등록된 보호자 정보를 확인할 수 있다.덕분에 길 잃은 동물은 보호자의 품으로 아주 신속하게 돌려줄수 있다.

시설에서 일하는 동안 내 임무는 개의 배설물 치우기와 고양이 모래 갈아주기, 그리고 밥 주기였다. 동물 개체마다 식사량과 기호에 맞춰 음식을 제공하고, 필요에 따라 약이나 건강식품을 먹이는 등 업무가 세세하고 명확히 나뉘어 있어 놀라울 따름이었다. 런던 시내에 자리한 메이휴 동물의 집에서는 개를 하루에네 번씩 산책시켰는데 매번 다른 자원봉사자가 다른 경로로 산책을 이끌었다. 가급적 많은 사람과 접촉시키고 다양한 환경에 접할 기회를 제공하는 한편 개들의 흥미를 돋우려는 것이다. 보호소 지면은 시멘트 바닥과 풀밭, 그리고 모래 바닥, 세 종류로 이루어졌다. 나중에 입양됐을 때 가정환경에 적응하기 쉽도록 개들은 매일 모든 종류의 바닥에서 10분에서 20분 정도 머무르는 훈련을 받았다. 더군다나 개들은 각자 자기만의 공간에서 지내는데평가 기간이 끝나면 마음 맞는 친구를 룸메이트로 맞을 수도 있었다. 방 안에는 작은 테이블 세트와 카펫, 책장이 갖춰져 있고,

텔레비전이나 라디오가 켜져 있다. 개들이 새로운 가정에 금방 적응하도록 주거환경과 유사하게 꾸미고 생활소음에 노출시키는 것이다.

나는 개에 대해 잘 알지 못하지만 업무환경도 쾌적하고 모든 업무가 체계적으로 잘 분업되어 안심하며 일할 수 있었다. 때로는 직원들에게 중국에서 동물보호 활동을 하던 때의 이야기를 들려줬다. 그들은 내가 어디에서 왔으며 왜 여기까지 와서 실습하는지 궁금해했다. 보호소에는 자원봉사자가 늘 부족하지만 나처럼 굳이 아시아에서 영국까지 찾아오는 경우는 드물었기 때문이다. 나는 그들에게 베이징의 딩 아주머니 집에서 자원봉사하던 시절(훗날 큰 화재가 나서 많은 고양이가 타죽었다)의 일화를 들려줬다. 그리고 마오쩌둥(毛澤東)의 수행원인 루디(蘆荻)가 중국 소동물보호협회를 설립하는 과정에서 지주를 몰아내기 위해 개를 하루에 한 마리씩 죽이며 협박했다는 이야기도 했다. 중국의 보호소는 영국과 달리 외부인의 눈에 띄지 않는 외진 곳에 지어진다는 사실도 빼놓지 않았다.

그런데 몇 가지 이야기를 들려주다 보니 오히려 내 경험들이 낯설게 느껴졌다. 내가 뱉는 단어 하나, 말 한 마디가 이렇듯 이곳 현실과 동떨어지고 터무니없다 보니 듣는 이도 내 말을 이해하지 못할뿐더러 나도 설명하기 막막했다. 문득 유럽에는 내가 할 수 있는 일도 없고 내 도움을 필요로 하는 동물도 없다는 생각이 들었다. 나는 훌륭한 조직의 부품이 되기보다 척박한 환경에서 가시덤불을 헤치고 나아가는 쪽이 훨씬 가치 있다고 믿게 되었다.

<table>
<tr><td>1</td></tr>
<tr><td>2</td></tr>
</table>

1 개신탁기금의 보호소 내부. 사육장은 개들이 방문객을 볼 수 있는 구조로 되어 있으며 아크릴 문에 뚫린 구멍으로 방문객의 체취도 맡을 수 있다. 이 문에는 어린이 친구들이 써준 편지나 그림을 붙여두기도 한다.

2 보호소에는 개의 탐색 활동을 돕는 다양한 놀이 공간이 있다. 사진의 오른편에 보이는 대형 핀볼은 둔덕에서 굴린 공을 쫓는 놀이인데, 사람도 참여할 수 있다.

$\dfrac{3 \mid 4}{5}$ 3 액트아시아의 설립자 겸 대표인 쑤페이펀(왼쪽)과 함께 런던 시내 메이휴 동물의 집을 찾았다. 동물의 집 이사는 우리에게 소형동물 치료 시설을 안내해주었다.

4 동물의 집에는 새끼 고양이의 야외 활동 공간이 있다. 작은 테이블 세트, 나무와 꽃, 어린이 놀이 기구가 있어 사회화에 도움이 된다.

5 동물의 집에서 보호하는 고양이는 모두 복층 공간에서 지낸다. 1층에는 사료와 모래, 장난감이 있으며, 방마다 고양이 출입구와 통창이 나 있다. 사진 왼편에 보이는 계단을 오르면 바로 고양이 침대가 보인다. 고양이들의 집은 흡사 인형 집 같다.

프랑스 공주와 〈히로시마 내 사랑〉

　나는 중학생 때부터 유럽 문화에 빠졌는데 특히 초기 흑백영화에 심취했다. 한때 대만에서 장흥량과 모원웨이(막문위)가 함께 부른 노래 〈히로시마 내 사랑〉이 유행한 적이 있다. 하지만 사람들은 가사 속 감정선이나 갈등 요소가 프랑스 동명의 소설 및 영화에서 차용한 것이라는 사실은 잘 모른다. 저명한 작가 마르그리트 뒤라스가 각본을 쓴 영화 〈히로시마 내 사랑〉은 제2차 세계대전 이후 영화 촬영을 위해 히로시마를 방문한 프랑스 여배우의 로맨스를 그렸다. 〈히로시마 내 사랑〉의 뮤직비디오는 영화사에 길이 남을 이 명작처럼 흑백 화면으로 연출했다. 이번 여정에서 내가 가장 기대하는 곳은 소설의 배경이자 여배우의 고향인 프랑스의 중심부 느베르(Nevers)다.

　나는 우연히도 소설 속 배경처럼 여름에 느베르의 티에네이 (Thiernay) 보호소를 방문했다. 이곳은 '공주 보호소'로 통하는데 중년에 접어들어 동물에 헌신하고 아시아의 동물보호운동의 발전에도 크게 공헌한 엘리자베스 크로이(Princess Elisabeth de Croÿ) 공주가 바로 이곳의 설립자이기 때문이다.[2] 나는 티에네이 보호소의 관리자를 파리에서 만나 함께 기차를 타고 느베르로 향했다. 그곳에 도착하니 마침 한 직원이 차로 마중을 나왔다. 목에는 실크 스카프를 두르고 향수까지 뿌린 직원의 모습이 내겐 무척 낯설었다. 동물보호소 직원은 대개 헤어스타일도 단정하고 청바지에 운동화 같은 단출한 차림이기 때문이다. 방금 헤어숍에서 나온 듯한 직원의 모습은 초라한 내 행색과 대조적이었고 나는 부끄러움을 감출 수 없었다. 나는 실습차 보호소를 찾은 터라 자주 안 갈아입어도 티가 안 나는 검정바지에 받쳐 입을 티셔츠 정도만 챙겨 왔다. 사실 방문하는 모든 보호소에 전달할 선물을 준비한 데다가 두 달가량 유럽에 체류하는 동안 필요한 물건이 아주 많아서 짐을 가급적 줄여야 했다.

보호소로 향하는 길은 차도 인적도 드물었다. 나는 느베르의 풍경을 두 눈 가득 담으려고 애쓰면서 영화 속 배경과 비슷한 곳을 찾느라 여념이 없었다. 이윽고 우리를 태운 소형차는 농장 같은 장소에 다다랐다. 그곳에는 건물 세 채가 들어서 있었는데 각각 보호소와 사무실, 헛간, 그리고 공주의 거처인 듯했다. 그날 밤, 아멜리아와 직원이 떠나자 사람을 위축시키는 듯한 거대한 별장 같은 목조 건물에 나 혼자 덩그러니 남겨졌다. 인터넷을 하려고 맞은편의 사무실에 갈 때마다 그곳엔 내 귀를 시종 고문하는 앵무새 '로로트'의 비명 소리와 파리의 앵앵거리는 소리, 그리고 두통을 유발하는 프랑스어 자판 때문에 괴로웠다.

낮에는 공주 보호소에서 개똥 청소를 했는데 만만치 않은 일이었다. 개도 워낙 많은 데다가 다들 체격도 커서 개똥을 손수레에 가득 채우고도 한 무더기나 남아 있었다. 그리고 개도 텃세를 부린다고 하니 철문이 열리는 순간 만만하게 보이는 나를 박차고 나가 자유를 만끽할지도 모르는 일이었다. 여기 개들은 산책은 따로 안 하지만 드넓은 정원을 한두 마리씩 차지했다. 내가 보호소에 도착한 그날, 아멜리아가 기쁜 얼굴로 반가운 소식을 전했다. 몇 년간 돌본 열 살 넘은 개가 여기서 생을 마칠 줄 알았더니 운 좋게도 오늘 입양이 결정됐다는 게 아닌가. 모두들 기뻐하며 들뜬 모습에 나도 덩달아 기분이 좋아졌다. 한편 여기서 개를 돌보다 보니 귀에 이상한 구멍이나 귓바퀴 안쪽에 새겨진 마크가 제법 눈에 띄었다. 대부분이 버려진 사냥개로, 사냥꾼이 자신의 소유라는 걸 표시하기 위해 일부러 귀에 흠집을 낸 것이었다. 하지만 임무를 훌륭히 수행하지 못하는 사냥개들은 들판에 버려지거나 나무에 매달려 죽는 운명에 처해질 뿐이었다.

주위에 마을이며 가게도 없는 외딴 보호소에서 나는 양, 당나귀, 개, 새, 고양이 같은 동물과 함께 기나긴 밤을 보냈다. 매일 오후 5시가 되기도 전에 직원들이 일찌감치 자취를 감추면, 앵무새 로로트의 존재감 있는 울음소리 외에는 모든 소리가 낯설게 들렸다. 언젠가 한번 용기를 내 시골의 밤길을 산책하는데 달빛 아래 트랙터를 몰고 곡식을 수확하는 사람이 있었다. 모터 소리는 낯설지 않았지만 그래도 역시나 겁이 나서 바로 보호소로 줄행랑을 쳤다. 그리고 이 보호소에서의 임무를 완수하러 헛간의 불을 끄러 갔을 때였다. 문을 여는 순간 갑자기 무언가가 획 하고 움직이는 통에 하마터면 심장이 멎을 뻔했다. 알고 보니 안에 있던 박쥐와 보리 자루에서 단잠을 자던 고양이가 나 때문에 화들짝 놀란 것이었다.

국경을 넘어 입양된 대만의 떠돌이 개

새끼 고양이의 '사회화' 훈련도 나의 업무 중 하나였다. 새끼 고양이가 사람과 친해지게 만드는 한편, 보호소 측에서도 새끼들의 성격을 낱낱이 파악해 궁합이 잘 맞는 가정과 맺어주기 위함이었다. 이 일은 간단하면서도 꽤 재미있었다. 30분 정도 고양이와 놀아주면서 반응을 유심히 관찰하다 겁이 많은지, 고양이들끼리의 관계는 어떤지, 사람을 깨무는지 등을 기록했다.

여기서 나는 프랑스어만 할 줄 아는 코치에게 일을 배웠다. 청소가 내 업은 아니고 지금 실습 삼아 자원봉사 중이라고 밝히자 코치가 엄청 의외라는 반응을 보였다. 내가 대만 출신이라는 걸 안 그녀가 "우리 개도 그렇답니다"라고 했지만 선뜻 믿기지가 않았다. 하지만 알고 보니, 16년 전에 실제로 대만에서 개를 입양했다고 한다. 1995년경, 대만 보호소의 잔혹한 실태가 전 세계에 널리 알려졌다. 지금까지 남아 있는 사진 자료에 의하면, 보호소에서는 우물에 빠뜨리거나 전기충격기를 쓰고, 케이지째 수조에 넣는 등 갖가지 방법으로 개를 죽였다. 영국의 동물보호운동의 선구자 조이 레니(Joy Leney)는 당시 대만의 보호소들을 몇 차례나 방문해 직접 목격한 참상을 세상에 폭로했다.

당시 대만 공립 보호소의 한 직원이 개를 케이지째 수조에 담그려는 찰나 조이가 그렇게 하는 이유를 물었다. 직원은 "얘가 안 짖으니 고통을 못 느끼는 줄 알았어요"라고 대답했다. 이런 상황 속에서 대만의 떠돌이 개는 국경을 넘어 다른 나라로 입양 보내

프랑스 느베르에 자리한 티에네이 보호소의 개들은 아주 널찍한 공간에서
지낸다. 여기는 개를 비롯한 다양한 동물이 보호받고 있다. 왼쪽에 보이는
개는 버림받은 사냥개로 추정된다.

질 수밖에 없었다. 나는 웃으며 코치에게 말했다. "코치님 반려견이 제 말을 알아들을지도 모르겠네요." 하지만 곰곰이 생각해보니 내가 쓰는 말이 그 개에게는 과거의 악몽을 떠올리게 할지도 모를 일이었다. 나란 사람이 과거에 개를 학대한 나라에서 왔다는 건 부정할 수 없는 사실이다. 그러나 따지고 보면 어두운 역사가 있기 때문에 내가 여기까지 오게 된 게 아닐까?

엘리자베스 크로이 공주와 대만

엘리자베스 크로이 공주는 프랑스 왕실의 핏줄로, 1921년에 샤토 다지라는 성에서 태어났으며, 대만에 세 차례 방문해 동물보호 활동을 한 이력이 있다.

성안에서 생활하는 것보다 모험을 좋아한 공주는 30여 년간 세계를 두루 여행했다. 그러던 중 현지의 재난 현장에서 고통에 처한 사람들의 모습을 목격하기도 했다. 크로이 공주는 여러 사회문제를 해결하기 위해 도움의 손길을 뻗던 중 여생을 동물복지에 바치기로 결심했다. 크로이 공주는 대만의 행정부와 입법부를 방문해 동물보호법의 입법을 위해 노력하는 한편 떠돌이 동물도 인도적 대우를 받을 수 있도록 대중에 호소했다.

티에네이 보호소의 설립자이기도 한 공주의 침실을 자유롭게 드나들 수 있는 유일한 남성은 '반차오 왕자'뿐이었다. 왕자의 정체는 바로 공주가 10여 년 전에 타이베이의 반차오 보호소에서 데려온 반려견이다.[3]

안락사에 관한 생각의 충돌

　매주 화요일은 수의사가 보호소를 찾아와 동물들을 진찰하는 날이었다. 나는 이날을 몹시 고대했다. 보호소 직원들은 대부분 손위의 여성인 데다 사람보다도 동물과 소통하는 걸 훨씬 좋아했기 때문이다. 멀리서 보니 수의사는 장발의 금발머리로 키도 훤칠하고 잘생긴 젊은 남자였다. 며칠 전 한 어미 고양이가 새끼를 낳은 터라 우리도 깔끔히 청소해놓고 수의사의 방문을 손꼽아 기다렸다. 그런데 막상 나는 개와 양의 우리를 청소하느라 바빠 자상한 수의사가 진료하는 모습은 지켜볼 틈이 없었다.

　젊고 멋진 수의사가 떠나간 후 고양이 우리로 돌아와 보니 어째 새끼는 단 한 마리도 보이지 않고, 어미 혼자 겁에 질린 눈빛으로 안절부절못하고 있었다. 나는 직원들을 붙잡고 "새끼 고양이는요? 어디로 데려갔어요?" 하고 물었지만 영어를 잘하는 사람이 주변에 없었다. 그들의 얼굴에서 어렴풋이 떠오른 표정을 보고 새끼 고양이를 딴 곳으로 데려갔으리라 짐작할 뿐이었다. 하지만 갓 태어난 새끼 고양이만 따로 데려가는 일은 좀처럼 없기에 마음 한구석에서 자꾸 불안이 퍼져 나갔다. 나도 어미 고양이처럼 속이 타들어갔다. 마치 새끼들을 부르는 듯 낮은 목소리로 연신 야옹거리는 어미 고양이를 보니 목구멍에 가시가 걸린 것만 같았다. 한동안 소식을 모르고 있다가 나중에 아멜리아를 만났을 때 새끼 고양이들의 행방을 물었다. 그랬더니 이미 안락사했다는 답변이 돌아왔다. "낙태나 안락사나 죽는 건 매한가지예요. 태어나기 전에 죽든 태어나서 죽든 똑같지 않나요? 차라리 출산하는 편이 어미 몸에는 덜 해롭다구요." 나는 그만 할 말을 잃고 말았다.

가톨릭 국가인 프랑스에서는 낙태를 용납하지 않는 경우가 종종 있다. 개와 고양이 같은 동물을 관리하는 데는 사회적 분위기도 큰 영향을 미친다. 그래서 이 보호소에서도 낙태를 시행하지 않는 것이다. 하지만 나는 여기는 물적 자원도 충분한 데다 고양이는 새끼를 포함해도 기껏해야 열 마리 남짓이니 공간의 여유도 있다고 생각한다. 게다가 입양할 가정을 찾는 일도 그리 어렵지 않다. 유럽은 나라마다 동물복지 수준이 다르지만 전체적으로 높은 편이라는 점은 부정할 수 없다. 앞서 머무른 영국만 해도 개를 입양하려면 몇 단계에 걸친 심사를 받아야 한다. 직원까지 가정에 방문해서 반려동물을 포함한 모든 가족 구성원이 새로운 동물을 받아들일 수 있는지 확인한 후에야 동물을 입양할 자격이 주어진다. 뿐만 아니라 경제적인 여건도 중요하기 때문에 재산 증명도 해야 한다. 그보다 중요한 건 잠자는 시간을 제외하고 하루 중 8시간을 가족 중 누군가가 반드시 동물과 함께해야 한다는 점이다. 휴가 기간 중 사람을 불러 반려동물을 돌볼지 아니면 시설에 맡길지도 꼼꼼히 알아본다. 이 외에도 반려동물에 관한 100가지에 달하는 항목을 일일이 체크한다. 이처럼 동물을 위해 작은 것 하나 놓치지 않는 곳에서 건강하고 활달한 새끼 고양이들을 안락사한다는 게 쉽게 믿기지가 않았다.

티에네이 보호소를 떠나기 전날 밤, 새끼들을 잃은 어미 고양이의 눈을 차마 바라볼 자신이 없었다. 어미 고양이의 일은 지금

프랑스 툴루즈 부근의 오슈에서 반려견 행동 워크숍이 열렸다.
보호자는 개와 함께 일주일간 교육을 받는다.

까지도 못내 안타깝기만 하다.

보호소에서 실습을 마치고 나와 아멜리아는 스페인과 가까운 프랑스 남부 지방의 오슈(Auch)까지 함께 여행했다. 오슈를 포함한 툴루즈 일대에는 곳곳의 가게 입구에 투우 경기 일정이 붙어 있었다. 지방에 내려온 후로는 아멜리아가 날 위해 프랑스어를 영어로 통역해주었다. 우리는 미국의 유명한 반려견 훈련사 이안 던바(Ian Dunbar) 박사(한국에도 저서가 몇 권 출간되었다)가 주최하는 반려견 행동 워크숍 현장을 찾았다. 나도 실습차 참여했지만 딱히 도울 일은 없어 지켜보기로 했다. 워크숍은 개와 보호자가 함께 참가하는 일주일간의 교육 과정으로, 멀리 이탈리아에서도 참가자가 있었다. 여러 반려견 클럽에서도 참여했는데 그중 일부 반려견은 훈련이 칼같이 잘 돼 있었다. 보호자의 단 한 걸음도 놓치지 않고 정확하게 따라가는 모습이 어찌나 신기하던지. 하지만 어떤 사람들은 내가 반려견을 만지지도 못하게 했다. 그 때문에 이 복슬복슬한 친구들이 어쩐지 보호자의 소유물에 더 가깝다는 느낌이 들었다.

보호자들은 휴가 중

나는 복잡한 마음으로 네덜란드의 암스테르담으로 향했다. 이곳에선 같은 동물보호 활동가인 넬 반 아메롱겐(Nel van Amerongen)의 집에 머물렀다. 평소에는 혼자 시가지를 돌아다니거나 나보다 열 살가량 손위의 넬과 함께 일을 하고 조직의 서포터

관리법에 대해서 배웠다. 우리는 함께 현지의 동물보호소도 방문했는데 개와 고양이는 몇 마리 없고 텅텅 비다시피 했다. 이마저도 대부분 보호자가 다른 나라에 휴가를 즐기러 간 사이에 맡겨진 것뿐이라고 했다. 사실상 입양을 기다리는 동물은 거의 없었다. 네덜란드에서도 반려견을 키우려면 영국처럼 까다로운 과정을 거쳐야 하기 때문에 동물을 유기하는 일이 드물다. 그래서 이곳도 다른 나라에서 들여온 동물이 대다수를 차지했다.

고양이 우리를 살펴보던 중 방금 수술을 마친 듯 등에 가늘고 구불구불한 상처가 난 녀석이 눈에 띄었다. 직원은 버려진 고양이 같다고 했다. 그런데 보호자가 추적을 피하려고 고양이를 무면허 의사에게 맡겨 내장칩을 빼냈다는 게 아닌가. 아무래도 무책임하고 잔인한 사람은 어느 나라건 있는 모양이다. 중국에서 동물보호운동을 할 시절에 동료들은 늘 중국을 동물의 지옥이라고 말했다. 그런데 생각을 바꿔보면, 중국에는 동물보호법조차 없지만 개와 고양이를 사랑하는 사람도 많고, 동물보호협회를 세워 떠돌이 동물을 구조하거나 제조 과정에서 동물을 학대한 상품을 보이콧하는 이들도 있다. 그렇다면 열악한 상황에서 동물보호를 위해 고군분투하는 이들이야말로 더욱 존경과 응원을 받아야 하지 않을까?

이 유럽 실습 여행은 6주에서 8주간으로 길다고 할 수는 없다. 여행하는 동안 내 기분은 롤러코스터처럼 오르락내리락하다 결국 축 가라앉고 말았다. 여태껏 동물의 천국과도 같은 유럽에서 지냈는데 곧 베이징에 돌아가 동물보호 활동을 하면 사회의 두터

네덜란드 위트레흐트 근처 동물보호소의 개들.
보호자가 휴가를 간 동안 잠시 맡겨졌다.

운 장벽과 맞닥뜨릴게 뻔하기 때문이다. 그리고 한 폭의 그림처럼 아름다운 풍경을 자랑하는 유럽에서도 어린 동물이 안락사되며, 고기를 얻기 위해 동물을 키우고, 이른바 '인도적' 도축이 자행된다는 점 때문에 마음이 무거웠다. 영국의 선진화된 동물보호 시스템은 과연 아시아 개발도상국도 따를 만한 모델일까? 이런 생각을 하다 보니 옛 기억이 떠올랐다. 언젠가 베이징에서 우루무치로 향하는 침대칸 열차에서 만난 경찰이 내가 동물보호 일을 한다는 말에 이렇게 대꾸했다. "동물보호요? 동물을 관리하는 겁니까?" 당시에는 무척 섭섭했지만 첫 유럽 여행을 마친 지금은 사실을 인정하고 싶다. 그렇다. 유럽에서 제시하는 동물보호의 청사진은 한낱 동물을 관리하는 수준에 지나지 않는다. 하지만 우리가 아무리 농장동물의 복지 수준을 높이기 위해 애쓴들 인간에게 잡아먹히고 싶은 돼지가 있을까? 아마도 없을 것이다.

난감한 선물

네덜란드를 떠나기 전날은 2011년 7월 22일이었다. 그날 노르웨이 오슬로에서 폭발 테러 및 총기 난사 사건이 발생했다. 무차별 살인 사건으로 77명이 사망했는데 피해자 대다수는 우퇴위아 섬에서 개최된 여름 캠프에 참가한 청소년이었다. 다음 날에는 27세의 영국 가수 에이미 와인하우스가 런던에서 주검으로 발견되었다. 내게는 이 사건들만큼 충격적인 일이 일어났다. 바로 넬 부부가 내게 소파에 앉으라고 정중히 권한 뒤에 갑자기 선물을 건넨 것이다. 당황스러워하는 내 앞에 부부는 100유로짜리 초록 지폐를 들어 보이며 말했다. "우리의 선물이에요. 이걸로 갖고 싶은 걸 사요."

그날 밤 나는 거절하고 싶었지만 넬 부부는 꼭 받으라며 선물을 한사코 거두지 않았다. 결국 나는 베이징으로 돌아가서 이 돈을 절실한 동물보호 활동가에게 전해주겠다고 했다(나는 훗날 이 돈을 백조 투사 황셴인의 부의금으로 보냈다). "당신 돈이니까 마음대로 해요"하고 넬이 말했다. 100유로를 받는 순간 내 자존심에 쩍 금이 가버렸다. 늘 돈에 아등바등하고 옷은 거의 비슷한 차림에 조끼와 장화, 트렁크는 빌려 쓰는 내가 빈털터리로 보였나 보다. 동물을 돕고 싶은데 정작 다른 사람 눈에는 내가 도움이 절실한 존재로 비춰진다는 게 참 속상했다. 그로부터 벌써 10여 년이 흐른 지금도 그날 밤 몸을 뒤척이며 잠 못 이룬 기억이 생생하다. 어떤 사람에게는 100유로 지폐가 따뜻한 선물일지 모르겠지만 당시의 내게는 큰 상처였다.

넬이 물었다. "중국에는 동물학대 사건이 많잖아요. 당신과 그 사람들은 왜 그렇게 다른가요?", "동물복지에 관심을 갖는 이유는 뭔가요?" 나는 뭐라 대답해야 좋을지 몰랐다. 유럽의 활동가들과 차이는 있을지언정 내 주위에는 열심히 노력하고 실력도 뛰어난 동물보호 활동가들이 많다. 금발에 피부가 희고 콧대 높은 활동가들도 다 우리와 같은 사람들이 아닌가? 나는 오히려 우아한 공주 보호소에서 새끼 고양이를 안락사한 일과 100유로 선물 사건으로 큰 충격을 받고 트라우마를 겪었다. 그 후로도 나는 때

때로 이 두 사건을 돌이켜보면서, 동서양의 종교 차이나 사회 발전 정도가 동물보호의 구체적인 활동에 어떤 영향을 미치는지 생각했다. 그리고 서구 사회가 동물보호 분야에서 드러내는 문화적 우월감을 떠올리니, 각종 국제무대에서 줄기차게 들려오는 '선진국의 발전되고 성숙한 동물보호 경험' 같은 말들이 따분하게 느껴졌다. 나는 내가 속한 사회에서 '동물 관리'와는 다른 사회운동 모델을 찾고, 내가 꿈꾸는 형태의 '동물보호운동'을 펼칠 수 있기를 간절히 바란다.

제 발로 도축장에 가는 돼지를 찾아서

1911년, 영국에서 설립된 인도적도축협회(Humane Slaughter Association)는 농장동물의 도축에 관한 지식을 제공하고 축산업자와 수의사를 교육한다. 그리고 정부와 축산업계에 건의하거나 기술과 자금을 투입함으로써 동물복지의 개선에 힘쓰고 있다. 인도적도축협회를 방문했을 때 사무실 벽에 붙은 기품 있는 옷을 입은 우아한 여성의 사진이 눈길을 끌었다. 사진 속에서 소머리에 철심을 박는 '인도적도축'의 시범을 보이는 인물이 바로 이 협회의 창립자다.

오늘날 동물복지과학이 발달된 만큼 동물이 처한 환경도 많이 좋아졌을지 모른다. 하지만 모든 동물의 생명권이나 생존권 또한 존중되고 있을까?

1949년 발표된 〈짐승의 피(Le Sang des bêtes)〉는 조르주 프랑주(Georges Franju) 감독의 특별한 구성이 돋보이는 프랑스 다큐멘터리 영화다. 러닝타임 20분인 이 영화는 파리의 여러 도축장의 모습을 프랑스의 문화 상품, 키스하는 남녀, 도시와 농촌의 경계 지역에 버려진 독특한 가구와 교차해서 비춘다. 이때 각각 샹송과 교향악의 〈라 메르(La Mer)〉가 배경음악으로 흘러나온다. 〈짐승의 피〉를 통해 관객은 특별할 것 없는 매일 아침, 소나 양, 말 같은 동물이 시골에서 도시로 운송되어 도시 근교의 도축장에서 최후를 맞이하는 모습을 본다. 숙련된 도축업자들은 무덥고 동물의 피로 흥건해 미끌거리는 바닥에서 온갖 위험을 무릅쓰고 일한다. 어떤 사람들은 일하다가 손가락을 잃고 심지어는 팔이나 다리를 잃지만 모든 동물들은 목숨을 잃는다.

과학의 발달과 더불어 동물에 관한 지식이 점점 축적되면서 '동물복지과학(Animal Welfare Science)'은 정식 학문으로 자리 잡았다. 복지(welfare)가 취약 계층이 최소한의 생활을 누릴 수 있도록 보장하는 것이라면, 동물복지는 동물의 가장 기본적인 신체적, 정신적, 사회적인 요구를 충족하는 것이다. 대표적인 예로는 음식이나 보금자리의 제공을 들 수 있다. 그리고 동물이 본능대로 살아갈 수 있도록 돕고 질병과 공포로부터 보호해주는 것 또한 동물복지에 포함된다.

나는 세계적으로 손꼽히는 동물복지 시범 농장인 영국의 식용동물계획(Food Animal Initiative, FAI)을 방문한 적이 있다. 그곳의 산란계(달걀을 얻기 위해 키우는 닭-옮긴이)는 울타리가 없는 드넓은 들판과 닭장을 자유롭게 오가며, 실내에서 휴식을 취하거나 알을 낳고 수풀에서 놀고 먹이를 쫀다. 내가 오후 1시 무렵 시범 농장에 도착했을 때 며칠 전에 새끼를 낳은 어미 돼지 몇 마리가 마침 작은 나무집에서 새끼들에게 젖을 물리고 있었다. 돼지들은 실내와 야외를 오가며 지냈는데 실내에는 건초가 깔려 있고 밖에서는 흙을 밟을 수 있었다. 화장실은 밖에 따로 있어 실내는 건조하고 쾌적했다. 나는 비육돈(고기를 얻기 위해 특별한 방법으로 살이 찌도록 키우는 돼지-옮긴이)의 사육환경도 엿봤는데 놀이도 하고 보금자리도 만들 수 있을 만큼 건초가 넉넉히 제공되었다. 한편 이곳에서 따로 이름도 있고 도축되지 않는 동물은 딱 한 마리, 번식용 종자소뿐이었다.

<table>
<tr><td>1</td></tr>
<tr><td>2</td></tr>
</table>

1 '식용동물계획'의 농장에서 길러지는 어미 돼지와 새끼 돼지는 실내와 야외 공간을
모두 누릴 수 있다. 건초가 깔린 실내에서 지내다 언제든 야외로 나와 흙을 밟으며
자유롭게 활동한다.

2 이곳의 산란계는 계사(사진의 왼쪽)를 자유로이 드나든다. 밖에는 활동할 수 있는
넓은 공간과 수풀이 있다.

언뜻 보면 이곳 동물들은 더없이 만족스러운 생활을 누리는 듯하다. 하지만 가까운 미래에는 과연 어디로 끌려갈까? 대다수의 사람들이 저렴한 축산품을 찾는 세계화 시대에 영국의 시범 농장처럼 동물을 다루는 시스템이 널리 보급되고 모니터링될 수 있을까? 하지만 이보다 더 중요한 문제는 제 발로 도축장에 들어가고 싶어 하는 동물이 과연 있는가 하는 것이다.

동물복지의 '동물의 5대 자유(five freedoms)'는 다음과 같다.

1. 기아와 영양실조로부터의 자유
2. 불편함(부적절한 환경에서 오는 고통)으로부터의 자유
3. 고통과 부상 및 질병으로부터의 자유
4. 두려움과 스트레스[4]로부터의 자유
5. 본성을 표현(자연스러운 행동)할 자유

이뿐만 아니라 '5대 영역(five domains)'으로 일컬어지는 최근 제안된 동물복지 모델도 있다. 어떤 계통을 따르든, 동물복지의 원칙은 사람이 생존하는 데 필요한 최소한의 보장과 크게 다르지 않다. 과학이 점점 발달하면서 사람들은 동물, 그중에서도 사육동물의 기본적인 요구를 더 많이 이해하고 충족할 수 있게 됐다.

하지만 과학을 기초로 한 동물복지는 철학자들의 주된 연구 주제가 아니며 윤리적 배려의 종착역이 되어서도 안 된다. 만일 우리가 '동물복지과학'을 가치로 세우는 오류를 저지른다면 이는 '동물복지주의'가 되고 만다. 그러면 '동물복지주의'라는 낡은 사상을 옹호하

는 사람들이 〈짐승의 피〉에 등장한 도축 방식도 얼마든지 개선할 수 있다고 주장할 것이다. 반면 '인도적 도축'이란 게 도덕적으로 용인되는지 묻는다면 무시하거나 침묵을 지킬 것이다. 그러나 과학의 임무는 옳고 그름을 정하는 것이 아니기에 이 문제는 반드시 대중의 철학적 사변에 맡겨야 한다.

간단히 말해, '동물복지(animal welfare)'가 동물이 생존하는 데 필요한 조건이나 환경을 과학의 틀로 평가한다면, '동물권(animal rights)'은 '동물을 대하는 방법이 옳고 공정의 원칙에 부합하는지'를 개개인이 철학적으로 생각해보는 것이다. 이는 인류의 도덕성을 시험하는 자리이기도 하다.

오늘날 대만 사회에서는 '동물복지'와 '동물권' 중 어느 쪽이 중요한지를 두고 종종 논쟁이 벌어진다.

대만동물사회연구회의 주쩡훙(朱增宏) 대표는 "'동물복지' 없이는 '동물권'도 없다"고 했다. 이는 곧, '동물복지'를 완전히 배제하고 '동물권'만 주장하는 것은 무의미하다는 뜻이다. '권리'를 실현하고 보호하려면 반드시 과학적 복지 평가 시스템이 뒷받침돼야 한다. 그러나 만일 고통주의(painism, 고통을 느끼는 모든 존재는 고유한 가치를 가진다는 주장-옮긴이)에 근거한 '동물복지과학'을 전부 걷어낸 채 인간이 동물을 도덕적으로 배려한다면 '동물복지'는 산업적으로 동물을 무분별하게 착취하는 명분이 될 수 있다. 무릇 현명한 사람이라면 자신이 믿는 바에 정착하지 말고 그 믿음이 정말 옳은지 의심하는 태도를 지녀야 한다. 이것이야말로 내가 생각하는 과학의 정신이자 과학과 철학이 손을 맞잡고 함께 나아가야 할 이유다.

2011년 6월, 인도적도축협회에 방문해 중국 산시(陝西) 지방의 돼지 점토
인형을 도축 전문가에게 전달했다. 뒤편에 보이는 사진에서는 창립자가
당시의 인도적 도축법인 소머리에 철심을 박는 시범을 보이고 있다.

결국 '동물복지'와 '동물권' 사이에서 어느 한 쪽만 선택하면 흑백논리의 오류를 범하게 된다. 〈짐승의 피〉에서는 우아한 현대 생활 속에 숨겨진 추악한 현실을 보여준다. 오늘날 유럽의 도축장은 〈짐승의 피〉 속의 모습보다 '조금 더' 나아졌을지 모르지만 그래도 아직 갈 길이 멀다.

첫 유럽 실습 여행을 마치고 몇 년 후에 나는 대만의 고등학교와 대학교에서 '영화와 동물'이라는 과목을 가르쳤다. 강의 시간에 〈짐승의 피〉를 틀면서 이따금씩 유럽에서 실습한 일을 떠올리곤 했다. 영화 속 목 잘린 동물들이 피를 철철 흘린 채 발버둥 치며 죽어가는 장면에 몸부림치거나 덜덜 떠는 학생이 있는가 하면 "꺅" 하고 비명을 지르는 아이도 있었다. 화면을 전혀 못 보거나 시청을 아예 거부하는 학생들도 많았다. 그러나 나는 대다수의 학생이 충분히 성숙하기 때문에 현실을 받아들일 마음의 준비가 돼 있다고 믿는다. '인간과 동물의 관계'가 현실과 이상에서 어떻게 다른지 생각해보고, 더 나아가 사회와 소통하는 방법이나 자신의 가치관을 찾을 것이라고 생각한다. 아마도 그때까지 시간이 필요하겠지만 동물보호운동이 정착하기까지 걸린 세월에 비하면 결코 길지 않으리라.

3장

아무것도
기억하지 말아줘:
동정심의 다른 말은
고통이다

베이징에 살았던 몇 년 동안, 나와 친구들은 어딘가에서 고양이가 살해됐다는 얘기를 종종 들었다. 그리고 그 행태는 대개 반사회적인 방식으로 나타나곤 했다.

내가 다녔던 베이징대학 캠퍼스의 별칭은 옌위안(燕園)이었다. 그리고 옌위안 안에 자리한 제법 큰 규모의 주거 단지를 옌난위안(燕南園)이라고 불렀다. 이곳에는 과거 문화대혁명 때 반혁명적 지식분자를 가두는 수용소가 있었다. 당시 비판투쟁대회가 자주 열렸는데, 그때마다 많은 사람이 죽임을 당하거나 스스로 목숨을 끊었다. 지금은 주로 관광객과 베이징대 학생들이 이 일대를 오간다. 옌난위안의 주택은 대부분 낡고 오래된 벽돌 건물이었다. 창문 밖에는 늘 온갖 색깔의 빨랫감이 널려 있어 대학 캠퍼스란 느낌이 전혀 들지 않았다. 실제로 이곳에 사는 주민 중 다수가 베이징대학과 아무 관계가 없는 사람들이었다.

옌위안 고양이 살해 사건

베이징에서 대학 생활을 시작한 첫해, 나는 대학 '익명 게시판'에 들어갔다가 여름 방학에 옌난위안에서 살해당한 고양이 사체 사진을 봤다. 고양이는 돌에 묶인 채 물에 빠져 죽었다. 죽기 전 구타를 당했는지 코와 입에 출혈 자국도 있었다. 이런 사진은 보통 고양이의 억울한 죽음에 분노한 학생들이 올린 것이다. 이것 말고는 달리 할 수 있는 일이 없었기 때문이다. 듣기로 고양이 학살 사건은 이번이 처음이 아니었다. 대학 동아리 '방랑하는 천사를 위한 모임(약칭 '냥모')'에서 활동하는 학생이 알려주길, 방학 기간에 어린 학생들이 집 밖에 나와 고양이를 죽이며 논다고 했다.

그리고 모 교수도 옌위안을 떠도는 길고양이를 공공연히 괴롭히고 죽인다는 소문이 있었다. 이런 얘기를 들은 후 나는 되도록 혼자서는 옌난위안에 가지 않으려 했다. 그러나 도서관을 가지 않을 수는 없었다. 누군가 도서관 입구 앞 돌계단에 고양이 시체를 갖다 놓는다는 사실을 알면서도 말이다. 세상 모든 사람이 고양이를 좋아할 수는 없다. 그러나 이처럼 사람들이 다니는 길목에 동물 사체를 유기하는 사건이 벌어지는 이유는 동물보호법

베이징대학 캠퍼스 안 옌베이위안 322호 건물 주변에는 늘 십여 마리의 고양이들이 서성거렸다. 당시 이 건물 1층에 살았던 나는 길고양이들을 수시로 볼 수 있었다.

이 부재하고 사람들의 도덕의식이 낮기 때문이다. 이런 사회적 맥락과 심리 상태를 이해하기란 어려운 일이다. 나는 옌위안에서 학살당한 고양이들을 전부 마음속 깊이 새겨 두었다. 나라도 기억하지 않으면 아무도 이 고양이들이 잠시 우리 곁에 살았다는 사실을 모를 것만 같았다. 그리고 무슨 짓을 당했는지도.

캠퍼스 안을 다닐 때면 어디선가 고통받을 동물들이 떠올라 마음이 무거웠다. 이런 사건은 한두 번이 아니라 계속해서 발생했다. 특히, 기숙사 주위를 맴돌며 사람들의 돌봄과 귀여움을 받는 고양이들이 표적이 됐다. CCTV에 고양이가 누군가에게 속수무책으로 끌려가는 장면이 찍혔어도 우리가 할 수 있는 일은 아무것도 없었다. 학교 측은 사건이 확대되지 않기를 바랐기 때문에 범인을 찾아낼 노력도 하지 않았다. CCTV 녹화 영상도 제공해주지 않았다. 캠퍼스 안에서 발생하는 안 좋은 사건은 쉬쉬했다. 대신 남들이 보기에 공명정대해 보이는 일만 골라서 떠들썩하게 선전했다. 학생식당에서도 버젓이 개고기를 팔고 있는데, 고양이 살해 사건쯤이야 뭐 그리 대수롭겠는가?

학생식당에서 파는 개고기 훠궈

대학 내 열혈 동물지킴이로 활동하던 나는 매년 학생식당을 찾아가 개고기 훠궈(나중에 '식용육 훠궈'라고 이름을 변경함)에 대한 내 의견을 전달했다. '개고기를 꼭 팔아야 하나요? 개는 검역을 거치지도 않고 운송 및 도축에 관한 규정도 없어 식품으로서 안정성이 보장되지 않아요. 그러니 먹으면 안 돼요.', '개고기는 유통 과정이 불명확해요. 도난이나 독살을 당했을 수도 있어요. 전염병에 걸렸을 수도 있고요. 중국의 광견병 예방책에도 위배되는 행동이니까 절대 개고기를 먹어선 안 돼요.', '반려동물인 개와 고양이를 잡아먹으면 안 돼요. 많은 나라에서 야만적이라고 생각하거든요. 학생 식당에서 개고기를 파는 게 알려지면 학교 명예가 실추될 거예요.' 나는 이런저런 논리를 내세우며 머릿속으로 몇 번이고 연습했다. 얼굴 표정과 말투를 절제하는 한편, 상대에게 좋은 인상을 심어주고자 최대한 예의를 갖춰 말하려고 노력했다. 사실 나는 이 임무를 수행하러 갈 때마다 엄청난 압박감에 시달렸다. 암기한 대사만 단숨에 읊어버리고 얼른 자리를 뜨고 싶었다. 그냥 간단한 설명과 함께 안내책자를 건네고 상대가 알아서 판단하도록 하는 게 깔끔하지 않을까? 사실 지금도 남을 설득할 자신이 없어 번번이 가장 나쁜 선택지를 고르곤 한다. 괜한 기대를 했다가 상처받고 싶지 않기 때문이다. 내가 전하려는 신념이 올바르다고 믿지만, 상대도 자신이 믿는 것을 진리라고 생각하는 상황에서는 아무리 설득해봤자 소용이 없다. 그래도 계속 시도해야 한다고 생각했다. 이것조차 하지 않으면 내가 또 뭘 할 수 있겠는가? 이 넓은 세상에 동물의 억울한 사정을 아는 사람이 아무도 없게 될까 봐 겁이 났다.

베이징대학에 들어간 첫해부터 나는 공익단체 '액트아시아'에 들어가 모피산업을 연구하고 반대 홍보물을 만드는 일을 맡았다. 이 단체의 창립자인 쑤페이펀 대표는 '퍼 프리(Fur-free, 모피를 사용하지 않는 것-옮긴이)'라는 개념을 중국에 널리 퍼뜨리기는 아직 이르다고 판단했다. 이는 소비자의 인식부터 바뀌어야 하는 문제였다. 다수의 소비자에게 공감을 얻는다면, 그때부터 동물이 처한 현실이 개선될 여지가 있었다. 나는 자료보관실에 들어가 선배가 남겨둔 수많은 자료들을 하나씩 훑어봤다. 중국 모피산업을 조사하던 선배는 20층이 넘는 고층빌딩에서 스스로 몸을 던져 생을 마감했다. 자료를 열람하면서 내 머릿속에는 선배가 모피업자와 나눴던 대화가 자동으로 재생됐다. 나는 산 채로 가죽이 벗겨지는 동물들에 관한 생생한 녹취록도 전부 읽어봤다. 모피 판매업자는 동물들이 살해되는 과정을 평범한 일상을 얘기하듯 대수롭지 않게 진술했다. 나는 세상에 미련을 버리고 떠나버린 선배의 심정을 조금은 이해할 수 있었다. 당시 선배가 처했을 상황에 나도 모르게 스스로를 대입하면서 그녀가 받았을 고통과 스트레스를 고스란히 느꼈다. 선배가 하던 일을 내가 맡게 된 것은 어쩌면 숙명일지도 모른다.

나는 꿈을 자주 꾸는 편이다. 꿈속에 나오는 동물들은 대개 어떤 곳에 감금된 채 잔인하게 학살된다. 그런 동물들을 바라보며 나는 이렇게 말한다. "정말 미안해, 지금은 도와줄 방법이 없어. 내일부터 아니, 다음 생부터는 이런 일을 겪지 않도록 내가 더 열심히 노력할게." 그리고 잠에서 깨어나면, 내일은 두 배로 노력하겠다고 마음속으로 다짐했다.

<table>
<tr><td>1</td></tr>
<tr><td>2</td></tr>
</table>

1 2012년 9월, 중국 선전에서 개최한 '퍼 프리' 워크숍에 중국 각지의 동물보호단체와 대학 동아리가 참가했다. 한 사람씩 나와서 사진 가운데 보이는 지도에 자신이 거주하는 도시를 표시한 후 퍼 프리 캠페인 참여에 대한 결심을 공개 선언했다.

2 수도사범대학(首都師範大學) 부속중학교에서 동물보호를 주제로 강연을 했다. 많은 학생들이 목에 중국 소년선봉대를 상징하는 붉은 삼각건을 매고 있다.

1 | 2   1 2012년 겨울, 베이징대학의 '자위안(家園)' 식당에 개고기와 야생동물 고기를 판다는 현수막이 걸려 있었다.

2 액트아시아에서 활동할 당시, '퍼 프리 차이나' 포토 캠페인에서 나의 첫 모델이 되어준 코코.

중국의 흑색 산업

당시 중국 온라인 커뮤니티와 뉴스 게시판에서는 '크러시 필름(crush film, 동물을 발로 짓밟아 죽이는 영상을 뜻함-옮긴이)'에 관한 격렬한 토론이 벌어지고 있었다. 크러시 필름이란 20살 안팎의 여성이 고양이나 토끼 등을 잔인하게 죽이는 모습이 찍힌 일련의 영상을 뜻했다. 대부분의 서구 국가에서는 금지된 이 영상이 중국에서 버젓이 유통되며 '흑색(黑色) 산업'으로 발전했다. 흑색 산업이란 불법 행위를 통해 수익을 창출하는 산업을 의미한다. 업자들은 처음에 여성들에게 '샐러드를 발로 버무리는 영상을 찍는다고 속인 후, 곤충을 발로 짓밟게 만들었다. 이 영상은 주로 여성의 발에 초점이 맞춰 있었다. 업자들은 영상에 찍힌 여성을 협박하며 수위를 서서히 높여나갔다. 하이힐로 새끼 고양이 눈을

112

밟거나, 유리판 밑에 깔린 토끼를 짓밟아 죽이는 식이었다. 이 과정을 모두 녹화해 판매했다. 이 영상들은 내가 베이징에 오기 전부터 이미 사회적으로 많은 논란을 일으키고 있었다. 그런데 여론은 대체적으로 이 사회와 젊은 여성이 타락했다고 비난할 뿐이었다. 현재 법이 이 젊은 여성과 동물들을 제대로 보호해주지 못하고 있다는 점을 알아차린 사람은 소수에 불과했다. 심지어 뉴스에서는 이 잔인한 영상을 자료화면으로 내보내기도 했다. 유사 범죄를 부추기고 미성년자의 정서를 자극하는 영상을 차단해야 한다는 윤리 의식이 결여된 것이다. 그로부터 몇 년 후, 중국에서 동물보호 활동가들은 미성년자 보호를 위해 동물 학살 영상의 유포를 금지하는 법을 제정해달라고 요구했다.

쑤페이펀 대표는 나에게 중국 크러시 필름의 자료 정리를 맡겼다. 이는 나에게 커다란 용기가 필요한 일이었다.

나는 대만에서 대학을 다닐 때, 국립중앙대학(國立中央大學)에 있었던 '수간 사이트 사건(2003년 4월, 허춘뤼(何春蕤) 교수가 성 문제를 공개적으로 논의하기 위해 학교 네트워크를 이용해 수간 사진을 웹사이트에 올렸다가 음란물 유포 혐의로 기소됐으나 결국 무죄를 선고받았다-옮긴이)'을 연구한 적이 있다. 그때 중국과 서양의 수간 역사와 이에 대한 윤리적 논의에 관심이 생겼다. 그러나 쑤페이펀 대표가 맡긴 일을 모두 끝낸 후, 나는 크러시 필름에 감수성과 도덕성이 전혀 존재하지 않는다는 사실을 깨달았다. 동물과 마찬가지로 여성의 몸도 악의적으로 이용하고, 학대하고, 상처 입힐 뿐이었다. 나는 십대 시절 난징대학살 사진을 봤을 때만큼 엄청난 충격을 받았다. 지금도 그때 본 영상들이 내 뇌리에 선명히 남아 있다. 그제야 동물을 보호하는 일이 생각만큼 단순하지 않을 뿐만 아니라, 결코 아름답기만 한 일이 아님을 알게 됐다. 그리고 사람이 사람에게 행하는 이런 비뚤어지고 변태적인 행위가 이 세상에서 반드시 사라져야 할 죄악처럼 여겨졌다.

예전에 나는 대만 잡지에 「어둠을 저주하기보다 등불을 밝히는 게 낫다」라는 장문의 글을 쓴 적이 있다. 그때 나는 크러시 필름 사건의 전말을 서술하고 솔직한 생각을 밝혔다. '분노는 아무런 힘도 없으니 더 많은 중국인들이 분노해봤자 소용없다.' 그러나 한편으로 이런 생각이 들기도 했다. '중국 언론이 이 사건을 다루는 이유는 비상식적이기 때문이야. 또 대다수의 중국인들도 비판하고 있으니 너무 비관적일 필요는 없어.' 이렇게 수십 번도 더 머릿속으로 되뇌었지만, 이미 꺼져버린 마음의 등불에는 불이 켜지지 않았다.

아무것도 기억하지 말아줘

중국 북방 지역에 사는 고양이는 대체로 털이 길고 빳빳해서 얼핏 보면 도롱이를 걸친 듯 보인다. 이런 털 특징 때문에 더위도 덜 타는 것 같다. 길고양이는 털을 깨끗이 관리하기 어려워서 몸에 항상 잎 부스러기와 흙을 묻히고 다녔다. 베이징에는 이런 길고양이를 호시탐탐 노리는 업자들이 있었다. 특히, 겨울철에는 전문 포획꾼이 길고양이를 잡으러 돌아다녔다. 내가 입양한 길고양이 코코와 카카는 전형적인 중국 북방 고양이였다. 그래서 나는 항상 문단속에 각별한 주의를 기울이는 한편, 고양이들에게 수도 없이 당부했다.

"조심해야 해! 밖으로 나가면 내가 도와주고 싶어도 도와줄 수 없어!"

세계적으로 유명한 예술가 아이웨이웨이(艾未未)는 〈삼화(三花)〉라는 다큐멘터리 한 편을 제작했다. 고양이 고기와 모피에 관한 흑색 산업이 주제였는데, 〈삼화〉라고 제목을 붙인 이유는 두 가지가 있었다. 하나는 아이웨이웨이가 작업실에서 키우는 고양이들 중에 버튼식 잠금장치가 달린 문을 스스로 열 줄 아는 아이가 있었는데, 그 고양이의 이름이 바로 삼화였다. 삼화는 문 앞에서 훌쩍 뛰어오르며 앞발로 버튼을 눌러 잠금장치를 순식간에 해제한 후, 살짝 열린 문틈 사이로 유유히 빠져나가곤 했다. 또 다른 이유는 고양이들 중에서 삼색(흰색, 검은색, 노란색) 고양이의 모피가 가장 비싼 가격에 거래되기 때문이었다.

〈삼화〉를 보면 고양이 판매업자를 찾아가 고양이 모피를 처리하는 시설 내부를 찍는 장면이 나온다. 중국 각지에서 운반 트럭을 막아 세우고 고양이를 구조하는 동물보호 활동가의 모습도 찍혀 있다. 이들 중 다수가 수년 전에 동물보호단체에서 자주 봤던 선배들이었다. 영상에는 쑤저우(蘇州)에서 활동하는 주첸(朱茜)이라는 여성의 인터뷰가 있는데 그녀는 구조 중에 고양이들을 되도록 보지 않으려고 노력한다고 말했다. 특히, 눈을 절대 마주치지 않는다고. 구조 작업이 실패했을 때 고양이들이 자신의 얼굴을 기억하지 않았으면 해서였다. 그녀도 고양이의 얼굴과 눈을 기억하고 싶지 않다고 했다. '나는 아무것도 기억하지 않을 거야. 너희도 아무것도 기억하지 말아줘.'

나는 전에 길이 1m에 폭 1m, 그리고 높이 15cm의 철창을 본 적이 있다. 고양이를 가두는 철창이었는데, 업자는 이 안에 무려 40여 마리의 고양이를 욱여넣었다. 한 자원봉사자가 난징 기차역에서 찍은 영상을 보면, 승객과 화물이 공용하는 플랫폼 앞에 이런 철창들이 층층이 쌓여 있었다. 철창 안에서는 고양이들의 울부짖는 소리가 새어 나오고, 그 옆에는 안타까운 표정으로 쳐다만 보는 승객들의 모습이 비친다. 예전에 내가 몸담은 단체에서도 다큐멘터리 감독을 초빙해 허베이의 고양이 고기와 모피산업에 관한 영상을 찍고자 했다. 대략 1년 치 월급에 맞먹는 돈을 들여 촬영했지만, 결국 그 영상은 하나도 쓸 수 없었다. 나는 그때 그 감독이 했던 말이 지금도 잊히지가 않는다. "그거 알아요? 그곳에 도착할 때쯤이면 고양이들은 이미 초주검 상태라 반항할 힘이 전혀 없어요. 그런 고양이들을 맨손으로 꺼내서 가죽을 벗겨내는 거죠."

2012년 즈음, 나는 '동정 피로(compassion fatigue)'를 호되게 겪으며 동정심의 다른 말은 고통일지도 모른다고 생각했다.

동정 피로를 앓는 동물보호 활동가

동물보호 활동가 선배인 장단(張丹)은 동정 피로에 대해 이런 글을 썼다. '동정 피로는 인도적 동물 구조 활동을 펼치는 사람들

이탈리아 베니스 거리에서 우연히 중국 예술가 아이웨이웨이의 석방을 호소하는 포스터를 발견했다. 왼쪽 아래에 붙여진 또 다른 포스터에는 '동물해방은 우리의 해방이다'라고 적혀 있다.

이 걸리는, 타인에게 말하기 힘든 직업병이다. 동물보호 활동은 직업이라고 할 수도 있지만, 그보다는 천직에 더 가깝다. 동물을 구조하는 일은 엄청난 고통이 뒤따르는 작업으로 매일 희망과 절망 사이를 넘나들어야 한다.'1

같은 이상을 품은 사람들을 만나면 한없이 기쁘다. 사람들은 보통 학대받는 동물을 보면 안타까운 마음에 눈물을 훔치고, 동물들의 발랄하고 귀여운 모습을 보면 행복해한다. 하지만 이들 중 대다수는 약자인 동물을 위해 아무런 행동도 하지 않는다. 나는 캄캄한 방 안에 앉아 동물이 학대받는 영상에 눈물짓는 낯선 동료들을 보면서 이런 생각이 들었다. 이들은 어쩔 수 없이 이 직업을 택한 것일까? 아니면 세상을 바꾸기 위해 이 험난한 여정에 자발적으로 뛰어든 것일까?

나는 오랜 시간 고양이들과 부대끼며 지내면서 이들의 성격과 행동을 더 잘 이해하게 됐다. 고양이들은 개체마다 성격이 완전히 다른 데다, 개체들 간 서로 독특한 관계를 맺고 있었다. 마치 인간 사회의 축소판처럼. 나중에 나는 일본에서 1년 반의 유학 생활을 마친 후, 코코와 카카를 데리고 대만으로 돌아왔다. 그날부터 베이징 고양이와 대만 토박이 고양이가 한 지붕 아래서 함께 살기 시작했다. 고양이가 네 마리로 늘어나자, 이들 간의 관계도 훨씬 복잡해졌다. 새 친구를 반갑게 맞이하는 녀석도 있었고, 만나자마자 원수를 보듯 날을 세우는 녀석도 있었다. 새로운 고양이들이 등장함으로써 원래 둘씩 짝을 지어 사이좋게 지내던 고양이들의 관계도 미묘하게 달라졌다. 나는 우리 집 고양이들을 관찰하다가 문득 이런 생각이 들었다. 거리에서 온갖 풍파를 겪으며 살아가는 길고양이들도 저마다 풍부한 정신세계를 갖고 있지 않을까? 이들은 자신들이 겪는 고통과 고난을 어떻게 받아들일까? 이는 인간에게 어떤 의미가 있는가? 그리고 어떤 도덕적 물음을 던지는가?

 # 어떤 사람이 동정 피로에 빠지기 쉬운가?

심리학자 찰스 피글리(Charles R. Figley)와 로버트 루프(Robert G. Roop)는 『동물애호단체 안에서의 동정 피로(compassion fatigue in the animal care community)』라는 책을 집필했다. 이 책에는 동물보호소에서 일하는 직원과 수의사는 동물을 좋아하는 마음에 이 직업을 택했지만, '동물에 대한 관심과 애정이 커질수록 삶이 일에 점점 잠식되어버린다.'고 했다. 두 저자는 동정 피로는 번아웃과 엄연히 다르다고 지적했다. 동정 피로는 자기애를 희생하는 대가로 타인에게 친절을 베풀기 때문에 '동정심이 풍부한 사람일수록 스스로를 위험에 빠뜨릴 수 있다.'고 말한다. 다시 말해, 남을 잘 돕는 사람일수록 동정 피로에 빠지기 쉬운 것이다.[2]

장단 선배가 쓴 글 중에는 이런 내용도 있다. '중국에 사는 동물들이 전 세계에서 가장 비참하고 냉혹한 현실에 처해 있다는 데는 아무런 의심의 여지가 없다. 중국은 세계에서 동물보호법이 존재하지 않는 몇 안 되는 나라 중 하나다. 나는 이미 눈물샘이 메말라버렸고, 심장은 산산이 조각나버렸다. 그러나 다음 날이면 또다시 이를 악문 채 온몸을 덜덜 떨며 악몽 같은 현실을 마주해야 한다. 우리가 뭘 더 할 수 있을까? 우리가 구해야 하는 동물들과 현실적으로 구할 수 있는 동물의 수는 아예 비교조차 되지 않는다. 우리가 한쪽에서 동물 한 마리를 힘겹게 구조하고 있을 때, 반대쪽에서는 인간의 도움이 시급한 동물들이 기하급수적으로 늘어난다. 대체 이 일은 언제쯤 끝이 날까? 희망은 어디에 있는가? 속죄하는 마음으로 동물보호에 뛰어든 중국 활동가 중에 심신이 피폐하지 않는 사람이 있는가? 우리 중에 동물보호법이 절실하지 않은 사람이 있는가? 또 우울증에 걸리지 않은 사람이 과연 몇이나 되는가? 대체 어떻게 해야 나도 돕고 남도 돕고, 나도 구하고 남도 구할 수 있을까?'[3]

속수무책

당시는 SNS가 보급되기 전이라 나는 중국 포털 사이트 몇 군데에 블로그를 개설해 매일같이 동물보호 홍보 자료를 올리곤 했다. 나는 소속 단체의 공식 계정 말고도, 개인 계정을 따로 갖고 있었다. 개인 계정에서는 마음이 맞는 네티즌들과 소통하곤 했다. 어느 늦은 밤, 중국지질대학 우한 캠퍼스를 다니는 한 친구가 기분이 몹시 우울하다며 메신저로 연락해 왔다. 불과 몇 시간 전, 남자 기숙사 방에서 벌어진 사건 때문이었다. 한 친구가 키우던 고양이가 다른 친구의 침대에 올라가 놀았는데, 그 일로 두 친구 사이에 말다툼이 벌어졌다. 서로 조금도 물러나지 않는 상황에서 침대 주인이 별안간 욱하더니 고양이를 죽이겠다고 협박했다. 다들 홧김에 하는 말이라 생각해서 침대 주인을 말릴 생각을 하지 않았다. 고양이 주인도 속으로는 놀랐지만, 짐짓 아무렇지 않은 척했다. 내게 연락한 그 친구도 상황이 금방 진정될 거라 생각해 그냥 가만히 앉아 있었다. 그런데 그때 침대 주인이 고양이 목덜미를 확 낚아채더니 밖으로 나가 고양이를 벽에 집어던졌다. 곧이어 고양이의 날카로운 비명이 복도에 울려 퍼졌다. 고양이는 달아나려고 버둥댔지만, 얼마 안 가 침대 주인의 손에 붙잡혔고 곧이어 벽에 내동댕이쳐졌다. 이번에는 충격이 컸는지 고양이는 몸도 제대로 가누지 못하고 비틀거렸다. 하지만 침대 주인은 고양이를 다시 집어 들더니 벽에 가차 없이 내던졌다. 그 순간 아직 어린 고양이의 숨이 멎어버렸다.

내게 연락한 그 친구는 가슴이 철렁 내려앉는 기분이 들었다고 했다. 너무 급작스럽게 벌어진 일이라 말려볼 생각도 못 하고 그저 멍하니 서 있을 수밖에 없었다고. 침대 주인은 고양이를 죽인 후 방으로 돌아갔다. 가까스로 정신을 차린 그 친구는 고양이 주인과 함께 고양이 사체를 조용히 안고 나와 캠퍼스 공터에 묻어주었다.

사실 이런 이야기를 한두 번 들은 것이 아니었다. 하지만 누군가가 이렇게 거의 실시간으로 중계하듯 알려준 적은 처음이었다. 나는 애써 마음을 진정시키며 말했다. "어서 빨리 사건 현장을 사진으로 남겨둬. 그리고 땅에 묻은 고양이도 다시 꺼내서 사체가 잘 나오게 찍어." 나는 신문 기사에 사진이 첨부된다면 사건의 심각성을 알리고 사람들의 의식을 변화시키는 데 도움이 될 것 같다고 생각했다. '학교 안에서 이런 일이 벌어지는 것은 말도 안 됩니다. 정부 차원에서 조속히 동물보호법을 제정해야 합니다. 그리고 학교에서도 학생들에게 생명 윤리 교육을 시켜야 합니다.' 그때는 자정이 넘은 시간이었지만, 두 친구는 곧장 나가서 땅에 묻었던 고양이 사체를 다시 꺼내 사진을 찍었다. 그리고 기숙사로 돌아와 나에게 사진을 전송했다. 한밤중에 오직 플래시 불빛에 의지해 찍은 터라 빨간 비닐봉지 위에 놓인 것이 고양이인지 알아보기 힘들었다. 핏자국도 보이지 않았다. 벌써 10년 가까이 된 일이지만, 나는 아직도 그 사진이 생생하게 기억난다. 아마 눈코입이 달려 있다고 믿기 힘들 정도로 유난히 새까만 작은 털 뭉치였기 때문인 것 같다.

솔직히 그가 보내온 사진들은 크게 도움이 될 것 같지 않았다. 그래도 나는 곧바로 동료에게 이 소식을 전한 후, 밤을 새워 신문사에 보낼 원고를 완성했다. 날이 밝은 후, 나는 기자들에게 이메일을 돌렸다. 내가 원고를 쓰는 내내, 코코와 카카는 이 일의 중대성과 위급성을 이해한 듯 나를 귀찮게 하지 않고 묵묵히 내 곁을 지켜줬다. 다음 날, 신문사에서 답변이 오기만을 손꼽아 기다리던 내게 마침내 전화 한 통이 걸려왔다. 마음씨 좋은 한 여성 기자에게서였다. "상부에 얘기해봤는데요, 대학 내의 동물 학대 사건은 기사로 내보내지 말라고 하네요.", "이유가 뭔가요?", "저도 잘 모르겠어요."

사실 나는 단체에서 동물보호 홍보를 맡은 터라 이런 활동이 처음이었다. 그래서일까 나는 막연한 기대를 품고 있었다. 이 일이 신문에 작게라도 실린다면 내게 연락한 그 친구가 자신이 도덕적으로 올바른 일을 했다고 생각하지 않을까? 세상을 떠난 고양이에게도 조금이나마 위로가 되지 않을까? 고양이에게 닥친 불행이 세상을 바꾸는 데 조금은 도움이 되지 않을까? 그러나 모든 기대가 물거품이 되고 말았다. 전부 나 혼자만의 헛된 바람이었다. 나는 기자에게 들은 내용을 그 친구에게 그대로 전할 수밖에 없었다. 이 사회는 상사의 지시라면 무조건 복종해야 한다는 암묵적인 룰이 존재한다. 그리고 상사 위에는 또 다른 상사가 있다. 그렇다면 우리 머리 꼭대기에는 누가 있는 것일까? 대체 누가 결정권을 쥐고 있는 것일까?

쇠로 만든 방 안에서의 외침

나는 며칠 내내 눈물을 쏟느라 기운이 하나도 없었지만, 그래도 중국 각지에서 보내온 메시지에 답을 해야 했다. 설령 해줄 수 있는 말이 내가 무능해서 아무 도움도 줄 수 없다는 것뿐일지라도. 그래도 나는 여전히 내 신념과 방향성이 옳다고 믿었다. 한밤중 집으로 향하는 길, 하늘을 올려다보니 무수히 많은 별들이 반짝이고 있었다. 나는 하늘에 대고 내 목숨을 바쳐도 좋으니 도움의 손길이 필요한 동물들을 구해달라고, 이들의 현실이 나아질 수 있도록 도와달라고 기도했다. 최소한 중국 사람들이 내 목소리에 귀를 기울일 수 있도록 해달라고 간절히 빌었다. 그러나 감정이 점점 마비되더니 어느 순간 이 일을 계속 해나갈 자신감과 원동력을 모두 상실하고 말았다.

앞서 언급한 두 저자는 이렇게 말했다. '동정심 고갈이란 동물 구조 활동을 하는 사람들이 흔히 걸리는 직업병이다. 이는 남들에게 털어놓기 힘든 질병으로 업무 능률을 떨어뜨리며, 극심한 피로를 느끼게 만든다. 최악의 경우 절망감에 빠질 수도 있다.'⁴

그 당시 중국 각지에서 철거 붐이 일고 있었다. 베이징 난뤄구샹(南鑼鼓巷)에는 중국 정부의 강제 철거를 비판하고자 'China' 와 발음이 유사한 '拆哪('이번엔 또 어디를 철거하지?'라는 뜻-옮긴이)' 라고 적힌 티셔츠를 판매했다. 철거가 한창 진행 중인 지역에는 개와 고양이가 많이 떠돌아다녔는데, 이곳에 살았던 주민들이 이사를 가며 버리고 간 동물들이었다. 동물보호 활동가가 이들의 모습을 한데 엮어『도시에 남겨진 상흔-철거로 떠도는 동물들』이란 포토북을 출간했다. 사진 속 개들은 하나같이 슬프고 우울한 표정이었다. 안타깝게도 이들의 눈에는 주인이 자신을 찾으러 올지도 모른다는 한 줄기 희망의 빛이 어려 있었다.

동물들을 이해하면 할수록 나는 이 일에 더 깊이 빠져들었다. 그러나 동물에 대한 주류사회의 태도가 무관심하고 무자비하다는 생각이 들 때마다 견디기 힘들었다. 시간이 더 많이 흐른 후에는 이런 분위기에 무덤덤하게 반응함으로써 나 자신을 보호하기에 이르렀다. 또한 불합리한 세상에 대해 냉소적으로 굴기 시작했다. 반면, 인간이 동물에게 빚을 지고 있다는 생각은 더욱 확고해졌다. 인간과 동물 중에 사과해야 하는 쪽은 대개 인간이지 않은가?

이런 일들을 겪은 후, 나는 쑤페이펀 대표가 내게 기대하는 일들을 잘 해낼 만큼 용감한 사람이 아님을 깨달았다. 이를테면 내게는 길거리에서 개를 때려죽이거나 개고기를 파는 장면을 카메라에 담을 만한 담력이 없었다. 중국 각지에서 하루에도 트럭 수십 대(어쩌면 백 대가 넘을 수도)가 개와 고양이를 실어 날랐는데, 나는 현장으로 달려가 트럭들을 막아 세울 배짱도 정신력도 없었다. 고통받을 동물을 생각할수록 더욱 고통스러웠고, 사람들에게 하소연할수록 더욱 외롭다고 느꼈다. 루쉰(鲁迅)의 소설 속에 나오는 활활 불타는 '쇠로 만든 방' 안에 홀로 깨어난 사람이 꼭 내가 될 필요가 있을까? 나 혼자 깊은 잠에 빠진 사람들을 깨우려고 고래고래 소리칠 필요가 있을까? 어쩌면 '동물 해방'이라는 불가능한 꿈에서 깨어나지 못하는 사람은 나일지도 모르겠다고 생각했다.

　　나는 번번이 일적으로는 무능함을, 심적으로는 무기력함을 느꼈다. 온갖 풍파와 사건을 겪으면서 단단했던 내 마음은 벽이 무너지듯 조금씩 허물어지기 시작했다. 결국 몸담고 있던 단체를 떠나기로 결심했다. 이런 나를 만류하는 사람은 아무도 없었다. 이후 나는 동물 관련 뉴스를 찾아보지도 않았고, 함께 일했던 동료가 전화를 걸어와 어떤 부탁을 해도 전부 거절했다. 그러나 채식 습관만은 끝까지 유지했다. 이것이 내가 할 수 있는 마지노선이었다. '코코와 카카를 돌보는 것도 쉬운 일이 아니야.' 나 스스로에 대한 기대는 딱 여기까지였다. 그리고 한 가지 더 있었다. 카카를 처음 데려왔던 날, 나는 물 한 그릇을 뚝딱 비워내던 카카의 모습이 인상 깊었다. 그래서 베이징에 추운 겨울이 찾아오면, 주전자 가득 팔팔 끓인 물을 들고 나가 길고양이가 다니는 길목에 놓아두곤 했다. 찬물은 금방 얼어서 마시기 어렵기 때문이다. 정말 이것 말고는 아무것도 할 수 없었다.

불가능한 꿈

그때 나는 아직 베이징대학에 재학 중이었다. 나는 친구들과 어울려 노는 것도 좋아했고, 속 깊은 이야기를 나누는 것도 좋아했다. 가능하다면, 학교 친구들과 식사하는 자리를 자주 갖고 싶었다. 하지만 이는 사치스러운 바람이었다. 나는 대만 출신이기도 하고, 다른 친구들보다 학업에 대한 부담도 크지 않았다. 더구나 대학 내에 다수를 위해 소수를 희생시킬 수 있다는 공리주의가 팽배했기 때문에 친구를 사귀기 더욱 어려웠다. 일주일에 한두 번씩 마음이 통하는 몇몇 친구들과 간단히 식사하는 정도로 만족해야 했다. 학술적으로나 철학적으로 대화를 나눌 친구는 없었다. 더구나 주변에서 누군가 '이상(理想)'이란 단어를 내뱉는 걸 한 번도 들어본 적이 없었다. 이렇게 나의 대학 생활은 외로운 나날의 연속이었다.

대학 생활이 2년 차에 접어들었을 때 나는 한 친구와 연애를 시작했다. 그는 벼랑 끝에 간신히 매달려 있던 나를 절망의 구렁텅이에 빠뜨린 장본인이다. 처음에 나는 장차 사회에서 큰일을 할 사람을 두루 사귀면서 동물보호의 필요성을 널리 알리려고 했다. 나중에 수천수만 마리의 동물을 구하는 데 보탬이 되리라 생각했기 때문이다. 하지만 이것은 정말 순진한 생각이었다. 교제를 시작하고, 나와 남자친구의 일상은 지극히 단순했다. 둘 다 책을 좋아해서 도서관과 서점에서 거의 온종일 책을 읽었다. 저녁에는 고양이와 함께 집에서 시간을 보냈다. 고양이들은 온기를 얻기 위해 나와 남자친구의 어깨나 배 위로 자주 기어 올라왔다. 그는 샤를 보들레르(Charles Pierre Baudelaire)의 시 구절을 자주 인용하곤 했다. '근엄한 학자도, 열정적인 연인도 중년에 접어들면 하나같이 고양이를 좋아한다. 자신들처럼 추위를 잘 타고 집에 틀어박혀 있는 걸 좋아하는, 집안의 자랑이자 강인하고 온순한 고양이를'. 당시 우리는 사회의 온갖 불의에 분노했다. 나보다 그가 더 불같이 화를 내곤 했다. 하지만 동물보호운동은 언급할 가치조차 없다고 생각했다. 남자친구는 자신이 사회에 나가도 크게 성공하기 어려울 거라고 생각했다. 비뚤어진 열등감 때문인지 그는 동물보호 활동에 적극적인 나를 대놓고 무시했다.

남자친구가 반대했지만, 그래도 나는 동물을 위해 꾸준히 목소리를 냈다. 대학교나 초·중·고교에서 동물보호에 관한 강연이나 홍보를 할 기회가 생기면 빠지지 않고 참가했다. 그는 나에게 지식인이라면 학생들에게 그런 생각을 강제로 주입시키면 안 된다고 했다. 나는 세계 각국에 흩어져 있는 동물보호 활동가들과 종종 새벽 늦게까지 온라인회의를 하기도 했는데, 그럴 때면 그는 한쪽에서 시끄럽게 떠들며 내 일을 방해하곤 했다. 한번은 그에게 〈중국 언론이 뽑은 그해의 10대 환경 뉴스〉에 대해 아느냐고 슬쩍 물어본 적이 있다. 그중 하나가 모 항공사가 켄넬을 빠

중국 시장에서 파는 고양이 모피 담요.
무늬와 색이 비슷한 모피 열 장 남짓을 이어 붙여 만들었다.

져나온 개를 때려죽인 일로 소송을 당한 사건이었다.[5] 그런데 그는 고작 개를 죽인 일이 뉴스가 되느냐며 이해하지 못했다. 많은 사람들이 이 소송에 주목한다는 사실도 받아들이지 못했다. "지금 사람 살기도 이렇게 힘든데, 한낱 개가 무슨 대수라고?" 내가 주변에서 발생하는 동물 관련 사건에 관심을 가질 때마다 그는 불만을 터뜨리기 일쑤였다. 동물보호운동을 그만두게 하려고 나를 온갖 방법으로 압박했다. "너희 같은 사람들 때문에 동물을 학대하는 사람이 생기는 거야." 그는 이런저런 황당한 논리를 내세웠다. 결국 나는 몸도 마음도 완전히 지쳐버렸다. 더는 그와 불필요한 논쟁을 하고 싶지 않았다. 우리가 교제한 3~4년 동안, 그는 동물보호라는 헛된 망상에 빠진 어린양을 자신이 구제하고 있다고 착각하며 혼자 우쭐해했다.

우리 둘 사이에 흐르던 팽팽한 긴장감은 나를 더욱 깊은 좌절에 빠뜨렸다. 몇 년간 동정 피로를 심각하게 앓으면서 나는 세상에 극심한 분노와 증오를 느꼈다. 동시에 동물보호운동과 사회봉사활동으로 이룬 성과에 대한 의구심이 커졌다. 여전히 열심히 활동하는 동료들을 질투하는 한편, 세상이 바뀔 가능성이 없다는 생각에 절망했다. 매일 밤, 나는 감옥에 갇힌 동물들이 잔인하게 도륙당하는 악몽을 꿨다. 그러던 어느 날, 나는 장단 선배가 공유해준 뮤지컬 〈나는, 돈키호테〉 속 가사를 우연히 보게 됐다.

꿔라, 이룰 수 없는 꿈을
쓰러뜨려라, 이길 수 없는 적을

이겨내라, 견딜 수 없는 고통을
달려가라, 용사들도 감히 나아가지 못하는 곳으로
바로잡아라, 바로잡기 불가능한 잘못을
사랑하라, 가닿을 수 없는 저 천진무구함을
시도하라, 두 팔을 들 힘조차 없을지언정
따거라, 잡을 수 없는 저 별을

이것이 내가 추구하는 길이다
저 하늘의 별을 쫓아라
아무런 희망이 없다고 해도
아무리 요원하더라도

진리를 위한 전투에서
질문하거나 머뭇거리지 말고
한 걸음씩 지옥을 향해 기꺼이 나아가라
오직 그 신성한 목적을 위해[6]

　　돈키호테가 현실에서 느낀 좌절감이 내 마음을 정확히 대변하는 듯했다. 저 하늘의 별을 위해, 마음속에 품은 순수함과 이상을 위해, 그리고 고양이들과 한 약속을 지키기 위해, 나는 결국 어렵지만 용기 있는 결정을 내렸다. 남자친구와 결별하고 고양이들과 함께 일본 유학길에 오른 것이다.

2013년 설 연휴에 허난성(河南省) 정저우시(鄭州市)에 있던 나는 사슬에 묶여
사는 개 '호랑이'를 만났다. 개 전용 목줄이 따로 없었기 때문에 사슬을 채운 채로
산책을 다녀왔다.(왕둥둥(王東東) 촬영)

Column

인간은 개의 가장 좋은 친구인가?

개는 인간의 가장 좋은 친구라는 말이 있다. 그렇다면 인간은 개의 가장 좋은 친구일까?

2021년 12월 대만에서 핏불테리어가 3세 아이를 물어 죽이는 사건이 발생했다. 이 사건으로 한때 길거리를 떠도는 유기견이 폭발적으로 늘어나기도 했다. 같은 해, 중국에서 밀반입한 품종묘 150여 마리가 대만 세관에 걸려 전부 안락사 처리됐다. 반려동물과 관련된 사건 보도는 사회적으로 많은 관심이 쏠린다. 그러나 밀수 동물의 처리 방식이나 개의 공격성에 관한 문제는 좀처럼 기사화되지 않는다.

이 두 사건에 등장한 동물들은 모두 '품종 동물'이라는 공통점이 있다. 품종 동물이란 번식업자가 의도적으로 번식시킨 후, 품종이란 이름을 내세워 사람들에게 값비싼 가격에 판매하는 상품이다.

세계사적으로 봤을 때, 인간이 특정 동물을 길들인 역사는 매우 오래됐다. 그러나 역사학자의 말에 따르면, 인간이 길들인 동물을 전부 합쳐도 20여 종밖에 되지 않을 만큼 매우 제한적이라고 한다. 그중 개와 고양이는 지금까지도 인간 곁에서 함께한 대표 동물이다. 하지만 길들인 역사가 길다고 해서 이들을 인간의 소유물로 간주하거나 심지어 '애완동물'처럼 다뤄도 괜찮은 걸까?

철학자이자 법학자인 개리 프란치오네(Gary L. Francione)는 동물권이 실현되려면 먼저 동물을 인간의 자산 목록에서 지워야 한다고 말했다. 다시 말해, 동물은 누군가의 자산이 될 수 없으며, 누군가가 물건처럼 소유할 수도 없다는 뜻이다. 아동권과 가정폭력방지법을 예로 들자면, 과거 대만에서는 부모가 자녀에게 구타와 욕설, 모욕 등 폭력적 방식으로 훈육을 해도 이를 사적 영역으로 간주했다. 사회적 제약은 물론, 법적 제재도 받지 않았다. 현재는 학교 선생이 학생을 처벌하는 행위를 금하고 있다. 그리고 무슨 이유에서든 부모가 자녀를 체벌하는 경우도 논쟁의 여지가 있다고 본다. 또한 체벌을 자의적 판단에 전적으로 맡기기보다 법적으로 어느 정도 제한할 필요성이 있다고 느낀다.

사실 품종 동물은 인간의 취향이나 사냥 같은 특정 목적에 맞게 개량된 상품이라고 할 수도 있다. 품종견과 품종묘는 근친 번식 등으로 선천성 질병을 갖고 태어날 가능성이 높다. 셰퍼드는 퇴행성 관절질환이 발병하기 쉽고, 귀가 접힌 스코티시폴드는 허약 체질로 태어나 갖은 질병에 시달린다. 게다가 견갑골이 발달한 개는 난산의 위험이 있어 새끼를 낳을 때 반드시 제왕절개를 해야 한다. 이런 품종 동물은 모두 사람들의 일정한 목적과 필요에 의해 존재하고 번식한다. 그러므로 인간은 품종 동물에 대한 책임을 회피하기 어렵다. 나는 이런 식의 번식을 제재해야 한다고 본다. 핏불테리어처럼 공격성이 높은 개가 인간을 상해 입힌 사건도 품종견 번식이 불러온 비극으로 볼 수 있다. 이를 피하기 위한 근본적 대책이 무엇인지 다 같이 고민해볼 필요가 있다. 이를테면 법적으로 공격성 높은 견종의 의도적인 번식을 허용하지 않는 것이다. 또한 정부 차원에서 반려견 훈련 프로그램을 지원한다면, 훨씬 더 많은 개들이 인간 사회에 융화되어 살아갈 수 있을 것이다.

더 나아가, 인간이 동물을 기르는 것이 윤리적으로 괜찮은 것일까? 특히, 우리 주변에서 흔히 보는 개와 고양이, 토끼, 새 등을 반려동물로 삼아도 되는 것일까? 사실 이 문제는 동물권리론을 연구한 철학자들, 동물을 어떤 방식으로도 이용할 수 없다고 주장하는 '폐지주의자(abolitionist)'조차도 답하기 어려워한다.

인간의 선의에 의존해 살아가는 사육동물은 일정 수준 이상의 삶의 질을 보장받는 대신 자유를 어느 정도 포기해야 한다. 이를테면, 대만에서 반려묘는 대부분 실내에서만 생활하는데, 거의 일생을 한정된 공간에서 보낸다. 입장을 바꿔 생각해보자. 당신이라면 평생을 그렇게 살고 싶은가? 그러나 차들이 쌩쌩 달리는 도심에 사는 고양이라면 어떨까? 이런 경우 바깥출입을 허락한다고 해도 생명의 위협을 느끼고 집 안에 머무는 것을 택할지도 모른다. 즉, 어떤 환경에 사느냐에 따라 생활 방식도 달라지기 마련이다. 호주와 뉴질랜드에서는 집에서 키우는 고양이가 밖으로 나가 야생 조류를 공격하는 일이 빈번하게 발생하고 있다. 뉴스거리로 너무 흔해서 기사도 잘 나오지 않을 정도다. 그러자 두 정부는 야생성이 살아난 고양이들을 조직적으로 포획해 없애자는 대책을 내놓았다. 이를 보더라도 합리적이면서 동물복지에 부합하고, 생태계에 영향을 미치지 않는 사육 방식을 찾기란 결코 쉬운 일이 아니다.

그리고 집에서 키우는 개와 고양이가 새끼를 낳아 기를 수 있도록 해야 할까? 중성화 수술은 동물권을 침해하는 행동일까? 이 문제에 대해 대부분의 철학자들은 현실적으로 생각해야 한다고 말한다. 사실 대만은 물론, 동남아, 유럽, 미국 등도 떠돌이 개와 길고양이가 사회적으로 문제가 되고 있다. 이미 많은 지역에서 떠돌이 개와 길고양이를 관리하거나 동물보호소를 짓는 데 어마어마한 비용과 노력을 들이고 있다. 인력을 파견해 포획 활동도 펼치고, 포획한 동물에게 새 입양처를 찾아준다. 하지만 받아줄 곳이 없는 개와 고양이는 대부분 안락사 처리된다. 이런 문제가 생기는 근본적 이유는 사람들이 책임감 없이 동물을 키우고 번식시키기 때문이다. 따라서 '동물을 길러도 되는가'같이 쉽사리 답할 수 없는 문제로 바로 건너뛰지 말고 현실적인 문제부터 접근해야 한다. '동물들의 처지를 개선하려면 어떻게 해야 할까'부터 먼저 고민해보는 것이다. 집 없는 개나 고양이에게 마음 놓고 편히 지낼 수 있는 입양처를 찾아주는 것도 사람과 동물 양쪽 모두를 만족할 만한 해결책이 될 수 있다. 그리고 동물복지의 기본 원칙에는 생육(生育)에 대한 책임이 없다. 대부분의 동물권 단체와 윤리학자도 주인이 없는 개와 고양이가 너무 많아지지 않기를 바라므로 중성화 수술을 시키는 데 동의한다. 이는 개체 수를 줄이는 현실적인 대안인 동시에, 떠돌이 개와 길고양이에게도 더 많은 입양 기회를 제공할 수 있을 것이다.

핏불테리어 사건으로 다시 돌아와서, 동물보호단체의 발표에 따르면 개물림 사고의 42%가 집 근처에서 벌어지는데 도망친 개를 붙잡거나 목줄을 풀려는 개를 막다가 발생한다고 한다. 개가 공격한 대상은 주로 주인이지만, 안면 있는 이웃이나 가족 구성원도 안전하다고 볼 수 없다.[7] 결국 반려동물에 대한 윤리적 문제를 논할 때는 단순히 '동물을 길러도 되는가'에 그치지 않고, '어떻게 키울 것인가'도 함께 고려돼야 한다.

현재 우리 사회는 인간과 동물의 관계에 대한 사회적 합의를 도출해내는 과정에 있다. 사실 우리에게 친숙한 존재인 반려동물만 하더라도, 동물복지나 동물윤리 차원에서 논의해봐야 할 문제가 산더미처럼 쌓여 있다. 이런 문제들을 철학적, 사회적, 문화적, 법률적 등 다양한 관점에서 숙고해본다면, 문제의 본질을 꿰뚫어보는 데 도움이 될 것이다.

도쿄 거리의
샌드위치맨이 되다:
농장동물의 현실을
고발하다

2015년 8월, 나는 일본 애니멀라이츠센터(Animal Rights Center Japan, ARCJ)에서 인턴 생활을 시작했다. '일본인' 하면 아마도 외국인들 머릿속에는 성실하다는 이미지가 떠오를 것이다. 나는 여기서 일하면서 일본인은 힘들고 배고프다는 말 한마디 없이 묵묵히 일만 한다는 걸 똑똑히 확인했다. 인턴으로 들어가기 전에 나는 사무실 생활을 앞두고 고민을 거듭하다 정장도 준비했다. 일본어로 자기 소개하는 법도 배웠는데 학교 일본어 선생님의 말에 의하면, 면접관이 가장 높게 평가하는 부분이 바로 성실함이란다. 다음 수업에서는 인사법을 배웠다. 허리는 곧추세우고, 손바닥은 바지 옆 봉제선에 딱 붙이는 게 기본자세. 대상에 따라 허리를 굽히는 각도를 달리하며 일정한 리듬에 맞춰 숙였다 일어나야 한다. 막상 해보니 쉽지 않았다. 아마도 일본 문화란 뼛속 깊이 새기고 몸으로 기억해야 하는 것이 아닐까.

일본 애니멀라이츠센터

일본 애니멀라이츠센터는 초대 대표 가와구치 스스무(川口進, 1947~2004)가 1987년에 설립한 단체다. 가와구치 스스무는 학생 운동과 노동 운동에 투신한 사회운동가로 일찍이 도축장 노동자의 권리 보호에 힘썼다. 그는 핵실험 때 자행된 동물 실험에 관한 영상을 보고 큰 충격을 받았으며, 동물은 사람과 비교하면 약자로서 도움이 절실하다는 사실을 깨달았다. 서구의 동물 해방 운동과 일본 사회운동의 영향을 받아 설립된 애니멀라이츠센터는 건립 이념을 지금까지도 추구한다. 이들의 활동 목표를 살펴보면, 동물권 활동가 네트워크 구축, 동물 실험과 공장식 축산 폐지, 야생동물보호와 서식지 보전, 동물원의 이상적인 형태 구상, 동물권 옹호 등이 있다.

1990년대, 애니멀라이츠센터에서는 1991년 운젠 화산 분화, 1995년 한신 대지진, 2000년 우스산 화산 분화 등의 자연재해 현장에서 동물들을 구조했다. 그로부터 몇 년간은 보호소에 수용한 개와 고양이를 돌보는 게 주요 임무였다. 동물보호운동의 세계적인 추세가 그렇지만 반려동물을 보호하면 세간의 관심을 이끌어 낼 수 있으며 대중들의 기대도 충족할 수 있다. 하지만 정작 도움이 가장 절실한 쪽은 우리의 눈에 잘 띄지 않는 농장동물과 실험동물이다. 일본만 해도 매년 도축되는 농장동물은 자그마치 10억 마리에 이른다.[1]

도쿄 시부야의 애니멀라이츠센터 사무실. 왼쪽은 제2대 대표 오카다 지히로.

내가 이곳에 왔을 때는 2대 대표인 오카다 지히로(岡田千尋)가 단체를 이끈 지 벌써 12년째 되는 해였다. 지히로의 당시 나이는 36세 혹은 37세였으며, 어깨까지 오는 긴 생머리에 옅은 화장을 했다. 늘 미소 띤 얼굴에 여장부 스타일로 대범한 면이 있었다. 그녀는 동물권 보호에 대한 신념이 확고했으며 과거에는 동물원 반대파의 대표 역할도 맡았다. 일본의 영화감독이자 코미디언인 기타노 다케시의 프로그램에 게스트로 출연한 경력도 있다. 지히로는 대학을 졸업하자마자 애니멀라이츠센터에 몸담았으며 얼마 후에 대표 자리에 올랐다. 2004년에는 과감하게 보호소 폐쇄를 결정하고 반년에 걸쳐 돌보던 동물들의 새 보금자리를 찾아주었다. 끝내 아무도 데려가지 않아 혼자 남은 검은 고양이에게 '앙꼬'라는 이름을 붙여주고 집으로 데려가 키웠다. 사실 2004년부터 내가 인턴으로 들어가기 이전까지 애니멀라이츠센터에는 상근 직원이 아무도 없었다. 지히로조차 일반 회사에서 일하는 틈틈이 단체를 이끌었다. 그럼에도 조직은 원활하게 돌아갔고 자원봉사자 월례회의도 개최되었다. 이처럼 오랜 나날을 지히로 혼자 분투하며 단체에 헌신했다.

또 다른 직원 사이토 사치코(가명)는 히로시마 출신으로 나보다 몇 살 위였다. 지히로와 달리 사치코는 키가 아담하고 얼굴에는 화장기가 없었다. 옷차림으로 보나 성격으로 보나 실속을 따지는 편이었고 소박한 인상을 풍겼다. 2011년 3월 11일, 동일본 대지진 당시 쓰나미가 덮쳐 1만 5,000명 이상의 인명을 앗아갔다. 이를 계기로 수많은 청년들이 고향으로 돌아가 건설업에 종사하며 지역 개발에 참여했다. 사치코는 대지진 이후 간사이 지역 노동자의 권익을 보호하기 위해 애썼다. 이후에는 동물 이슈에 점차 관심을 기울였고 결국에는 도쿄에 상경해 애니멀라이츠센터의 상근 직원이 되었다. 사무실에는 지히로와 사치코, 그리고 나 세 사람뿐. 기껏 장만한 정장은 입을 일이 한 번도 없었다.

입사 초기에는 일본어 한마디 뻥긋 할 줄 몰라 영어나 한자, 메신저 이모티콘을 동원해 소통했다. 그래도 지히로와 사치코 그리고 사무실에 드나드는 자원봉사자들은 나를 여러모로 배려해주었다. 나는 애니멀라이츠센터가 설립된 이래 최초의 인턴 직원으로서 물품을 분류하고 자료를 복사하거나 코팅하는 일을 맡았다. 엄밀히 말해 나는 제대로 하는 것 하나 없고 요령도 부족했다. 하지만 그런 내게도 특기가 하나 있었으니 바로 자원봉사자들과의 오샤베리(수다 떨기)[2]다. 그들은 일본어를 거의 못하는 외국인에게 호기심을 보였다. 일본의 '3개 반' 동물권 단체 가운데 애니멀라이츠센터는 외국인에게 가장 개방적이고 우호적이다.[3] 이곳은 다른 단체와 마찬가지로 회원제를 채택해 전국에 약 300명의 회원을 두었다. 회원들은 자원봉사자 정기모임에 참석하거나 각지에서 캠페인 활동을 펼쳤으며, 혜택으로 계간지를 받아볼 수 있었다. 규모만 놓고 따진다면 애니멀라이츠센터는 설립된 지 30년 넘은 조직치고는 크지 않은 편이다. 그러나 계간지를 훑어보면 도쿄 최저임금만 받고 일하는 전 직원의 업무량이 경이로운 수준임을 알게 된다. 조직을 유지하기 위한 일상적인 업무와 사무실 운영에 필요한 사무, 동물 이슈 연구 및 현지 조사, SNS 운영, 홍보물 디자인, 일주일이나 이 주에 한 번씩 진행하는 가두행진 팀 구성. 게다가 연간 몇 차례씩 수백 명이 참가하는 퍼레이드 개최까지……. 한결같이 고생스러운 데다 자잘하게 신경 쓸 거리가 많은 일이다. 이뿐만이 아니라 자원봉사자 관리, 정부 부문과의 교류, 일반 시민과의 소통 및 미디어 자문, 인터뷰 등 생각지도 못한 일들로 넘쳐난다.

패션의 거리에서 인턴으로 일하다

사무실이 위치한 시부야(渋谷)는 도쿄에서 가장 번화한 유행의 중심지다. 시부야역 야마노테선(山手線) '하치코(ハチ公)' 출구로 나와 시부야 진난우체국(神南郵便局) 방향으로 가다 우다가와정(宇田川町) 쪽으로 좌회전 하면, 10층이 넘는 고층 빌딩이 나온다. 여기에 바로 애니멀라이츠센터가 있다. 이 일대에는 백화점 건물이 즐비하며 종종 예술인들의 수준 높은 길거리 공연이 펼쳐진다. 하치코 출구 반경 농구장 한두 개에 맞먹는 범위에는 정치 입후보자의 선거 운동원뿐 아니라 갖가지 호소를 하는 단체들, 그리고 독특한 패션을 어필하고 싶어 하는 사람들로 넘쳐난다. 여러 길이 교차하는 이곳은 한 번에 건너는 사람만 해도 1,000명에서 2,000명에 이르며, 하루에는 약 50만 명의 보행자가 오간다. 세계에서 가장 붐비는 이 거리는 가히 홍보 활동의 격전지라고 불릴 만하다. 애니멀라이츠센터도 이곳에서 각종 테마로 캠페인

을 진행하고 파란불을 기다리는 사람들에게 전단지를 나눠준다. 지히로가 단체를 재편한 2015년에 사무실을 시부야 거리에 낸 이유가 바로 여기에 있다.

사무실에서 도보로 6, 7분 거리에 있는 하치코 출구에서 우리는 매주 두세 차례 캠페인 활동을 펼쳤다. 참가자들은 저마다 큼지막한 광고판을 목에 걸거나 동물 인형 탈을 입고 사람들에게 전단지를 나눠준다. 나도 때때로 허우 샤오시엔(侯孝賢) 감독의 영화 〈샌드위치 맨(The Sandwich Man)〉(1983)에 나오는 주인공처럼 팻말을 손에 들고 몸 앞뒤에 광고판을 둘러멨다. 정말 샌드위치 맨이 된 느낌이 들었다.

사실 우리의 활동 중심지인 하치코 출구에는 감동적인 사연이 얽혀 있다. 아키타견 '하치'는 매일같이 역 출구로 보호자를 마중 나가 일본에서는 모르는 사람이 없을 정도로 유명해졌다. 어

2015년 10월 도쿄 비건 구루메 페스티벌 때 퍼 프리 퍼레이드도 함께 열렸다. 간사이에서 출정한 '동물 해방' 전사들과 함께한 모습이다.

1 | 2
 3

1 애니멀라이츠센터의 자원봉사자들은 매월 닛폰햄(NipponHam)의 도쿄 지사 앞에서 항의 시위를 벌였다. 5년간의 정기 시위 끝에 닛폰햄으로부터 동물복지 개선 방안을 받아냈다.

2 대만의 동물보호 활동가 장자페이(張家珮).

3 2016년 6월, 도쿄에서 처음으로 '전국 도축장 폐쇄 청원' 가두시위를 벌였다. 닭, 소와 돼지 대열을 선두로 100여 명의 참가자가 30도를 웃도는 무더운 날씨에도 몇 시간 동안 행진했다.

느 날 보호자가 갑작스레 세상을 떠났지만 그래도 하치는 변함없이 역에 나와 보호자를 하염없이 기다렸다. 일본인들은 하치의 충직한 모습에 크게 감동했고 이윽고 하치는 충견의 상징이 되었다. 아키타현에서도 경찰 모집 책자의 표지 모델로 아키타견을 내세우기에 이르렀다. 우리도 하치의 정신을 계승해 거리를 내내 지켰는데 겨울은 춥고 여름은 무더운 도쿄에서는 고행이 따로 없었다. 참가 인원수에 상관없이 행사는 무조건 두 시간 이상 진행됐다. 나는 손에 팻말을 든 채 거리를 오가는 사람들을 바라보며, 속으로는 동물보호운동에 헌신하려는 나의 신념이 확고한지 골똘히 생각했다. 그러자 동물보호운동이 정말 뜻깊은 일이라는 확신은 날이 갈수록 점점 커졌다.

우리가 펼치는 캠페인에는 몇 가지 주제가 있었는데 '배터리 케이지(Battery Cage)', 푸아그라, 스톨(stall, 가로 60cm, 세로 210cm로 돼지를 완전히 감싸는 형태의 우리-옮긴이)[4], 모피, 야생 돌고래의 포획 및 거래에 반대하는 것이다. 보통 활동은 오후 4시부터 시작되는데 참가자가 많을 때는 열 명이 넘지만 적을 때는 우리 사무실 멤버 두세 명뿐이었다. 우리는 팻말을 들고 돌아가면서 준비한 연설문을 읽었다. 나중에는 대만의 캠페인을 모방해서 태블릿으로 동물 학대 영상을 행인에게 보여주기도 했다. 내가 막 일본 땅을 밟은 2015년에 '자원봉사자 월례회의'를 통해 서구의 길거리 캠페인 방식을 회원들끼리 공유한 적이 있다. 당시에는 영화 〈브이포 벤데타〉에 나온 가이 포크스 가면의 이미지에 모두들 주저했지만 내가 일본을 떠난 후에는 이런 스타일의 캠페인이 도쿄 전

4장 도쿄 거리의 샌드위치맨이 되다 **145**

역에 널리 퍼졌다. 가이 포크스 가면을 쓴 자원봉사자 여러 명이 밤을 지새우는 펭귄처럼 서로 등을 맞댄 채 입방체 대형으로 서서 저마다 태블릿을 들고 행인들에게 농장동물의 현실을 알렸다. 이처럼 일본인은 새로운 방식이나 가치관에 늘 신중한 입장을 취하지만 한번 받아들이면 철저하게 실행에 옮긴다.

도쿄 근교의 감춰진 진실

최근 들어 애니멀라이츠센터는 농장동물 문제를 연구하고 윤리적 소비를 널리 알리는 데 역량을 집중하고 있다. 이와 동시에 지히로와 가와구치 스스무가 함께 제정한 목표 '동물권 활동가 네트워크 구축'을 위해서도 노력하는 중이다. 실천주의(activism)를 믿는 지히로는 사무실에 나온 지 겨우 2주 된 나를 데리고 도쿄 근교로 현지조사를 나갔다. 나는 첫차를 타고 나가 동이 채 트기도 전에 동료들과 합류했다. 우리를 태운 차는 도쿄 인근 지역으로 향했다. 이번 임무를 듣자 나는 가슴이 묵직해졌다. 일본 밀집 사육장의 실태를 두 눈으로 똑똑히 확인하는 오늘은 만감이 교차하는 하루가 될 듯했다.

지바현(千葉縣) 조시시(銚子市) 일대에는 수없이 많은 농장이 들어서 있었다. 우리는 구글 위성지도를 보며 일일이 찾아다녔다. 처음 방문한 농장은 주위가 전부 비닐로 둘러져서 이음새 사이로 안을 들여다보는 수밖에 없었다. 현지조사를 나온 멤버들 중 내키가 제일 크기도 하고 또 열정도 보여주고 싶어서 제자리에서 경중경중 도약하며 안쪽 상황을 살폈다. 보통 농장동물들의 삶은 지루하고 환경에도 변화가 전혀 없기 때문에 동물들은 사람들의 작은 행동이나 차량의 움직임에도 깜짝 놀라기 일쑤다. 그런데 내 몸짓에 정작 돼지들은 무덤덤했으나 우리 멤버들이 기겁했다. 알고 보니 현지조사는 '음소거 모드'로 진행하며, 절대로 다른 사람의 눈에 띄지 않도록 조심하고, 몰래 눈으로 관찰하거나 카메라로 촬영만 해야 한다고.

두 번째로 찾아간 농장은 초등학교 교실 두 개만 한 면적의 시멘트 건물이었다. 아주 멀리서부터 돼지 농장의 냄새가 스멀스멀 풍겼다. 우리는 장방형의 축사를 바깥으로 빙 둘러보았지만 창문은 찾아볼 수 없었다. 한 줄기 빛조차 들어오지 않는 완벽한 밀폐 공간에서 돼지들이 지낸다니 충격이었다. 안에 돼지가 몇 마

도쿄 부근의 한 젖소 농장. 젖소는 옴짝달싹할 수 없게 꽉 매여 있다.

리나 되는지 알 수 없지만 날카로운 울음소리가 연신 울려 퍼졌으며 주변은 참기 힘든 배설물 냄새가 그득그득했다. 그날 이후 농장을 몇 번이나 방문하며 쌓은 경험에 의하면, 대개 돼지들 사이에서 집단 괴롭힘이 일어날 때 이런 울음소리가 난다. 농장주들은 최소한의 공간에 최대한 많은 돼지들을 사육하고 싶어 한다. 그래서 돼지들은 늘 스트레스에 시달리며 높은 긴장도에 신경이 곤두선 상태이지만 피할 곳이라곤 없다. 본능대로 살 수 없는 환경에서 돼지들이 서로를 공격하며 귀 뒤나 몸에 10~20cm에 이르는 상처를 내는 상황이 무척 안타까웠다. 그러나 안을 전혀 들여다볼 수 없는 이 축사에서는 돼지들이 어떻게 지내는지 알 길이 없기에 우리는 묵묵히 자리를 떴다.

'현지조사'는 공개 활동이 아닌데도 동료들은 법을 아주 잘 지키며 '출입 금지'라고 표시된 구역은 절대로 들어가지 않았다.

다음으로 우리가 찾아간 곳은 대규모 산란계 농장으로 5, 6단으로 층층이 쌓인 배터리 케이지가 건물 천장까지 닿아 있었다. 어렴풋한 빛 속에서 철망 밖으로 무수히 드러난 닭의 발톱들이 내 시야에 들어왔다. 겨우 A4용지만 한 철창 안에는 암탉이 두세 마리씩 갇혀 있었다. 내부 공간은 매우 협소해서 날개조차 펼칠 수 없었고, 닭들은 서로를 밀치며 밟아 뭉개고 있었다. 닭이 여기서 낳은 알은 철창 옆의 도랑으로 굴러갔다. 직원이 직접 내부를 보여줬는데 자동화 시스템 덕분에 파트타임 직원이 혼자서 수만 마리의 암탉을 관리할 수 있었다. 기계가 10분마다 자동으로 돌아가며 알을 한데 모으고 마지막으로 계란

배터리 케이지가 있는 도쿄 근교의 계란 농장. 5, 6단에 달하는 배터리 케이지에는 알을 모으는 전자동 시스템이 가동된다.

판에 쏙쏙 집어넣었다. 양계장 전체를 통틀어 총 여섯 줄의 거대한 컨베이어벨트가 엄청난 기세로 돌아가고 있었다. 사치코는 "대단하다"라고 했지만 나는 난생처음 이런 대형 설비를 접한 터라 말문이 막혔다. 농장주는 공장의 '생산라인'과 다름없는 시설을 카메라로 찍어도 좋다며 흔쾌히 허락했다. 나는 내부를 둘러보다 양계장의 몇몇 구석에서 깃털 무더기를 발견했다. 가까이 다가가 보니 납작하게 짓눌렸거나 심각하게 부패된 닭의 사체였다. 하지만 농장주는 치우거나 감출 생각조차 없어 보였다. 이렇듯 값싸게 취급되는 동물의 목숨은 깃털처럼 한없이 가벼웠다.

이 근처에는 농장이 아주 많았는데 우리는 하루 만에 무려 20여 곳을 방문했다. 도중에 작은 수로나 빗물이 고여 생긴 웅덩이를 지나야 할 때도 있었는데 경험이 많은 지히로와 사치코는 멀리서 농장 외관만 보고 바로 장화로 갈아 신었다. 그리고 다른 사람들과 마주치면 늘 먼저 예의바르게 인사한 덕분에 별다른 문제도 겪지 않았고, 또 특별한 친구도 사귈 수 있었다. 대만처럼 일본에서도 농장이나 공장에서 문지기 개를 키우는 경우가 많은데 이때도 한 농장 앞을 지날 때 묶여 있는 백구가 우리를 보더니 기를 쓰고 짖어댔다. 돼지 축사로 통하는 작은 길까지 막아서는 통에 나는 가까이 다가가지도 못하고 우물쭈물하고 있었다. 그 순간 지히로가 느리지만 자연스러운 걸음으로 백구 앞을 태연히 지나가는 게 아닌가. 그러자 백구는 짖다 말고 고개를 떨어뜨리더니 앞발을 쭉 뻗어 엎드렸다. 사람들이 머리를 쓰다듬자 꼬리도 살랑살랑 흔들어댔다. 사람들을 향한 적대감이 사라지니 이제는 흥분에 겨워 짖는 듯했다. 관리자가 부재한 이 돼지 농장에서 백구의 활동 범위는 대략 다다미 한 장(약 3.3㎡-옮긴이)에 지나지 않았고 쇠사슬은 몇 바퀴나 휘감겨 있었다. 게다가 백구의 털은 어찌나 헝클어져 있던지. 이 아이를 예뻐해주는 보호자는 없을 것 같다는 생각이 들었다.

방치견

방치견은 오랫동안 사슬에 묶여 지내는 개를 뜻한다. 이들은 주로 집을 지키거나 건물의 문지기 노릇을 하는데 보호자가 단순히 자신의 편의를 위해 묶어놓는 경우도 있다. 대만에서는 최근 들어 방치견 문제에 관심을 갖는 사람들이 점점 늘고 있다. 대만동물평등권추진회(台灣動物平權促進會)의 조사에 따르면, 방치견 문제는 시골에서 더 심각한 것으로 드러났다. 개들은 움직일 수 있는 범위가 극히 제한적일 뿐만 아니라 오랫동안 배설물에 뒤섞여 지내기도 한다. 더위를 피할 공간조차 없이 내리쬐는 태양에 그대로 노출된 경우도 적지 않으며 심한 경우 물이나 음식조차 제공받지 못한다. 그러나 대만이나 일본에서는 현행법으로는 방치견의 환경을 개선하기 어려운 실정이다. 장기간 가두어 기르거나 묶어 키운 개는 행동이나 심리 문제를 안고 있는 경우가 많다. 그러나 풀어준다고 해도 보호자가 개를 다루거나 소통하는 법을 모르면 개가 다시 가둬지거나 묶이는 악순환에 빠질 수도 있다.

꽁꽁 갇힌 어미 돼지

나는 영국에서 복지 시범 농장을 방문했는데 그곳은 반 개방
형 공간으로 이루어져 있었다. 돼지는 자유롭게 깔짚에 드러눕거
나 놀 수 있었으며 기민한 코로 건초를 뒤적이며 흥미를 끄는 무
언가를 찾아다녔다. 어떤 돼지는 난간 가까이로 다가와서 내 손
냄새를 맡기도 했다. 이 특별한 농장은 생활공간과 배설 장소가
분리되어 있으며 특히 생활공간은 악취도 전혀 풍기지 않고 아주
청결했다. 그 반면 밀집 사육장에서 사육되는 돼지는 생활공간에
서 대소변을 볼 수밖에 없으며, 풍부화 시설도 없는 불편한 시멘
트 바닥에 서서 지내야 한다. 그런데 지금 눈앞에 보이는 일본의
농장은 내가 여태 가본 곳 중에서도 최악이었다. 세상에 바닥이
란 바닥은 죄다 변으로 뒤덮여 있는 게 아닌가. 돼지들은 본인의
배설물 위에서 지내는데 움직일 때마다 걸핏하면 주르륵 하고 미
끄러졌다. 몇몇 돼지들은 '서 있기'조차 힘겨운 모습이었다. 이곳
에 돼지를 들인 이래 직원들은 단 한 번도 청소를 하지 않았을 테
고 돼지들이 도축장에 끌려가는 그날까지도 이 상황이 변하지 않
으리란 의심을 지울 수가 없었다.

이처럼 끔찍하게 더러운 환경에서 지내는 돼지를 지켜보기 힘
들었지만 나는 그럴수록 두 눈에 모든 장면을 담아 똑똑히 기억
하려고 애썼다. 한편 카메라로 찍은 영상을 확대하니 비육돈 우리
근처에 스톨에 갇힌 암퇘지가 보였다. 임신과 출산을 반복하는 암
퇘지들은 몸을 돌리기는커녕 아예 꼼짝도 할 수 없다. 좁은 공간

농장의 비육돈. 주변이 온통 배설물로 뒤덮여 미끄럽기 때문에
돼지들은 서 있기조차 힘들다.

에 가두면 돼지에게 할당되는 자원이 최소화되며, 새끼 돼지가 어미에게 깔리는 사고도 방지할 수 있다. 이처럼 농장주의 경제적 손실은 줄어드는 반면 이윤은 극대화된다. 갇힌 돼지들은 철제 난간 아래로 코와 주둥이를 비죽이 내민 채로 가만히 있었다. 이것 말고 할 수 있는 일이라곤 서 있기와 엎드리기, 혹은 난간 깨물기 같은 정형행동(stereotype behaviors)뿐이다. 나는 농장에서 입을 반쯤 벌린 채 눈 감고 죽은 돼지도 봤는데 내 눈에는 꼭 숨을 거둔 사람처럼 보였다. 돼지의 몸을 꼼짝 못 하게 구속하는 금속 틀이 무색하게 완전히 힘이 풀린 돼지의 얼굴은 오히려 편안해 보였다.

정형행동

정형행동은 '반복적이고 지속적이며 뚜렷한 목적이 없는 행동'을 뜻하며, 가두어 사육하는 경우 어떤 동물이든 정형행동을 보일 가능성이 높다. 정형행동의 예로는 두 지점 사이를 왔다 갔다 하거나 쉼 없이 고개를 흔들고, 털이 다 빠지도록 털을 고르는 것 등이 있다. 무료함을 달래기 위해 좁은 감방 안을 서성이는 영화 속 수감자의 모습과 비슷하다. 결국 동물원이나 농장의 동물들이 받는 정신적인 고통이 이런 행동으로 표출되는 것이다. 정형행동은 동물복지의 열악한 상황을 나타내는 전형적이고도 흔한 지표라고 할 수 있다.[5]

흡사 버려진 정신병원처럼 하루하루 아무런 변화도 느낄 수 없는 농장. 우리는 이런 곳에 사는 돼지들의 비참한 삶을 두 눈으로 똑똑히 목격했다. 때는 벌써 오후가 되어 뜨거운 태양이 축사

현지조사차 도쿄 인근 농장에 갔을 때 본 임신한 암퇘지. 스톨에 갇힌 상태로는
몸을 돌릴 수 없으며 서거나 엎드릴 수밖에 없다.

안을 비스듬히 비추고 있었다. 여기서 지내는 돼지는 최소한 햇볕도 쬘 수 있고 비 오는 모습이나 축사 안으로 날아드는 작은 새도 볼 수 있다. 그러니 창문이 없어 한 줄기 빛조차 들어오지 않는 앞서 본 농장에 비하면 나은 편이라며 나는 애써 합리화했다. '일본' 하면 아마도 많은 이들이, 국민들이 예의 바르고, 청결하며, 진보한 나라라는 이미지를 떠올릴 것이다. 그러니 내가 가본 농장 중 가장 더럽고, 지독한 악취를 풍기는 장소가 모두 일본에 있다는 사실을 상상이나 할 수 있을까. 영국 세계동물보호협회(World Animal Protection, WAP)는 세계 각국의 동물보호 지수(API)를 매겨 A부터 G의 순서로 등급을 나눈다.[6](2020년 자료 기준 일본과 중국은 E등급, 한국은 D등급이다-옮긴이)

여기서 최상인 A등급에는 영국, 오스트리아, 스위스, 덴마크, 네덜란드, 스웨덴이 해당된다. 반면 일본은 중국보다 뒤처진 최하 등급을 받았다. 선진국이 받아든 점수치고는 처참하다 못해 충격적일 정도다.

평생 잊지 못할 그 농장을 떠날 무렵, 백구가 우리 일행이 다시 한번 더 자신의 영역을 지나가기만을 애타게 기다리고 있었다. 이윽고 우리의 지나가는 뒷모습을 아쉬운 눈길로 바라보았다. 낯선 사람의 방문조차 깜짝 선물로 여겨지는 이곳 생활이 얼마나 외로울지 나로서는 쉽게 상상이 가지 않았다. 그날 도쿄로 돌아가는 동안 내내 생각했다. '방치견의 사정이 그나마 나을까, 아니면 적어도 죽을 날을 받아둔 돼지의 운명이 나을까?'

그들이 마지막으로 본 것

그날 이후로도 나와 일본인 동료들은 간간이 '현지조사'에 나섰다. 모든 영상 자료는 익명으로 제공되기 때문에 현지조사에 참여한 자원봉사자가 몇 명이나 되는지 나는 잘 모른다. 처음으로 현지조사에 나갔을 때 잊을 수 없었던 건, 동물들의 절망적인 처지가 아니라 돌아가는 차 안에서 동료들이 보인 여유롭고 가벼운 태도다. 농장을 방문할 때마다 동물들이 처한 환경을 보며 가슴이 쓰라렸건만 아무도 그 분위기를 돌아가는 차 안까지 이어가지 않았다. 이곳 단체에서 오랫동안 일하며 딱딱한 업무 환경에 익숙해진 내게, 대화 중에 비치는 친근함이나 때로 들려오는 웃음소리는 오히려 낯설었다.

동물보호 활동가들은 이상이 높고 열정이 넘치며, 고통받는 동물을 위해 대가 없이 헌신한다. 이들은 일에 전심전력으로 매달리는 만큼 큰 성과를 거둘 것으로 기대한다. 한편으로는 비통함과 증오를 느끼며 사회를 향한 불만을 행동으로 바꿔나간다. 이런 상황에서 활동가들은 늘 스트레스를 받고 같이 지내는 사람들에게도 알게 모르게 스트레스가 전가된다. 그러나 애니멀라이츠센터 직원들은 과중한 업무에 시달리면서도 항상 서로에게 예의를 갖추고 친절하게 대했다. 더 잘하라고 다그치는 사람도 없고 나도 다른 사람과 지내며 트러블을 한 번도 겪지 않았다. 나는 일본에서 머무르는 1년 반 동안, 일본 문화 속에 스며든 절제의 정신을 감지할 수 있었는데 나 역시 감정을 절제하면서 스스로의 신념을 꿋꿋이 알리고 실천으로 옮기려 노력했다. 하지만 절제의 미덕을 발휘하면서 다른 사람을 감동시킬 수 있는지는 사실 잘 모르겠다. 그간 길거리 캠페인을 벌이면서 가던 길을 멈추고 자원봉사자들과 교류하는 시민을 보긴 했지만 다섯 손가락에 꼽을 정도니까. 사람들의 시선이 팻말에 단 몇 초라도 머무르면 감지덕지였다.

한편 우리는 농장뿐 아니라 도축장에도 방문했다. 언젠가는 도축장 근처 강기슭의 둑에서 망원렌즈로 도축장 안을 촬영했다. 황혼녘부터 저녁까지 살랑바람이 둑을 가볍게 쓸고 지나가는 동안 우리가 있는 곳에는 도축장의 소리는 전혀 닿지 않았으며 죽음의 기운도 느껴지지 않았다. 둑에는 조깅하는 사람들도 있었지만 아무도 우리에게 관심을 보이지 않았다. 멀리 도축장 근처를 살펴보니 소를 가득 실은 트럭 몇 대가 있었는데 방수포로 가려져 내부는 보이지 않았다. 소 도축은 돼지에 비해 더디게 진행되는 편으로 10분에 한 마리씩 안으로 끌려갔다. 트럭과 도축장 입구는 바로 연결돼 있기 때문에 소의 이동 시간은 몇 초에 불과했다. 소들의 모습은 육안으로는 안 보였지만 카메라 렌즈로 보니 또렷이 드러났다. 도축장으로 향하는 소들의 찰나의 눈빛을 포착하며 나는 생각했다. 그때 그들이 마지막으로 본 것은 길게 늘어진 새털구름과 붉게 물든 노을이 아닐까.

때로는 나 혼자서 곳곳의 동물원이나 수족관을 조사하러 다녔다. 날 만나러 일본에 온 엄마와 동행할 때도 있었다. 한번은 모녀 둘이서 도쿄의 시나가와 도축장(도쿄중앙도매식육시장(東京都中央

卸賣市場) 내에 자리하며 시마바라토바(芝浦と場)로 불린다-옮긴이)에 갔다. 돼지와 소를 전문적으로 도축하는 그곳은 사람의 왕래가 잦은 시나가와(品川)역 가까이에 있었다. 내부는 정식 허가증을 받은 사람만 견학할 수 있는데 우리는 합당한 사유가 없는 일반인이라 자료실만 둘러볼 수 있었다. 도축장 내부의 통로는 깨끗하고 정돈돼 있었다. 자료실의 문헌 자료도 풍부했는데 특히 일본의 '부락민'에 관한 연구가 볼 만했다. 정기간행물뿐 아니라 다양한 글과 그림을 선보이는 작은 전시도 있었다. 도축장 노동자와 소의 실물 크기 모형이나 도축장의 미니어처, 안내 영상 같은 볼거리도 있고 절단 도구가 전시돼 있었다. 나는 '동물 위령비'를 직접 보고 싶었지만 아쉽게도 해당 전시실에는 들어가지 못했다.

비명 빼고는 전부 쓸데가 있다

봉준호 감독은 영화 〈옥자〉(2017)에서 미국의 소설가 업튼 싱클레어(Upton Sinclair)가 시카고 도축장을 조사한 내용을 바탕으로 쓴 소설 『정글(The Jungle)』의 한 구절을 인용했다. 바로 '돼지는 비명 빼고는 전부 쓸데가 있다'7라는 부분이다. 엄마와 나는 시나가와 도축장에서 동물들의 비명소리는 듣지 못했다. 하지만 공기 속에 짙은 피비린내가 배어 있어서 엄마에게도 느껴지는지 물었다. 그러자 엄마는 냄새는 안 난다면서 "넌 평소에 채식만 하니까 그렇지!"라고 했다. 도축장을 나선 우리는 우연히 퇴근하는 직원들과 섞여 시나가와역으로 향했다. 젊은 직원들이 지나간 뒤로 공기 중에 낯선 언어가 실려 왔고 나는 그제야 모두 한국 사람임을 눈치챘다. 개중에는 귀걸이도 차고 옷 코디나 헤어스타일도 요즘 유행을 따라 한껏 멋을 낸 청년도 있었다.

〈옥자〉 속 도축장 노동자 역할은 스페인어를 구사할 줄 아는 히스패닉계 배우들이 맡았는데 미국의 현실이 영화에 고스란히 반영됐다고 볼 수 있다. 최근 들어 대만 도축장의 불법 취업 노동자 문제가 언론에 자주 등장하는데 이주노동자들은 최소한의 보장조차 받기 어려운 실정이다.[8] 반대로 대만의 청년들이 워킹홀리데이로 호주 도축장에서 일자리를 구하는 경우가 적지 않다. 이런 현상은 100년 전에 싱클레어가 소설에서 묘사한 육가공업계의 계급에 따른 분업 제도와도 거의 일치한다. 즉, 약자 집단일수록 위험하고, 노동집약적이며, 모두가 꺼리는 일이 주어진다. 오늘날 도축장의 노동자는 비교적 합리적인 대우를 받지만 사회에서는 아직도 색안경을 끼고 보며, 노동자도 자신의 직업을 떳떳하게 드러내지 못한다. 일본에서 '부락민'이 맡던 일을 일제강점기 시기에는 한국인이 대신하였으며, 대만에서는 동남아시아인이, 북유럽의 모피 농장에서는 베트남인이…… 예를 들자면 끝이 없다.

현대 사회에는 많은 사람들이 선택의 기회를 얻지 못한다. 대다수의 소비자들은 도축장을 드나들지 않고도 자본주의의 단계별 착취를 거쳐 생산된 건강에 해로운 고기를 저렴한 가격에 구입한다. 하지만 이는 어떤 의미에서 보면 도살 행위를 취약 계층인 도축업자에게 전가하는 꼴이다. 생각이 여기에 미치자 도축장 노동자의 권리를 위해 싸우다 나중에는 동물권을 위해 분투한 애니멀라이츠센터의 초대 대표 가와구치 스스무를 떠올리지 않을 수 없었다.

내가 일본에 머무른 기간은 길다면 길고, 짧다면 짧지만 추억할 만한 이야깃거리가 충분히 쌓일 만한 시간이었다. 처음으로 가두행진에 나섰을 때 낯선 일본 시민들과 함께 구호를 외치는 동안, 오랜 기간 동물을 위해 힘쓰며 억눌러온 감정들이 복받쳐 올라 눈물샘이 터졌다. 나는 눈시울을 붉히며 우리에 갇힌 새끼 북극여우의 사진 포스터를 들고 요요기 공원 옆으로 난 길을 따라 행진했다. 이어서 이노카시라 대로를 지나 아오야마, 시부야역 앞의 사거리 입구, 오모테산도를 거쳐 하라주쿠 부근의 메이지진구 앞 거리에서 되돌아갔다. 나는 여기서 관광객이었던 적은 없지만 한 걸음씩 나아가며 내게 더 중요한 가치가 무엇인지 되새겨보았다. 처음 노르웨이의 다큐멘터리 감독 올라 와근과 만났을 때 그는 내가 가두행진 때 들었던 새끼 북극여우의 사진이 자신의 작품임을 한눈에 알아봤다. 이처럼 전 세계 각지에서 만난 우리 활동가들 사이에는 금세 작은 네트워크가 만들어졌다. 우리는 함께 보잘것없는 기대와 작은 소망에 의지해 동물을 위해 끝없이 일하며, 이루지 못할 꿈을 꾸는 것만 같았다.

부락민

부락민(部落民)은 일본 봉건시대 천민계급의 후손으로 인도 카스트제도의 천민과 비슷하다. 이들은 사회 하층민으로 과거 수백 년간 '불결'하게 여겨지는 도축이나 장례 같은 일에 종사했다. 현재 약 300만 명에 이르는 '부락민'은 사회에서 아직까지도 차별과 멸시를 받는다. 1980년대부터 일본 사회는 축산업계가 안고 있는 문제를 논의하기 시작했다. 그러자 자신들을 비난한다고 오해한 부락민들은 동물의 사체 일부를 넣은 협박 편지를 동물권 운동가에게 보냈다. 그러나 사회운동이란 특정 집단을 비난하는 것이 아니며 도축업자들에게 책임을 묻는 건 더더욱 아니다. 세상을 하루아침에 뒤집으려 하기보다 여러 과정을 거쳐 사회 가치관을 점진적으로 혁신한다면 각기 다른 관점을 지닌 해방 운동 단체끼리 서로 소통하고 지지할 수 있다.

전통문화와 동물권, 어느 쪽이 중요한가?

다큐멘터리 영화 〈더 코브(The Cove)〉(2009)를 계기로 일본의 돌고래 사냥에 국제사회의 관심이 쏠렸다. 그러자 일본 우익 인사들은 '전통문화'의 전승 차원에서 돌고래 사냥을 계속할 '권리'가 있다며 격렬히 들고 일어섰다. 〈더 코브〉의 일본 개봉일에는 항의가 들끓었고 결국 영화는 서둘러 간판을 내리고 말았다. 내가 도쿄에서 인턴 생활을 하는 동안 전국 각지에서 돌고래 사냥에 반대하는 항의 집회가 열렸다. 매년 8월 '돌고래의 날'에는 소규모의 가두행진이 열렸는데 참가자 수는 10명뿐이었다. 친구의 말에 의하면, 매번 이 행사는 우익의 타깃이 되는데 수년 전에 시위에 참가한 한 남자가 구타를 당하면서 다들 참여를 꺼리게 됐다고 한다.

'전통문화'와 동물권 중 어느 쪽이 중요할까? 만일 우리가 모든 '문화'를 보존한다고 할 때 한 문화가 다른 문화와 충돌을 일으킨다면 어떤 선택을 내려야 할까? 여기서 주목해야 할 사실은 문화는 진화를 거듭한다는 점이다. 다시 말해, 낡은 관습이나 진부하게 여겨지는 수많은 '문화'들은 폐기되며 사회에는 새로운 문화가 끊임없이 피어난다. 동물을 소중히 여기는 문화도 마찬가지다. 일본을 포함한 동아시아에 존재했던 개식용 문화를 예로 들어보자. 개식용 문제 때문에 각국 내부에서는 논란이 벌어지고 사회적 충돌이 일어났으며, 국제사회는 거센 비판을 보냈다. 이 문제는 동물복지와 맞닿아 있을 뿐 아니라 공중위생, 사회 안전과도 관련이 있다. 개식용 문화를 옹호하는 사람들은 민족자결주의나 민족주의 혹은 '전통문화'라는 미명하에 자신들의 입장을 공고히 한다. 중국 칭화대학의 장진쑹(蔣勁松) 교수는 다음과 같은 사실을 밝혀냈다. 만일 중국에서 동물보호를 물 건너온 수입품처럼 간주해 서구 문화의 침략으로 받아들인다면, 이 영향으로 민족주의 정서가 점차 고조된다. 그러면 우익들은 '전통문화'라는 기치 아래 '개식용 문화'를 지지하는 진영의 세를 불리기 쉬워지는 것이다.

만일 우리가 이데올로기는 잠시 내려놓고, 윤리적인 사고나 공감, 생태계 보호, 지속 가능한 발전 등의 가치에 집중한다면 문제 자체에 초점을 맞출 수 있지 않을까? 문화의 기본은 인간을 포함한 모든 동물의 생명을 존중하는 데 있다. 우리가 '감정이 있는 생명'을 소중히 여기고 동물의 고통을 심각하게 받아들이기 때문에 동물과 관계된 우리의 생활방식도 의미가 있는 것이다. 만일 동물의 생명이 경시되거나 동물이 인간의 통제하에 고통받는다면 우리가 말하는 '문화'의 가치는 대체 어디에서 찾을 수 있을까?

나는 이 문제에 대해 일본의 동물권 번역가 이노우에 다이치(井上太一)에게 조언을 구했다. 그의 의견에 따르면, 사람들은 임의로 선택된 특정 문화만 장려한다. 일례로 일본에는 예로부터 채식 위주의 식문화가 이어졌지만 이런 전통을 고수하려는 노력은 거의 없었다. 대부분의 경우 사람들은 고래잡이나 사냥처럼 무언가를 지키고 싶을 때만 '문화'나 '전통'을 들먹인다. 따라서 이들이 언급하는 것은 '문화' 자체가 아니라 담론으로서의 문화이기 때문에 제고되고 폐기되어야 마땅하다.[9]

2016년 가을, 나는 지히로를 따라 일본 동북부의 아키타시에 갔다. 지자체와 아키타현립대학에서 공동으로 개최하는 '아키타 철학학원' 강의 시리즈의 하나로 지히로와 교토대학의 철학 교수 이세타 데쓰지(伊勢田哲治)가 강사로 초빙되었다. 이날의 주제는 '고기는 먹지 말아야 할까?'였다. 아키타현은 일본에서도 손꼽히는 농업지역인 데다 이곳에는 애니멀라이츠센터의 회원도 딱 한 명뿐이라 참가자가 많지 않을 걸로 예상했다. 그러나 막상 토요일 오후에 회장에 도착해보니 200명가량을 수용할 수 있는 공간에 빈자리는 거의 없었고, 입구의 접수 데스크 직원들이 대응할 여력이 없을 정도로 인파가 몰렸다.

강의가 열띤 분위기에서 이어지는 가운데 질문도 여럿 쏟아졌다. 안을 둘러보니 청중은 대략 중학생과 중년 남성으로 나뉘었다. 많은 이들이 노트 필기도 열심히 해가며 강의에 몰입했다. 전에 소형동물보호연구회에 참여했을 때와는 사뭇 다른 분위기에 나는 무척 고무되었다. 이전에는 일본 대중이 동물보호운동에 무관심해 보였지만 동물권의 개념을 이해하고 신중히 받아들이기까지 시간이 더 필요한 것뿐이라는 생각이 들었다.

출판문화나 다채로운 문화 활동, 박물관의 설립과 운영 등의 면에서 보면 일본 사회 전체를 보수적이라고 할 수 없다. 반대로 이 사회에는 배움에 대한 열정이 넘치는 사람들이 많으며 이와 동시에 다양한 사상이 충돌하면서 서로 영향을 주고받는다. 어쩌면 가까운 미래에 '전통문화와 동물권 중 어느 쪽이 중요한가?'는 더 이상 골치 아픈 문제로 취급되지 않을지도 모른다.

5장

핀란드에서 늑대의
탈을 쓴 양이 되다:
옷장 속에 걸린
야생동물들

2011년부터 나는 중국과 일본에서 퍼 프리 캠페인 활동을 벌이는 동시에 모피산업 연구에 뛰어들었다. 하지만 가끔씩 내가 뭘 더 할 수 있을지 의문이 들곤 했다. 온라인 자료와 연구 보고서 검토, 현장 취재만으로 충분한 걸까? 러시아인 모피상만 출입 가능한 모피 거리인 베이징 야바오루(雅寶路)부터 중국 최대 모피 박람회까지 이미 인터넷을 통해 속속들이 파악하고 있었다. 동물 문제가 줄곧 사람들의 신경을 건드리는 듯했지만, 나의 연구 범위는 매우 한정된 느낌이었다. 하지만 설령 내가 모피수입상으로 위장해 모피산업의 중심지에 뛰어든다고 해서 얼마나 많은 정보를 얻을 수 있을까? 또 퍼 프리 운동에 어떤 기여를 할 수 있을까? 나로서는 선뜻 답하기 어려운 문제였다.

모피, 사소한 문제일까?

모피(fur, 퍼)는 털이 비교적 긴 동물의 가죽을 뜻한다. 모피 사육장에서 키우는 동물은 주로 여우, 밍크, 너구리인데, 매년 수천 마리 이상이 죽임을 당한다. 업자는 모피를 얻기 전까지 동물들을 비좁은 철창 안에 가두어 기르다가 털이 가장 윤기 나고 풍성한 시기가 오면 가차 없이 죽인다. 야생에 사는 바다표범과 코요테뿐만 아니라, 반려동물로 키우는 토끼와 고양이, 개로부터도 모피를 얻는다. 특히, 개나 고양이는 모피 생산을 위해 매년 수백만 마리 이상이 죽임을 당한다. 고양이 모피는 주로 유기된 고양이와 이들이 낳은 새끼로부터 얻는다. 대만의 길거리에서는 십여 마리 고양이 가죽을 이어 붙여 만든 조끼를 수백 대만달러에 팔기도 했다. 중국에서는 길고양이를 잡아먹은 후, 남은 가죽으로 조끼, 바닥 깔개(모피 섶여 장을 이어 붙여 방한용 깔개를 만듦, 128쪽 사진 참고)를 만들었다. 그리고 중국과 폴란드 여우 사육장에 가보면 철창에 갇혀 사육되는 개들이 있다. 이 개들도 겨울이 되면 여우와 마찬가지로 가죽이 벗겨질 처지에 놓인다. 모피 가공 과정에서 DNA가 파괴되므로 어떤 동물의 가죽으로 만들었는지 파악하기 어렵다. 또 상품 라벨에 제대로 표기하지 않거나, 인조 가죽이나 다른 동물의 가죽으로 표기하기도 한다.

추위를 견디기 위해 사냥한 동물의 가죽을 벗겨 몸에 걸치던 과거와 달리, 이제 모피는 더 이상 생존을 위한 필수품이 아니다. 그래도 여전히 의류 장식이나 가방 액세서리, 머리장식, 귀걸이, 부츠 장식, 고양이 낚싯대, 카펫, 털 달린 장난감 등을 만드는 재료로 활용된다. 하지만 이 사실을 아는 사람은 별로 없다. 의류에 들어가는 모피 장식은 대개 라벨에 표기되지 않기 때문이다. 게다가 가격도 저렴해서 의심하기가 어렵다. 판매원도 사정을 모르는 건 매한가지라서 인조 모피가 들어갔다고 잘못 알려준다. 그렇게 우리가 모르는 사이에 모피 장식품은 세계 어디서나 흔히 볼 수 있는 상품이 됐다. 그리고 이를 위해 매년 수천만 마리의 동물이 죽음을 맞고 있다.

2005년, 중국은 세계 최대 모피 가공국이 됐다. 중국 도매 시장에 가면 상인들이 살아 있는 여우나 너구리를 바닥에 내동댕이친 다음, 몽둥이로 머리를 치거나 발로 목덜미를 짓밟는다. 그리고 숨이 채 끊어지기도 전에 가죽을 벗겨낸다. 이런 모습을 촬영한 영상을 인터넷에서 어렵지 않게 볼 수 있다. 내가 모피 문제를 연구하기 시작했을 때쯤, 중국은 이미 세계 주요 모피 가공국이었다. 또한 세계 최대 모피동물 사육국(2014년 기준, 전 세계의 밍크 모피 생산량 중 56%를 차지함)이자 최대 소비국이 되었다. 중국에서 생산한 모피 중 약 80%가 국내 시장에 유통되고, 나머지는 해외 시장(주로 의류 액세서리나 털모자 등을 만듦)에 수출된다. 한편, 세계 최대 모피 수입국이기도 한 중국은 매년 해외에서 수입한 고품질 모피를 가공해서 고가에 판매하기도 한다.

나는 모피산업을 연구하던 중, 모피 사육장이 대규모화되고 있다는 사실을 우연히 발견했다. 심지어 초대형 규모로 발전하는 중이었다. 일례로 다롄(大連)에는 밍크 약 25만 마리를 수용할 수 있는 세계 최대 규모의 밍크 사육장이 들어섰다. 이런 사육장은 보통 중외합자 형식으로 운영되며, 국외에서 기술과 설비, 기술자 등을 도입하는 것이 보편적이다. '중국에서 입수할 수 있는 모피산업 관련 자료가 더 이상 없다면, 국외로 나가 직접 조사해보는 건 어떨까?' 나는 서둘러 북유럽 모피산업 현지조사를 위한 준비에 착수했다. 먼저 나와 가치관이 비슷하고 동물에 관심 있는 자원봉사자 타오쯔에게 동행을 부탁했다. 그다음 북유럽의 동물보호단체, 자원봉사자들과 소통하며 구체적인 계획을 세웠다. 당시 나는 박사 과정을 밟고 있었다. 반년 후, 여름 방학을 맞은 나는 중국 모피산업의 진상을 파헤치고자 북유럽으로 향했다.

잠입 조사를 위해 지구 반 바퀴를 날아가다

"현재 모피보다 더 민감한 문제는 없을 거예요!" 쑤페이펀 교수가 말했다. 가죽이 벗겨진 동물이 피로 뒤범벅된 자신의 몸을 돌아보는 잔인하고 끔찍한 영상이 인터넷에 퍼진 지도 벌써 수년이 지났다. 지금은 일반 대중들 사이에도 '모피는 필수품이 아니다.'라는 인식이 깔려 있다. 특히, 서양 사회에서는 지난 수십 년 동안 모피산업과 패션업계를 향한 비난의 목소리를 멈추지 않았다. 반면, 아시아는 모피산업 연구자와 활동가가 적은 편이었다. 이런 상황에서 북유럽으로 날아가 모피산업을 연구 조사한다면 어느 정도 성과를 거둘 수 있으리라 자신했다. 현재 많은 사람들이 모피산업에 반대하고 있지만, 정작 이를 연구하는 학자는 소수라서 현장으로 날아가 조사할 인력이 턱없이 부족했다. 물론, 나처럼 사비를 털어 북유럽으로 모피산업 조사를 떠나는 사람이 아예 없지는 않겠지만, 매우 드물 것이다.

북유럽으로 출발하기 전, 나는 현지인들의 이목을 끌지 않기 위해 '중국에서 온 젊은 여성 관광객'인 척 위장하기로 했다. 가짜 명함과 녹음기도 준비했다. 한편, 현지에서 중국 모피상을 만났을 때는 대만에서 온 관광객 행세를 하기로 했다. 이렇게 하면 절대 업자들의 의심을 사는 일이 없으리라 생각했다.

우리는 핀란드와 덴마크의 모피 경매 일정에 맞춰 떠나기로 했다. 그리고 그 시기에 참관할 수 있는 모피 사육장에도 연락해 방문 날짜를 잡았다. 마지막 일정은 노르웨이로 가서 모피와 관련된 부수적인 문제를 연구하기로 했다. 핀란드의 수도 헬싱키로 떠나기에 앞서, 우리는 모피 경매회사에서 해외 모피수입상에게 지정한 숙소를 알아내려 했다. 하지만 동물보호 활동가들이 수시로 찾아와 항의하는 문제로 숙소 정보를 외부에 공개하지 않았다. 우리는 현지 자원봉사자의 도움으로 시내 중심에 있는 한 호텔에 머물기로 했다. 우리의 행동 개시일은 경매 시즌 첫날이었다.

당시 북유럽은 여름이었지만 날씨가 제법 쌀쌀했다. 우리가 헬싱키에 머무는 동안 장마철 폭우 같은 비가 시도 때도 없이 쏟아졌다. 창을 두드리는 세찬 빗소리는 마음을 심란하게 했다. 하지만 그 덕분에 우리의 불안한 행색이 남들의 시선을 끌지 않으리라 생각했다. 우리는 비를 피하러 호텔에 들어온 척하며 로비 앞을 지나다니는 사람들을 관찰했다. 특히, 남성들의 표정을 유심히 살피며 우리가 말을 걸었을 때 어떻게 반응해줄지를 속으로 가늠해봤다.

"담배 한 대 좀 빌려주실래요?" 타오쯔가 호텔 밖에서 담배를 피우는 남자에게 접근했다. 타오쯔는 긴 생머리에 트렌치코트를 입고 있었다. 옷차림은 소박하고 수수했지만, 눈 밑에 그린 은색 아이라인 때문에 생기발랄해 보였다. 타오쯔는 활발하고 싹싹한 성격이라 무슨 일이든 안심하고 맡길 수 있었다. 마침 식사 시간이기도 해서 나는 호텔 근처에 갈 만한 중식당이 있는지 주변에 물어보고 다녔다. 그렇게 한 15분쯤 서성거렸을까, 저쪽에서 걸어오던 중국인 무리 중에 20대 정도 되는 남자가 우리에게 말을 걸어왔다. "우릴 따라와요!"

우리는 지하도와 상가 거리를 지나 한 중식당에 도착했다. 식당 안에는 중국 각지에서 온 수십 명의 모피수입상들로 북적였다. 허베이성, 산둥성, 둥베이 3성(지린성, 랴오닝성, 헤이룽장성-옮긴이) 말고도, 광둥성과 홍콩에서 건너온 업자들도 있었다. 이 사람들 모두 중국 모피산업의 중심지라고 불리는 곳에서 왔다. 주위를 둘러보니 중국식 원형 테이블마다 각 무리의 리더 격으로 보이는 사람이 한 명씩 앉아 있었다. 이들은 모두 남성이었다. 참고로, 중국의 허베이성은 여우와 너구리의 주요 사육지이자 주요 가공 기지이고, 산둥성은 밍크 사육의 중요 기지다. 둥베이 3성은 모피동물 사육업뿐만 아니라, 모피 소비 중심지로도 유명하다. 그래서 백화점 형태의 모피 전문 판매점인 '피차오청(皮草城)'이 시내 곳곳에 자리하고 있다. 광둥성은 주요 모피 가공 기지이며 홍콩은 모피무역의 거점 역할을 맡았다. 외국에서 생산한 모피는 대부분 홍콩을 거쳐 중국에 수입된 후 가공 판매된다. 모피상들은 지역별로 연맹을 결성하거나, 소그룹을 만들어 각자 맡은 역할을 수행했다. 이들은 전 세계 주요 모피경매장을 찾아다니느라 1년 중 100일 이상을 해외에서 체류했다.

우리는 정체를 숨기고 모피상들 틈에 섞여 앉았다. 다행히 우리 테이블은 다른 테이블과 적당히 거리가 있으면서도 대화를 엿듣기에 충분한 자리였다. 중국 지방 사투리에 익숙하지 않은 타오쯔 대신 내가 이들의 대화를 듣고 요점만 간략하게 정리해 문자로 보내주기로 했다. 방금 전 모피경매장을 빠져나온 사람들은 피곤했는지 일 얘기는 그만하고 쉬고 싶은 눈치였다. 술잔이 세

바퀴 정도 돌았을 때쯤, 우리는 상투적인 수법을 써보기로 했다. 모피상 중에 젊은 축에 속하는 샤오마오에게 밖에 비가 많이 오고 길도 낯설어서 어디를 가면 좋을지 모르겠다고 했다. 그러자 샤오마오는 견문도 넓힐 겸 함께 카지노에 가자고 했다. 샤오마오는 나이도 젊고 피부도 하얬다. 두 눈은 이제 갓 대학을 졸업한 학생처럼 초롱초롱해서 정직하고 솔직하다는 인상을 줬다. 그래서일까 먼 이국땅에서 고향 친구를 만난 듯 반가운 마음마저 들었다.

나는 카지노 방문이 처음이었다. 그래서 데스크를 통과할 때 여권을 검사한다는 사실도 알지 못했다. 데스크 직원이 내 개인 정보를 등록할 때, 옆에서 중년의 모피상이 무표정한 얼굴로 내 여권을 빤히 쳐다봤다. 이름을 외울까 봐 무서웠던 나는 재빨리 머리를 굴렸다. 사진이 너무 못 나와 보여주기 부끄럽다며 여권을 빼앗듯 돌려받았다. 이 업계에서 나이가 지긋한 사람들은 대체로 말수가 적고 근엄한 분위기를 풍겼다. 더러 상냥하고 친절한 사람도 있었지만, 입이 무겁기는 매한가지였다. 이와 달리, 20, 30대 청년들은 우리에게 스스럼없이 말도 걸며 관심을 표현하기도 했다. 타오쯔는 이런 사람을 어떻게 상대해야 하는지 잘 알았다. 상대를 치켜세우면서 아무것도 모르는 척 이것저것 물어봤다. 몇 시간 후, 샤오마오가 내일 경매장에 가서 세상 구경을 좀 하는 게 어떠냐고 제안했다. "거기 가면 먹을 것도, 마실 것도 있어. 전부 다 공짜야. 어디 가야 할지 못 정했으면 거기 가보는 게 어때?"

경비가 삼엄한 경매장 안으로

그날 밤, 나와 타오쯔는 돌발 상황에 어떻게 대응할지 반복 연습을 하느라 밤을 꼬박 새다시피 했다. 다음 날 아침, 우리는 샤오마오가 알려준 호텔 정문 앞에서 경매장행 버스에 올랐다. 버스가 정차한 곳은 낯선 시골에 위치한 화물창고 앞이었다. 창고 안에 들어가려면 출입증이 필요했다. 순간 나는 당황해서 어쩔 줄을 몰랐다.

내가 머뭇거리는 사이 타오쯔는 사람들 틈에 끼어 입구를 순식간에 통과하더니 태연한 표정으로 나를 돌아봤다. 별안간 외톨이가 된 나는 두려움이 배가됐다. 비가 퍼붓는 이런 궂은 날씨에 고속도로 옆 화물 창고 밖에 아시아 여성이 혼자 멀뚱히 서 있으면 수상하게 여기지 않을까? 가뜩이나 이곳은 세계에서 경비가 삼엄한 곳 중 하나로 손꼽히는 모피경매장 앞이었다. 데스크 앞 직원은 모니터로 창고를 출입하는 모피수입상을 수시로 확인하고 있었다. 직원과 모피수입상들은 서로 안면이 있는 듯했다. 그도 그럴 것이 세계 모피산업 시장이라는 좁은 울타리에서 활동하는 모피수입상을 전부 합쳐 봤자 백여 명 정도밖에 되지 않았다. 나는 서둘러 고개를 흔들며 이를 악물었다. 그리고 낯선 사람의 등 뒤에 바짝 붙은 채 입구 쪽으로 향했다. 다행히 직원에게 들키지 않고 검문대를 통과하는 데 성공했다.

나는 화장실에 들어가 심호흡을 하고 나온 후, 타오쯔와 검피실(모피의 품질을 검사하는 곳)로 들어갔다. 끝이 보이지 않을 정도로 엄청 넓은 공간이었다. 흰 가운을 입은 검피 직원은 대부분 중국에서 온 모피수입상으로 모피를 고르는 안목이 출중했다. 이들은 작업대마다 낮게 달린 형광등에 모피 다발을 비춰보며 꼼꼼하게 검사했다. "저건 사육장에서 키우던 돼지로 만든 가죽이에요." 돌아보니, 나와 나이대가 비슷해 보이는 대만 남자였다. 그는 우리 옆에 있는 사람 키만 한 크기의 모피를 가리키며 파란여우(blue fox)라고 친절하게 알려줬다.

비참한 운명의 몬스터 여우

야생 여우의 체중은 보통 2.5~3kg 정도다. 하지만 업자들은 더 큰 모피를 얻고자 인위적으로 유전자를 선별한 다음 고지방 사료를 먹여 키운다. 이렇게 사육된 파란여우(북극여우의 변종)는 무려 16~19kg이나 나간다. 정상 체중의 6배에 달하는 무게다. 파란여우는 빽빽하게 자란 털의 무게에 짓눌려 일어서거나 걷지도 못할 뿐만 아니라 눈도 제대로 뜨지 못한다. 전염병에도 취약하다. 언론에서는 생김새가 괴상하다는 이유로 '몬스터 여우(monster fox)'라고 부른다. 파란여우는 주로 핀란드에서 사육되는데, 이 모피의 주요 구매자는 중국인이다. 경매장 직원이 알려주길 이곳에 있는 파란여우 모피의 약 90%가 중국에 수출된다고 했다. 사실 핀란드 정부는 일찍이 동물복지 규정에 어긋나는 방식으로 파란여우를 사육하는 행위를 법으로 금지했다. 하지만 업자들은 이를 준수하지 않고 크고 무거운 파란여우를 키워내는 것을 여전히 자랑스럽게 여겼다. 안타깝게도 이 나라에서도 동물보호법이 제대로 작동하지 않는 듯했다.

<u>1</u>
2

1 모피경매장 안 풍경. 모피수입상은 대개 중국인과 한국인이었다.

2 경매장 앞 로비에 최신 트렌드 모피 상품들을 전시해놓았다. 카펫,
어린이 장난감, 조끼, 그리고 여우 모피로 만든 토끼 인형도 있다.

1 1 핀란드 동물복지단체 '동물을 위한 정의(Oikeuttaeläimille)'
2 가 사육장에서 촬영한 파란여우. 파란여우는 움직이기조차 힘들
정도로 몸집이 크고 무거운 탓에 각종 질병에 시달리고 있다.

2 검피실 안 풍경.

2016년부터 중국 모피업자들은 매년 살아 있는 파란여우를 수입한 후에 육종(育種, 인간이 임의로 동물의 품질을 개량해 이용가치를 높이는 일-옮긴이)하여 번식시켰다. 핀란드에는 이들과 거래 중인 사육장이 몇 곳 있었다. 핀란드 현지 업자들은 중국 모피동물 사육업의 성장에 상당한 위기의식을 갖고 있었다. 그래서 현지 협동조합에서는 살아 있는 여우를 중국 사육장에 넘길 경우 조합원 자격을 박탈하겠다고 엄포를 놓았다. 그러나 2020년에도 중국과 핀란드 업자의 살아 있는 동물 거래는 계속 이어졌다. 그 바람에 중국과 거래 중인 업자와 협동조합 사이가 한때 경직되기도 했다. 사료업자가 사료 공급을 중단하는 사태로 치달으면서 일부 사육장의 파란여우들이 굶어죽을 위기에 놓이기도 했다. 얼마 후, 동물복지 실태의 심각성이 핀란드 전역에 대대적으로 보도됐다. 그 결과 모피업자와 줄곧 대립하던 동물보호 활동가들이 돌연 협동조합과 같은 편에 서서 살아 있는 동물의 수출 반대에 찬성하는 이례적인 상황이 펼쳐졌다.[1]

눈앞에 있는 대만 남자는 약간 살집이 있는 체격으로 줄무늬 셔츠 차림에 머리를 왁스로 말끔하게 넘긴 상태였다. 그의 말투는 타이베이 번화가에서 자주 보던 젊은이들 말투와 똑같았다. 얼굴은 젖살이 빠지지 않고 전부 나잇살이 되어 후덕해진 느낌이었다. 방금 전 그가 말한 몬스터 여우와 조금 닮아 있었다. 나는 우리 말고 대만인이 또 있을 줄은 생각지도 못했다. 대만의 모피산업은 중국과 어떤 연관이 있는 걸까? 세계 모피무역에서 대만은 무슨 역할을 맡고 있는 걸까? 나는 아는 게 아무것도 없었다.

그것보다 지금은 갑자기 불쑥 나타난 대만 업자가 더 문제였다. 홍콩과 중국 모피업자를 만날 때는 위챗 같은 SNS를 일체 하지 않는다고 둘러대거나 언어나 생활방식의 차이를 핑계로 위기 상황을 넘겼다. 또 상대가 어떻게 나오는지에 따라 대응하며 적당하게 치고 빠져나갔다. 하지만 대만 업자는 이들과 달랐다. 대만에는 모피업자도 적지만, 동물보호 활동가는 더 드물어서 잘못하면 정체를 의심받을 수 있었다. 나는 중국 북방 사투리를 구사하면서 대만 특유의 억양이 섞이지 않도록 각별히 조심했다.

애니메이션에 나오던 그 너구리는 지금 어디 있을까?

파란여우 모피 구역을 지나자, 갈색과 검은색이 뒤섞인 너구리 모피가 걸린 이동식 옷걸이 수십 개가 길게 늘어서 있었다. 대만 업자는 대수롭지 않아 했지만, 나는 엄청난 양의 너구리 모피를 보고 깜짝 놀랐다. 이 모피는 '핀란드 라쿤(Finnish raccoon)'이라고도 불리는 '라쿤도그(raccoon dog)'로 라쿤(또는 미국너구리라고 부름-옮긴이)과 생김새가 비슷했다. 그래서 동아시아에서는 이 품종을 수입하고 번식시켜 모피를 생산했다. 요즘 사람들은 너구리란 동물을 알고 있기는 하지만 정확히 어떻게 생겼는지는 잘 모른다. 중국 북방 지역이 원서식지인 이 동물은 우리에게 그리 친숙한 동물은 아니다. 일본 현지에 놀러 가면 술병을 들고 빵빵한 배를 드러낸 동물 캐릭터를 자주 볼 수 있는데, 이 동물의 정체가 바로 너구리이다. 이들은 동아시아에 널리 분포하며 사람과 마찬

가지로 주로 물가 근처나 낮은 구릉에 사는 것을 좋아한다. 하지만 도시 개발로 생활 터전을 뺏기면서 숲으로 쫓겨났다. 1994년에 개봉한 지브리 스튜디오의 애니메이션 〈폼포코 너구리 대작전 (平成狸合戦ぽんぽこ)〉에서도 이런 내용을 다루고 있다.

유럽에서는 식용 목적으로 키우는 개과 동물이 종종 사육장을 도망쳐 나와 물에 사는 어류와 갑각류 외에 작은 포유류와 조류도 잡아먹었다. 이들은 특히 현지 사냥꾼에게 눈엣가시와도 같았다. 문제가 심각해지자 유럽연합은 몇몇 개과 동물을 '외래 침입종'으로 공식 지정했다. 핀란드 정부는 한 발 더 나아가 누구든, 어떤 방식으로든 너구리를 죽일 수 있는 법을 제정했다. 유럽 국가 대부분은 모피산업이 생태계를 위협한다는 사실을 인지하고 모피동물 사육을 금지하는 방향으로 나아가고 있다. 현재 너구리 사육이 합법화된 나라는 핀란드와 폴란드밖에 없다. 사육 너구리는 오직 가죽이 벗겨질 때만 철창을 벗어나도록 엄격하게 관리된다. 필사적으로 사육장을 도망쳐 나온 몇몇 개체도 결국 인간의 손에 붙잡혀 눈 깜짝할 사이에 비참한 운명에 처해졌다.

모퉁이에 따로 설치된 옷걸이에는 어두운 갈색을 띠는 모피 수십 개가 걸려 있었다. 나는 어떤 동물인지 짐작이 가지 않았다. 모피를 펼쳐보니 내 팔 길이만 했다. 모피 이곳저곳에 난 동전 크기만 한 구멍과 상처를 발견한 나는 고개를 갸웃거리며 대만 남자에게 물었다. "이건 대체 왜 이런 거죠?" 다른 모피를 살펴봐도 역시 마찬가지였다. 심지어 어린아이 주먹만 한 구멍도 있었다. 곧이어 내 뇌리에 무언가 번뜩 스쳐 지나갔다. '이건 검은담비

	1
2	3

1 경매장에 전시된 너구리 모피. 핀란드 정부는 너구리 사육의 규모화를 허가했다.
또한 이 종이 '개'가 아니라 생태계를 위협하는 침입종일 뿐이라는 인식을 심기
위해 의도적으로 '라쿤개'라는 영문명 대신 '핀란드 라쿤'이라고 불렀다.

2 1,000만 개에 달하는 모피가 전시된 경매장 안에서 만난 한 업자가 흰색 밍크
모피를 우리에게 보여주고 있다.

3 경매장에 전시된 검은담비 모피.

(Martes zibellina)야!' 검은담비는 생산량이 적어 모피 중에 가장 고가에 거래됐다. 알고 보니, 모피에 난 구멍들은 비좁은 철창에서 갇혀 지내던 담비들이 반복되는 일상에 지쳐 서로 물어뜯고 싸우다가 난 상처였다. 살아 있을 때 생긴 상처가 이렇게 낙인처럼 영원히 남게 된 것이다.

녹초가 된 몸을 이끌고 돌아가다

북유럽에 오기 몇 달 전, 나는 언론기자와 학생의 신분으로 경매장에 연락을 시도한 적이 있었다. 사실 처음에는 모피산업 관계자들과 인터뷰를 진행할 계획을 세웠다. 이를 위해 가짜 명함도 만들었다. 그러나 모피산업의 특수성 때문에 공개적으로 연락할 경우 인터뷰가 순조롭지 않으리라 예상했다. 설령 인터뷰가 성사되더라도 '우리는 인도적으로 운영되는 모피 사육장이다.', '이 사육장에서는 동물복지가 잘 이루어지고 있다.', '우리는 윤리적 방식으로 모피를 생산한다.' 같은 서로 상반된 개념이 혼재된 통상적인 답변만 듣게 될 것이 뻔했다. 얻을 수 있는 정보도 극히 제한적일 것이다. 그러다 경매장과 사육장, 연구기관에 들어갈 기회를 얻으면서 원래 계획을 취소했다. 그래도 모피산업 내 주요인물에 대한 기본 정보와 용모를 전부 파악해둔 상태였다. 거의 온종일 경매장 안에만 있다 보니 나는 이들과 몇 번이고 마주칠 수밖에 없었다.

질 좋은 모피가 높은 복지수준을 의미하는가?

많은 사육업자가 '상품'의 품질 유지를 위해 최고의 동물복지를 제공한다고 입버릇처럼 말한다. 얼핏 들으면 일리가 있는 듯하지만, 사실 이 말에는 심각한 오류가 존재한다. 사육 중인 동물이 죽거나 다치거나 병에 걸리면 업자는 피해를 본다는 점이다. 모피동물을 예를 들자면 모피를 벗기기 전에 동물이 죽거나, 모피가 흠집투성이라면 사육업자는 금전적 손해를 입는다. 그렇다 보니 우수한 품질의 모피는 대체로 파란여우처럼 열악한 환경에서 사육된 경우가 많다. 결국 모피 품질은 동물복지 수준과 직접적 연관성이 있다고 보기 어렵다. 정비례 관계는 더더욱 성립할 수 없다.

경매장은 업무 진행 속도가 빨라서 점심시간 외에는 대부분의 사람들이 검피실이나 경매장 안에 있었다. 북유럽에 있는 모든 모피 사육장은 핀란드의 '사가 퍼(Saga Furs)'와 덴마크의 '코펜하겐 퍼(Kopenhagen Fur)'의 합작 형태로 운영된다. 여기서 공개한 통계자료만 봐도, 모피 등급 관리부터 저온 운송까지 모든 과정이 상당히 체계적임을 확실히 알 수 있었다. 또한 경매장에 직접 가지 않아도 거래 진행 상황을 온라인으로 바로 확인할 수 있었다. 우리는 어렵게 얻은 기회인만큼 모피 거래 현황을 조사하기보다 모피상과 직접 접촉하며 중국과 북유럽 모피산업의 상호작용을 알아보기로 했다.

나와 타오쯔는 남들처럼 음식도 먹고, 가벼운 대화도 나누고, 화장실도 다녀오며 최대한 자연스럽게 행동했다. 그러면서 틈틈이 휴대폰으로 경매장 내부 사진을 찍고 사람들의 대화를 몰래 녹취하기도 했다. 경매장에 있는 시간이 점점 길어질수록 몸도 마음도 지쳐갔다. 그도 그럴 것이 우리는 끊임없이 대화를 할 만한 중국 모피수입상을 물색하며 다녔다. 적당한 대상을 찾으면 어떤 대화를 나눌지 생각할 뿐만 아니라 상대가 어떤 억양을 구사하는지도 파악한 다음 접근했다. 한편, 녹음기 상태도 틈틈이 확인하면서 남들의 이목을 끌지 않도록 조심해야 했다. 저녁 무렵이 되었을 때는 그야말로 녹초가 되었다. 이곳은 우리에게 호랑이 소굴이나 다름없었다. 어떻게든 살아서 나가기 위해 정신을 바짝 차렸다. 경매가 끝날 시간이 다가오자 창고 앞에 시내로 가는 버스들이 모여들었다. 잠시 후, 창고 밖으로 사람들이 우르르 빠져나갔다. 나와 타오쯔는 잠시 헤어진 다음 낯선 사람들 사이에 뒤섞여 버스에 올라탔다. 빗길 위를 달리는 버스 안에서 나는 내가 무슨 생각을 하는지 들킬세라 눈을 꼭 감은 채 어서 빨리 숙소에 도착하기만을 기다렸다.

모피산업의 기원으로 거슬러 올라가다

핀란드에서의 마지막 일정을 위해 우리가 도착한 곳은 어느 시골 기차역이었다. 약속한 시간보다 일찍 도착한 바람에 근처 지방 동물원에 잠시 들르기로 했다. 세계 어디를 가도 동물원은 보통 지하철역이나 기차역 주변에 자리 잡고 있었다. 우리는 무료로 관람할 수 있는 동물들만 구경했는데, 오후 시간이라 그런지 한껏 늘어진 동물들의 모습이 참으로 평온해 보였다. 그와 반대로 내 심장은 미친 듯이 두근거렸고, 손발도 차갑게 식어갔다.

약속한 시간에 맞춰 기차역으로 돌아가자, 일흔 살 정도로 보이는 '박사'가 나타났다. 박사는 핀란드의 모피산업에 대해 깊이 연구한 학자였다. 큰 키에 곱슬곱슬한 백발의 그녀는 만면에 미소를 짓고 있었다. 박사는 우리를 데리고 역 주변을 구경시켜준 후에 차를 어디에 세웠는지 깜박 잊어버렸다. 이 일은 나를 더욱 긴장시키고 말았다. 이곳을 찾아온 진짜 목적을 들킬까 봐 걱정이 되어 박사가 하는 소소한 잡담에도 집중하지 못했다. 나는 간간이 타오쯔에게 걸음을 늦추라고 눈짓을 보냈다. 그리고 타오쯔와 귓속말을 나누며 마음을 진정시켰다.

박사의 집에 도착하자 휠체어를 탄 그녀의 아들이 우리를 따뜻하게 환영해주었다. 핀란드에서 유명 학자인 그녀는 수십 년 전 핀란드 소형 농가의 모피 사육장과 사회의 발전을 주제로 박사 학위 논문을 썼다. 당시 모피산업은 공업화와 자본화를 거쳐 대형 사육장으로 변모하는 중이었다. 박사는 모피산업이 지역사회와 환경과의 상호 작용이 부족하다며 우려를 나타냈다.

"혹시 생선 괜찮으세요? 훈제 연어를 준비했는데." 박사가 팥 수프를 갖다 주며 물었다. 이 간단한 질문에 우리는 순간 멍해졌다. 우리 둘 중에 '어리숙한' 역할을 맡은 나는 그렇다 치더라도, 타오쯔까지 아무 대답도 못 할 줄은 몰랐다. 국외로 조사를 나가게 되면 외국인이라서 불편하다는 단점도 있지만, 가짜 신분이 들통 날 위험이 거의 없다는 장점도 있었다. 이를테면 현지 말도 할 줄 모르고 영어 실력도 좋지 않다고 핑계를 대며 동료와 모국어로 소통해도 의심을 사지 않았다. 나와 타오쯔의 경우에는 중국어나 대만어를 섞어 쓰는 게 자연스러울 것이다. 사실 타오쯔는 인생의 반 이상을 유럽에서 살았고, 또 영어를 쓰는 게 중국어보다 훨씬 편했다. 그 덕분에 핀란드를 돌아다니는 내내 불편함을 전혀 느끼지 못했다. 한편, 나는 영어가 서투른 척 의사소통을 타오쯔에게 전적으로 맡겨놓고 생각할 시간을 벌곤 했다. 가끔은 영어를 아예 못 알아듣는 척하며 타오쯔와 중국어로 상의할 때도 있었다.

"생선 드시나요?" 박사가 미리 준비한 음식을 나르며 다시 한번 공손하게 물었다. "물론이죠! 안 먹을 리가 없죠!" 그러자 박사가 타오쯔 앞에 연어를 내려놓았다. "살라 투오미바라(Salla Tuomivaara)는 유명한 동물권 운동가예요. 핀란드에서 모르는 사람이 없을 정도죠. 두 분이 살라의 소개로 왔다기에 채식주의자일지도 모른다고 생각했어요……." 박사는 우리 뒤쪽에 있는 책장에서 책 한 권을 꺼내더니 나에게 건넸다. 알고 보니, 살라가 이십 대 초반에 쓴 책이었다. 살라는 내가 베이징에 살았을 때 사귄 친구였다. 당시 동정 피로와 의욕 상실로 힘든 시간을 보내던 중에 잠시 중국에 머물고 있던 살라를 만났다. 살라는 내가 아는 사람들 중에 가장 어린 나이에 동물보호에 뛰어든 사람이었다. 그녀는 이미 십대 시절부터 '동물왕국(Animalia)' 같은 동물보호단체에서 발행한 팸플릿을 학교 친구들에게 나눠주곤 했다. 그러다 고등학생 때 정식 사회운동가가 되어 본격적으로 활동하기 시작했다.

이번에도 타오쯔가 나보다 한발 빨리 반응했다. "우리도 다른 사람을 통해 살라에게 연락한 거예요. 친분이 전혀 없어요.", "살라도 꼭 한 번 만나보고 싶네요." 나도 옆에서 한마디 거들었다.

글로벌 시대의 모피무역

"정말 맛있어요!" 타오쯔가 황급히 화제를 돌린 덕분에 곤란한 상황에서 벗어날 수 있었다. 나는 속으로 타오쯔에게 감사를 표했다. 그녀도 나처럼 채식주의자였지만, 짐짓 아무렇지 않은 척 자연스럽게 연어를 씹어 삼켰다. 식탁 위에는 훈제 연어 외에도 팥수프와 옥수수수프, 그리고 갖가지 빵과 잼이 놓여 있었다. 타오쯔는 박사에게 내가 불교 신자라고 소개했다. 물론 거짓말이었다. 잠시 후, 박사가 두꺼운 자료집 두 권을 가져왔다. 겉표지에 먼지가 뽀얗게 쌓인 것을 보니 꽤 오랫동안 펼쳐보지 않은 것 같았다. 그녀는 우리가 먹는 모습을 지켜보며 자료집 한 권을 펼쳐들었다. "1989년쯤에 중국 정부도 자국의 모피산업을 발전시키려고 했는데 방법을 몰랐죠. 그래서 모피동물 사육법에 대한 자문을 구하려고 핀란드 모피업자들을 그쪽으로 초대했어요." 박사가 말했다. "그쪽이요? 거기가 어디죠?" 내가 물었다. "음, 한번 찾아볼게요……." 박사가 명함집을 이리저리 살펴봤다. 수십 년 전에 중국에서 만든 영문 명함이라 그런지, 글씨체가 어딘지 부자연스러웠다. 박사가 명함 한 장을 꺼내 나에게 건넸다. "헤이룽장성." 나는 명함에 적힌 글자를 작게 소리 내어 읽었다. "맞아요! 거기

활발한 성격의 동물권 운동가 살라와 나, 그리고 소 라테(Late)와 함께 보호소에서
찍은 사진. 대부분의 소는 이렇게 몸집이 커지기도 전에 도축장으로 끌려간다.
아마 라테는 핀란드에서 몸집이 가장 큰 소일 것이다.

에요!"박사가 말했다. "나도 초대를 받았었죠. 우리는 거기서 모피동물 전용 사육장을 만드는 방법을 알려줬어요." 박사가 오래된 앨범 한 권을 내게 내밀었다. 나는 사진에 찍힌 사람들을 천천히 살펴보며 흥분을 가라앉히려고 애썼다. 사진 속 배경은 시범 사육장 같았는데, 지금과 비교해도 상당히 깔끔한 편이었다. 다만, 핀란드 모피업자들의 방문을 기념해 찍은 사진이다 보니 사육장의 규모를 짐작하기에는 조금 어려웠다.

우리가 이 주제에 흥미를 보이자 박사는 책장을 뒤지더니 하얀 파일 하나를 꺼내 들었다. "이건 중국에 갈 때 가져갔던 거예요. 중국어로 제작했죠." A4용지 크기의 종이 파일이었는데, 겉면에 갈색 밍크 사진이 인쇄돼 있었다. 대충 훑어보니, 페이지당 사진 두 장 정도가 붙어 있었다. 사진 밑에는 사육용 철창과 좋은 품종을 고르는 법부터 '모피란 무엇인가'라는 설명까지 모피 사육장을 운영할 때 알아야 할 기본 지식이 적혀 있었다. 우리가 중국에서 동물보호 활동을 할 때 나눠주던 '캠페인 키트'와 비슷한 형식으로 제작됐지만, 사용 목적은 정반대였다. 순간 나도 모르게 쓴웃음이 나왔다.

"이 사람들과 계속 연락하고 지내시나요?" 내가 물었다. 이 인자한 얼굴의 노부인이 지금도 모피업자들과 연락을 주고받는다면 우리에 관해 실수로 말을 흘릴 수도 있었다. 나는 조사에 차질을 빚을까 봐 걱정됐다. "아니요, 중국을 떠난 뒤로는 한 번도 연락한 적이 없어요." 핀란드의 모피산업도 그렇지만, 중국의 모피 사육장도 이제 국제 모피무역 시장에서 무시할 수 없는 위치에 있다. 과거 전통사회에서 농가마다 소규모로 동물을 사육하던 협동조합 방식은 이미 사라진 지 오래였다. 중국은 300마리 이하 여우 또는 너구리, 1,000마리 이하 밍크를 사육하는 곳도 사육농가로 분류했다. 하지만 최근 몇 년 사이에 이런 농가 사육장도 감소하는 추세다.[3] 대신 육종부터 사육, 박피, 가공, 의류 디자인, 패션브랜드 제작, 판매점까지 모든 공정이 긴밀하게 연결된 대규모 산업으로 발전했다. 중국 북방 출신의 츠야가 알려주길, 1996년부터 3~4년 동안 허베이성 바이오딩 일대 농가는 너구리를 십여 마리씩 키웠다고 한다. 매해 연초가 되면 상인이 농가를 다니며 새끼 너구리를 맡겼다. 겨울이 오면 가죽을 벗기러 오겠다고 약속했지만, 농민들은 상인이 올 때까지 기다리지 않고 너구리를 잡아먹어버렸다. "맛은 없었지만 그냥 먹었대." 츠야는 이런 농민을 믿고 거래하기 어렵다고 했다. 이제는 핀란드나 중국에서 농가 사육장을 찾아보기 힘들다. 박사가 칭송하던 지역 사회와 상생하는 농촌 유토피아는 대체 어디에 존재하는 것일까?

우리는 사우나가 딸린 전형적 핀란드식 공동 주택에서 나와 박사의 배웅을 받으며 다시 기차역으로 향했다. 박사는 졸업 후 연구 논문에 대해 물어보러 찾아온 손님이 우리가 처음이었다는 뜻밖의 사실을 알려줬다. 그리고 40년 전을 떠올리며 감상에 젖었다. "중국의 모피사육업이 이렇게 달라질 줄은 꿈에도 몰랐어요." 나는 기차에 오른 후, 이번 방문을 통해 얻은 귀중한 자료를 펼쳐 들었다. 바로 1980년대에 핀란드인이 중국 업자를 위해 특별 제작한 교본이었다. 나는 다정하고 친절한 박사가 이 모든 비극의 원흉이라고 생각하고 싶지 않았다. 그렇다면 대체 누구의 잘못인 것일까?

핀란드 농림부와의 면담

살라는 내가 핀란드에 머무는 동안, 농림부에서 주최한 강연에 참가할 수 있도록 도와줬다. 또한 농림부 대표인 수산나 알스트룀(Susanna Ahlström)과 모피 문제에 관해 대화를 나눌 수 있는 자리를 마련해줬다. 중국은 핀란드의 주요 교역국이다. 이곳에서 생산하는 모피 대부분이 동아시아로 수출됐는데, 최대 구매자가 중국인이고 그다음이 한국인이다. 하지만 판매수치를 비교하면 현격한 차이가 난다. 수산나를 만나러 가기 전, 우리는 라플란드대학에서 진행 중인 연구 프로젝트에 초청을 받아 갔다. 그 김에 세계적 관광지인 '산타 마을'에도 잠시 들러 핀란드 정부의 '공식 인증'을 받은 '산타클로스'를 만났다. 거기서 나는 중국 국가주석 시진핑이 산타클로스와 함께 찍은 사진을 우연히 발견했다. 시진핑 주석도 지난달에 이곳을 방문한 모양이었다. 나는 산타클로스와 가볍게 악수를 나누면서 슬쩍 물어봤다. "시진핑은 어떤 사람인가요?", "착한 아이란다(He is a good boy)." 산타클로스의 대답을 듣는 순간, 내 머릿속에는 중국에서 사육되는 수천수만 마리의 모피동물이 떠올랐다. 나는 대다수의 사람들은 동물에게 해코지하는 것을 원치 않으며, 동물을 학대하는 것을 즐기지 않는다고 믿는다. 시진핑 주석도 '착한 아이'이니 분명 우리와 같은 마음이지 않을까?

　이번 북유럽 방문을 통해 얻은 소득이 적지 않았다. 하지만 내 연구가 퍼 프리 운동에 도움이 될지 가늠이 되지 않았다. 나는 이번 방문이 개인적 성과에 그치지 않고, 현지 동물들에게 도움이 되기를 진심으로 바랐다. 농림부와의 면담에서 수산나는 먼저 핀란드 정부는 모피산업의 발전을 지원하는 입장이라고 밝히면서 중국과 핀란드 간의 모피무역을 통해 양국 모두가 긍정적 효과를 누리고 있다고 말했다. 또한 핀란드 정부는 동물복지에 대해 엄격한 관리감독을 하고 있다고 강조했다. 한마디로 요약하면, '당신이 동물 문제에 관심이 높은 건 알겠지만, 이건 가치관의 문제일 뿐입니다.'라는 뜻이었다. 수산나가 물었다. "혹시 묻고 싶은 게 있나요?"

　2012년, 내가 속한 단체 액트아시아는 독일 감독 안토니아 코에네(Antonia Coene)가 저장성 충푸현에 있는 모피 가공공장에서 다큐멘터리 〈모피의 진실〉을 촬영할 때 도움을 준 적이 있다. 그 다큐멘터리를 보면, 중국 노동자들은 아무런 보호 장비도 착용하지 않은 채 색색의 염색약과 독한 화학약품을 만졌다. 심지어 오염된 물에 몸을 닦는 극도로 위험한 행동을 하기도 했다. 심각한 오염을 일으키는 모피 가공업은 중국 노동자의 건강을 위협할 뿐만 아니라 물과 토양, 대기도 오염시켰다. 나는 수산나에게 중국 현지에 회복할 수 없을 정도로 심각한 피해를 주고 있다는 믿기 어려운 진실을 알려줬다. 특히, 핀란드와 중국의 모피무역으로 모피산업이 규모화되는 상황에서 직업을 구하기 힘든 공장 노동자가 입게 될 피해는 심각했다. 이는 동물복지나 가치관의 문제로 치부할 수 없었다. 핀란드 현지에서는 심각한 오염을 일으키는 모피 가공업의 발전을 장려하지 않으면서, 왜 중국 사람들에게 희생을 강요하며 환경을 파괴시키는 것인가?

모피와 소비자의 건강

유럽과 중국에서 판매 중인 모피를 연구한 결과, 가공 처리한 모피로 만든 남성복과 여성복, 그리고 아동복에서 육가크롬(hexavalent chromium), 포름알데히드(formaldehyde), 납 같은 유독물질이 검출됐다. 육가크롬은 신경과 생식기관에 손상을 일으킬 가능성이 높고, 포름알데히드는 알레르기와 암을 유발할 수 있다. 일부 모피에서는 법적 기준치의 250배가 넘는 발암물질이 검출되기도 했다.[4]

내 말을 들은 수산나는 한동안 침묵에 잠겼다. 나는 중국중앙텔레비전의 탐사보도 외에도 중국 모피산업의 발전이 환경에 끼치는 영향을 입증할 자료를 수산나에게 보여줬다. 약 40분간 대화를 나누던 중에 나는 불현듯 수십 년 전 핀란드를 떠들썩하게 만든 '폭스 걸스(fox girls)'가 생각났다. 폭스 걸스란 모피 사육장에 몰래 들어가 철창에 갇힌 동물을 풀어줬던 의문의 여성들을 말한다. 이들의 '적극적 행동'은 사회적으로 모피 문제에 대한 논의를 촉발시켰다. 그러나 이들의 진짜 정체는 지금까지도 베일에 싸여 있다. 그 당시 또 다른 방식의 퍼 프리 운동이 있었다. 모피사육장에 잠입해 인체에 무해하지만 잘 지워지지 않는 염색약을 동물들에게 뿌린 것이다. 상품의 가치를 잃은 동물들은 결국 죽음을 맞았지만, 모피 사육장 주인은 돈을 한 푼도 챙길 수 없었다. 오늘날에는 퍼 프리 운동의 방식도 다양해지고 관련 단체도 많이 생겨났다. 특히, 북유럽 국가에서는 모피 반대 운동이 상당히 활발한 편이다. 이들은 동물권과 환경 보호, 소비자의 건강을 위해 모피를 퇴출해야 할 뿐만 아니라, 인수공통감염병의 예방과 관리 차원에서도 필요하다고 주장한다. 특히, 코로나19의 확산은 모피동물의 사육과 번식 금지를 요구하는 강력한 근거로 제시되기도 했다.

이날 정부청사 건물을 걸어 나오면서 나는 지금 이 순간이 더욱 특별하게 느껴졌다. 수많은 동물권 운동가가 부단히 노력한 끝에 대중은 점차 모피동물이 처한 현실을 인식하게 됐다. 그 결과 이곳의 모피산업은 점점 쇠락의 길을 걷고 있다. 또한 핀란드 청년들도 윤리적 논쟁을 불러일으키는 산업을 물려받길 원치 않는다. 현재 '퍼 프리'는 핀란드 사회의 주류 사상이 됐다. 모피 사육장은 북유럽을 떠나 점차 동유럽으로 거점을 옮기거나 중외합자 방식으로 중국에 자리 잡고 있다. 그러나 그와 동시에 동물과 관련된 많은 문제가 엄격한 감시와 날카로운 비판을 받고 있다.

툴리스패 생크추어리의 투사

핀란드를 떠나기 전날, 우리는 현지에서 가장 큰 농장동물보호소를 찾았다. 그곳에 살고 있는 특별한 존재, 바로 파란여우 '오토(Otto)'를 만나기 위해서였다. 사육장이 아닌 다른 곳에서 여우를 본다니 나와 타오쯔는 무척 설렜다. 오토는 사육장에서 도망쳐 나와 공업지대를 배회하며 살던 여우였다. 다행히 먹이를 챙겨주는 좋은 사람을 만나 건강하게 지내다가 이 생크추어리에 들어왔다고 한다.[5]

생크추어리(sanctuary)는 일반적으로 우리가 알고 있는 '보호소'와는 다르다. 이곳 동물들은 돌봄을 받으며 아무 걱정 없이 여생을 편하게 보낼 수 있다. 대만에 있는 소수의 불교 호생원도 이와 비슷한 성격을 띠고 있다.

2012년에 설립된 툴리스패 생크추어리에는 현재 80여 마리의 동물들이 살고 있다. "모두 갈 곳이 없거나 생명의 위협을 받았던 동물들이랍니다." 이 생크추어리를 세운 사람은 은퇴한 무용수 피아 안토넨(Piia Anttonen)이다. 그녀는 농장동물 위주로 운영되는 비교적 작은 규모의 생크추어리를 만들어 방문객들이 다양한 동물과 접촉하며 이들의 사연에 귀 기울일 수 있는 환경을 조성했다. 또 이곳에 와서 자원봉사를 할 수 있는 기회를 제공했다. 이로 인해 동물에 대한 시선이 바뀐다면 동물보호를 촉진하는 데 도움이 되리라 생각했기 때문이다.

이 보호소는 동물권단체인 동물왕국의 지원 아래 문을 열었다.

타오쯔와 나, 그리고 구조된 오토.

얼마 후, 소, 양, 돼지, 닭, 오리, 은퇴한 말, 그리고 오토처럼 스스로 사육장을 도망쳐 나온 용감한 투사 등이 잇달아 이 따뜻한 안식처로 보내졌다. 이곳 책임자인 피아는 지금도 수십 마리나 되는 동물을 홀로 돌보고 있다. 보람찬 일이지만 분주한 일상에 지칠 법도 한데, 이곳에 사는 동물들의 사연과 성격을 일일이 설명해주는 피아의 얼굴에서는 지친 기색이 전혀 보이지 않았다.

우리는 떨리는 마음으로 오토를 만나러 갔다. 오토는 우넬마 (Unelma, '꿈'이라는 뜻임-옮긴이)라는 이름의 암여우와 정원이 있는 작은 오두막집에서 함께 생활하고 있었다. 내가 오토가 개처럼 행동한다고 신기해하자 피아는 개 사료를 먹어서 그런 것 같다고 반쯤 농담 삼아 말했다. 오토와 우넬마는 사이가 무척 좋아 보였다. 사실 이둘이 서로에게 익숙해지기까지 1년여 시간이 걸렸다고 한다. 지금은 둘이서 교대로 막대기를 물어오거나 서로의 뒤를 쫓으며 놀았다. 지금은 오토에게서 인간이 인위적으로 만들어낸 크고 육중한 '몬스터 여우'의 모습을 찾아볼 수 없었다. 다만, 휘어진 앞다리와 특이한 털색깔이 사육장에서 끔찍한 삶을 살다가 도망쳐 나온 여우임을 짐작케 했다. 야생에서 흔히 볼 수 있는 여우는 주홍 빛깔의 붉은여우와 북극여우가 있다. 북극여우의 털은 겨울에는 새하얗지만, 여름에 접어들면서 점차 회갈색으로 변한다. 털갈이 시기에는 바람이 불면 기다랗고 하얀 털이 우수수 빠지는데, 그 모습이 마치 바람에 흩날리는 민들레 씨앗처럼 보이기도 한다. 현재는 주로 검은색 털의 은여우 (silver fox)와 옅은 회색 털의 파란여우로 모피를 만든다. 두 여우 모두 사람이 인위적으로 길러낸 품종으로 야생에는 존재하지 않는다.

오토와 우넬마가 지내는 오두막집 바닥에는 톱밥이 두툼하게 깔려 있었다. 피아가 맨 꼭대기에 있는 선반을 가리키며, 저기가 오토가 자는 곳이라고 알려줬다. 낯가림이 심한 우넬마는 여우가 드나드는 작은 출입문 밖에서 호기심 어린 눈빛으로 우리의 일거수일투족을 은밀히 감시했다. "얘네들을 이 생크추어리 밖으로 나가지 못하게 하려면, 울타리를 오두막과 어느 정도 거리를 두고 설치해야 해요. 울타리는 위로도 높아야 하지만, 땅속으로도 최소 몇 미터는 파고들어 가야하죠. 구멍을 파서 빠져나갈 수도 있거든요." 피아가 말했다.

오토는 사람을 무척 좋아해서 사람이 손으로 주는 음식도 잘 받아먹었다. 그리고 피아의 몸에 훌쩍 올라가기도 했다. 물론, 여우는 가정에서 키우기에 적합한 동물이 아니다. 동물복지 차원에서 봤을 때 일반 가정은 이들의 기본욕구를 채울 수 있을 만한 환경이 아니다. 한편 동물권 차원에서는 동물을 마음대로 번식 사육하거나 판매해서는 안 된다. 또한 동물의 생사여탈권을 쥐고 흔들어서도 안 된다. 그런 의미에서 이 생크추어리는 특별한 곳이라 할 수 있다. 야생에서 생존할 능력이 없는 농장동물이나 원래 살던 곳으로 돌려보낼 수 없는 야생동물에게 영원한 안식처가 되어주기 때문이다.

툴리스패 생크추어리의 홈페이지에는 이렇게 적혀 있었다. '이곳은 동물이 살기 좋은 최적의 환경을 제공하기 위해 설립됐습니다. 우리는 동물복지를 향상시키는 데 도움이 되고자, 동물들에게 사회화 훈련도 시키고 있습니다.' 이 글에는 이 생크추어리가 동물들을 얼마나 진심으로 돌보는지 사람들이 알아주길 바라는 동시에 교육적 효과가 극대화되길 바라는 마음이 담겨 있었다. 이곳에 오면 동물과 직접 접촉하는 흔치 않은 경험을 할 수 있다. 나는 고양이, 개, 토끼 같은 반려동물과 긴 시간을 함께 살아온 사람들이라면, 분명 이곳에서 뭔가를 깨달을 수 있을 것이라고 생각한다. 이런 깨달음을 얻기 위해 꼭 동물원에 갈 필요도 없으며, 굳이 집에서 개나 고양이를 기르지 않아도 된다. 이 생크추어리가 바로 좋은 본보기다. 우리는 이것 말고도 인간과 동물이 서로 해를 끼치지 않고 아름답게 공존할 수 있는 방법을 훨씬 더 많이 생각해낼 수 있을 것이다.

툴리스패 생크추어리를 방문했을 때 찍은 사진. 부끄럼쟁이 우넬마가 호기심 어린 시선으로 나를 쳐다보고 있다.

6장

북유럽,
동트기 전의 어둠:
모피 사육장에서 목격한
마지막 그림자

우리는 핀란드 경매장에서 하루 종일 얼굴을 비추며 현장의 수많은 모피업자와 대화를 나눴지만 오래 머물지 않는 편이 좋겠다는 판단이 섰다. 현지 사육장을 방문하기 위해 연락을 취했다가는 우리의 정체가 발각될 수 있고 모피업자들이 한데 모여 한창 경매 중이니 방문이 성사될 가능성도 높지 않았다. 만에 하나 의심을 샀다간 득보다 실이 많을 게 뻔한 상황이었다. 대화 도중 중국 모피수입상 무리가 덴마크로 간다는 정보를 입수하고, 우리는 사육장을 방문하려던 계획을 전부 접고 다음 행선지를 향해 예정보다 빨리 날아갔다. 북유럽 무역의 중심지이자 모피 패션의 중심지인 코펜하겐으로.

과연 진실을 밝힐 수 있을까?

북유럽의 일부 사육장에서는 밍크 산업에 대한 대중의 지지를 끌어내기 위해 일반인에게 사육장을 개방하는 오픈 데이(open day) 행사를 수년째 벌이고 있다. 그러나 이런 사육장은 대개 '시범'의 성격이 강해 일반 사육장에 비하면 동물복지 수준이 높은 편이다. 과연 이런 사육장이 전체를 대표할 수 있을까? 겉으로 보기에 관리가 잘되는 모피 사육장만 놓고 모피산업 자체를 합리화할 수 있을까? 이런 의심은 들었지만 이역만리까지 날아온 우리는 그래도 북유럽 모피 사육장의 모습을 직접 확인하고 싶었다.

우리는 모피산업협회의 홈페이지를 통해 코펜하겐 가까이에

<table>
<tr><td>1</td></tr>
<tr><td>2</td></tr>
</table>

1 시범적으로 운영되는 덴마크 밍크 사육장의 내부는 질서정연해 보인다. 하지만 자세히 보면 밍크들은 부상을 입고도 치료받지 못하는 경우가 허다했고, 심신에 여러 문제를 겪었다.

2 밍크 사육장의 외관.

자리한 한 모피 사육장에 연락을 취했다. 모피업자인 한스는 속히 이메일을 보내 사육장에 대한 자신감을 드러내며 견학 요청을 수락했다.

바람이 잔잔하고 햇빛이 찬란한 오후, 우리는 먼저 기차를 타고 예스러운 소도시에 가서 시내에서 버스로 갈아탔다. 버스는 비포장도로를 달려 시골 마을의 종점에 도착했다. 그곳의 참억새는 사람 키보다 훨씬 높이 자라 있었다. 내 후각은 그리 예민한 편이 아닌데도 사육장의 동물 냄새를 따라가다 보니 곧 한스의 거처가 나왔다.

밍크 사육장 견학은 이번이 처음이었다. 한스는 북유럽인 특유의 큰 키에 나이는 쉰 살가량으로 예의를 차리는 편이었다. 우리를 경계하지는 않았지만 두 '중국 여자'가 왜 멀리 덴마크까지 찾아와서 굳이 여름휴가에 밍크 사육장을 견학하려는지 궁금한 모양이었다. 말솜씨가 뛰어난 타오쯔가 휴대용 녹음기를 지닌 채 한스에게 이런저런 말을 붙이며 시간을 벌어준 덕에 나는 사육장을 찬찬히 살필 수 있었다. 타오쯔는 정말이지 내 최고의 조력자다. 한스의 집과 사육장은 겨우 담장 하나를 사이에 두고 떨어져 있었는데 소독된 구역을 지나니 바로 창고 건물이 나왔다. 그곳은 눈처럼 새하얀 밍크가 들어 있는 우리로 가득했다. 멀리서 보니 비좁은 우리 안에서 밍크가 일제히 들썩이고 있었다. 모피업자는 "사람들이 체육관에서 운동을 하는 것과 비슷하다"라고 표현했지만 명백한 정형행동이었다. 야외에서 밍크의 행동반경은 약 $1 \sim 3km^2$에 이른다. 그러니 삭막하고 좁은 철창 안에서는 매일 의미

없이 같은 행동을 반복하지 않고서는 삶의 외로움을 달랠 길이
없는 모양이다.

덴마크의 밍크 사육장

우리가 가까이에 다가가자 밍크들의 날카로운 울음소리가 여
기저기서 들려온다. 밍크들은 마치 우리에게 호기심이 있다는 듯
바짝 다가와 뒷발로 선 채 앞발을 들어 철창에 댄다. 울음소리는
높고 가늘지만 소리가 크진 않다. 길고 지루한 나날을 보내던 밍
크가 작디작은 변화에 흥분한 것인지 아니면 낯선 사람의 출현에
겁을 먹은 것인지 분간할 수 없었다. '미안해, 정말로 미안하다.'
평생토록 고통받는 밍크를 보며 나는 마음속으로 끊임없이 사죄
했다. 내가 아무런 도움도 줄 수 없다는 사실이 괴로웠다.

우리마다 상단에 붙어 있는 흰 종이에는 밍크의 출산 횟수와
태어난 새끼 수가 적혀 있었다. 암컷은 보통 두 번째 임신 때 생식
능력이 절정에 이른다. 네 번째 출산 이후 생식 능력이 떨어진 밍
크는 바로 도살되어 모피가 된다. 한스는 물림 방지 장갑을 끼고
우리 문을 열어 밍크 새끼 한 마리를 잡아 올렸다. 손가락으로 밍
크의 등을 살짝 쓰다듬어 보니 털이 비단결처럼 곱고 무성했으며
고양이 털보다 탄력이 더 뛰어났다. 그야말로 익숙한 밍크 털의
감촉 그 자체였다. 한스는 새끼 밍크를 안고 놀아도 된다는 신호
를 보냈지만 나와 타오쯔에게 그럴 마음이 없다는 걸 알고는 이
내 그만두었다.

"또 어떤 걸 보고 싶어요?" 한스는 질문을 던지며 수백 개의 우리 사이를 자유로이 오갔다. 이곳에는 흰색 밍크뿐 아니라 갈색이나 검은색 밍크도 있었다. 모피 양식 사업은 도박이나 다름없다. 매년 어떤 색깔이 유행할지 정확히 예측할 수 없는 데다 디자이너와 모피상에 좌지우지되는 가격 변화에 민감히 대처해야 하기 때문이다. 밍크를 많이 키울수록 수익도 증대되지만 시장 공급이 수요보다 많으면 가격이 떨어질 수밖에 없다. 어쨌거나 밍크의 운명은 일찌감치 정해져 있다. 매년 겨울이 시작되면 보온을 위해 밍크 털이 가장 풍성해지는데 이때 태어난 지 몇 달밖에 안 된 밍크들은 죽음을 맞이한다.

나는 사육장을 방문할 기회가 있을 때마다 반드시 모든 우리를 빠짐없이 둘러보려고 한다. 어느 해, 나는 동료와 함께 일본 오키나와의 한 농장을 조사했다. 그때 시간이 촉박했던 터라 좋은 시력만 믿고 일부 축사만 둘러본 후에 농장을 떠났다. 그러나 나중에 당시 찍은 사진을 확대해보니 뜻밖에도 한구석이 병들어 죽은 돼지로 가득한 게 아닌가. 족히 수십 구는 돼 보이는 사체가 천장까지 켜켜이 쌓여 있었다. 그 장면은 지금까지도 좀처럼 잊을 수가 없다. 그래서 나와 타오쯔는 우리 주변에 되도록 오래 머무르려고 했다. 우리는 어느새 동물을 '처리'하는 구역에 다다랐고 한스는 관만 한 크기의 상자에 대해 알려주었다. 그 상자의 용도 또한 관과 크게 다르지 않았다. 산 채로 들어간 동물이 죽어서 나오는 이 상자의 이름은 바로, 킬링 박스(killing box)다. "모피 채취 시기가 오면 밍크를 여기에 한 마리씩 집어넣죠.

이 상자와 자동차 배기관을 파이프로 연결하면 15초나 20초 만에 바로 숨이 끊어집니다." 한스는 분명히 강조했다. "고통스럽지는 않아요."

처음 이 상자를 봤을 때 나는 마음이 복잡해졌다. 그리고 상자의 좁은 구멍에 쑤셔 넣어지는 밍크의 두려움을 상상해보았다. 30마리에서 100마리나 되는 낯선 이들과 함께 한 줌의 빛도 들지 않는 곳에서 죽음을 맞이한다면 대체 어떤 느낌이 들까? 영국의 동물보호단체 '동물 존중(Respect for Animals)'의 연구 결과에 의하면, 이는 동물권을 심각하게 침해하는 도축법이다. 배기가스가 나오기 전까지 밍크들은 산 채로 매장되듯 상자 안에 빽빽이 채워지는데 이 자체만으로 큰 스트레스가 된다. 그리고 독가스 성분이나 농도가 미달된 밍크는 목숨이 끊어지지 않은 채 오랫동안

이 밍크 사육장은 세계 다른 지역의 농장과 마찬가지로 사료를 우리 위에 놓아두며 물은 주지 않는다. 그 덕분에 직원 혼자서 수천 마리에 이르는 밍크를 돌볼 수 있다.

<u>1</u>
2

1 밍크 사육장의 킬링 박스. 직원이 밍크를 우리에서 꺼내 상자
상단의 구멍에 넣는다. 상자가 밍크로 가득 차면 자동차 배기관을
연결해 가스로 도살한다.

2 킬링 박스의 상단에는 내부를 관찰할 수 있는 창구멍이 나 있다.
창구멍은 작고 내부는 캄캄하다. '밍크가 금방 죽는다는 게 정말
확실할까?' 나는 좀처럼 의심을 거두지 못했다.

고통에 시달린다.[1] 밍크는 친수성 동물로 숨을 참을 줄 알고, 40초에서 1분은 너끈히 잠수할 수 있다. 그런데도 킬링 박스를 이용한 도축 방식이 '동물권에 부합'할까? 나는 끝까지 의심을 거둘 수가 없었다.

코로나19 유행 시기, 덴마크의 밍크 사육장 직원이 옮긴 코로나19 바이러스가 밍크 몸속에서 변이를 일으켰고 다시 사람을 감염시킨 일이 있었다. 이로써 인수공통감염병이 실제로 존재한다는 사실이 과학자에 의해 최초로 확인됐다. 덴마크 정부는 감염을 막기 위해 전국의 밍크 1,700만 마리에 대해 살처분 명령을 내렸다. 또한 코로나 백신의 효과가 떨어질 가능성을 우려해 2021년 말까지 밍크 생산을 한시적으로 금지했다.[2] 코로나19가 유행할 때 정부에서 내린 명령과 정책 집행 과정 모두 너무나도 부실했다. 모피업자들은 정부에서 파견한 인력이 밍크를 처분하는 과정을 촬영했는데 동작만 봐도 동물을 포획하는 법을 전혀 모르는 게 티가 날 정도였다. 더군다나 엔진 고장으로 배기가스가 잘 나오지 않았고, 숨이 채 끊어지지 않은 밍크들은 정신이 혼미한 상태로 여기저기 돌아다녔다. 그중 일부는 민가의 정원에서 발견되었다. 오랫동안 모피산업을 예의주시해온 사람들이 우려한 문제였다. 밍크 사체를 트럭으로 나르는 과정에서 작업자의 부주의로 도로에 수천 구가 떨어지기도 했다. 그리고 살처분 명령에도 불구하고, 모피 채취 시기가 가까워졌다는 이유로 몇몇 업자들은 규정을 어기고 밍크를 죽여 가죽을 벗겨냈다. 결국 가죽 채취 작업대에서 일하던 직원들은 코로나19에 감염되고 말았다. 사람은 물론 동물에게도 재앙과 같은 사건이었다. 이 때문에 사람들은 덴마크 정부의 모피산업 관리 능력을 더 이상 신뢰하지 못하게 됐다.[3]

한스는 아시아 방문객을 맞이한 적은 별로 없다고 했지만 의외의 말을 했다. "다들 중국에 간 적이 있어요.", "다들이라뇨? 대체 누가요?" 그러자 한스가 답했다. "모피업자들 전부요. 지금 중국의 모피산업은 엄청난 속도로 발전하고 있어요. 다들 중국인과 거래하고 싶어 하죠. 직접 현지에 가서 사육장도 둘러봤어요."

중국의 모피산업은 확실히 덴마크와 거리를 좁혀가고 있었다. 그때 나는 다롄의 유명한 밍크 사육장 광고 영상이 머릿속에 떠올랐다. 그들은 초빙한 덴마크 전문가의 지도에 따라 사료를 배합하고, 사육하며, 종자 밍크도 전부 덴마크에서 들여왔다고 강조했다. 이어지는 한스의 말에 나는 깜짝 놀랐다. "중국인이 여기 모피 사육장도 몇 곳이나 사들였어요. 당신들도 그 일로 온 게 아닌가요?"

사육장을 떠나기 전, 우리의 시선은 철판 펜스 옆에 설치된 탈주 방지 시설로 향했다. "얘네들이 우리를 탈출해도 걱정 없어요. 사방이 미끄러운 철판이라 그 옆에 포획틀만 넣어두면 반드시 잡을 수 있으니까요." 한스는 자신을 반갑게 맞아주는 개와 함께 거처로 돌아갔다. 한스와 작별인사를 나누고 뒤를 돌아보니 개를 데리고 현관문 방충망 뒤편으로 사라지는 그의 거대한 그림자가 보였다.

별안간 틀어진 계획

우리는 덴마크를 떠난 후 현지조사의 마지막 여정을 위해 새로운 곳으로 향했다. "이번 여행에서 노르웨이가 가장 아름답대!" 타오쯔는 비행기 탑승을 앞두고 신이 나서 말했다. 북유럽에 온이래 나는 늘 현지조사에 대한 불안감을 안고 현장을 사방팔방 뛰어다니며, 자원봉사자들을 통해 머물 곳을 구하러 다니고 사력을 다해 연구에 매달렸다. 그러던 차에 별안간 긴장감이 탁 풀렸다. 그리고 이번 조사 덕택에 그토록 오랫동안 꿈꿔온 북유럽을 두루 여행하게 됐음을 이제야 실감했다. '천 개의 호수의 나라' 핀란드부터 피오르드(Fjord, 빙하로 만들어진 좁고 깊은 만-옮긴이)로 유명한 노르웨이처럼, 북유럽 하면 사람들은 아름다운 자연이나 문화경관을 떠올린다. 하지만 독특한 풍경 너머로 무수히 많은 동물이 고통받는다는 사실에 주목하는 이는 얼마나 될까? 어쨌거나 북유럽의 비참한 사육장과 막대한 이윤을 창출하는 산업만 제외하면 이곳에는 우리가 느끼고 경험할 만한 아름다운 요소들이 차고 넘친다.

유구한 역사를 자랑하는 북유럽의 모피산업은 국가마다 생산 특성이나 법규가 제각각이다. 핀란드는 북유럽 가운데 너구리를 사육할 수 있는 몇 안 되는 나라 중 하나로 담비, 여우, 밍크의 사육장도 운영할 수 있다. 덴마크는 세계 최고의 밍크 생산 국가이며(가끔 중국에게 가죽 채취량 1위를 뺏기지만) 살아 있는 밍크를 중국에 수출한다. 그러나 여우 사육은 금지한다. 한편 노르웨이를 이끄는 핵심 산업에는 석유와 농업, 어업이 있으며, 노르웨이에서 생산되는 모피는 전부 핀란드와 덴마크의 경매장에서 판매된다. 노르웨이에서 가장 중요한 일정은 아직까지 가본 적 없는 여우 사육장을 방문해 눈으로 직접 살피는 것이었다. 우리는 사육장 견학을 성사시키기 위해 사전에 모피업자에게 연락도 하고, 동물단체를 통해 '중국에서 온 젊은 아가씨' 두 명을 맞아줄 모피 사육장도 섭외했다. 하지만 노르웨이에 도착한 첫날, 생각지도 못하게 현지 자원봉사자의 실수로 우리의 정체가 탄로 나버렸다. 위험을 무릅쓰고 다른 사육장 견학에 나섰다간 현장에서 신분이 발각될지도 모르는 일이었다. 일어날 수 있는 최악의 상황은 여태 쌓아온 연구 성과가 전부 물거품이 되는 것이다. 나는 타오쯔와 상의한 끝에 견학 일정을 전부 취소하기로 했다. 큰 경비를 들여 물가도 높은 노르웨이까지 왔건만 어딜 가서 뭘 해야 할지 도통 감을 잡을 수가 없었다. 오슬로 길거리에서 우리 두 사람은 큰 실망감에 빠져 차마 말을 잇지 못했다.

그러나 이번 여정에 또 다른 목적이 있으니, 바로 각국에서 오랫동안 모피 반대 운동을 벌여온 단체를 방문해 정보를 교환하는 것이다. 이번에는 노르웨이의 대표적인 동물권 단체 노아(Noah)의 책임자 시리 마틴슨(Siri Martinsen)이 우리를 맞았다. 이들은 반나절 동안 회의와 토론을 진행하고도 우리에게 특별히 두 가지 정보를 전해줬다. 첫 번째는 원래 모피를 얻을 목적으로 사육되던 여우가 갈수록 애완동물로 인기를 끌고 있다는 이야기였다. 노르웨이의 모피용 여우사육장이 애완용 여우번식장으로 전

환되는 사례도 있으며 주요 고객은 미국인이라고 한다. 마찬가지로 대만에서도 여우를 애완동물로 키우는 사람들이 점점 늘고 있으며 SNS에서도 애완용 여우와의 일상을 공유하는 사진을 어렵지 않게 찾아볼 수 있다.

여우는 본래 자연에 서식하는 야생동물로 숲과 사막, 그리고 북극에 이르는 광활한 지역에 분포한다. 그리고 암수 짝을 이뤄 대가족 단위로 활동하는 사회적인 동물이다. 붉은여우는 매일 10km를 이동하며 영역은 약 0.5~10km^2에 이른다. 북극여우는 한 계절에 무려 100km를 이동하며, 가족 단위의 활동 반경은 20~30km^2에 달한다. 자연 상태의 북극여우는 먹잇감을 찾거나 몸을 숨기기 위해 여러 갈래의 굴을 판다. 북극여우는 굴도 잘 파지만 점프 실력도 뛰어나다. 여우는 땅을 박차고 솟구쳐 공중에서 완벽한 반원을 그리며 떨어짐과 동시에 머리를 눈 속에 푹 파묻고 눈토끼나 쥐를 사냥한다. 하지만 모피 사육장에서 사육되는 여우는 0.8~1.2m^3에 불과한 비좁은 공간에 홀로 갇힌다. 사회활동은 고사하고 점프하거나 굴을 파고, 놀며, 탐색할 기회마저 빼앗긴 것이다. 2018년, 야생 새끼 북극여우가 76일간 혼자서 무려 3,500km를 이동한 사실이 세간에 알려졌다.[4] 인류 탐험가 못지않게 용기와 호기심이 넘치는 모습이다. 하지만 사람이 가두어 키우는 여우는 특별한 능력을 발휘할 기회를 얻기는커녕 본성대로 살아갈 수조차 없다. 동물이 지닌 가능성의 싹은 인간의 소유욕 때문에 전부 잘려나갔다. 알려진 바에 의하면, 애완용 여우 중 일부는 사육장 우리보다도 더 좁은 공간에서 지내며, 생활환경도 폐쇄적이고 '풍부화' 조치도 전혀 없어 정형행동을 보인다고 한다. 동물원이든 사육장이든 아니면 가정집이든 여우에게는 모두 열악한 환경이라는 점에서는 다를 바가 없다. 사육동물이 안고 있는 복지 문제는 '애완' 여우에게도 똑같이 나타난다.

한편, 노아에서 준 두 번째 정보는 외국인 유학생의 신분으로 한 농업대학 실험실 사육장의 견학을 신청해보라는 것이었다. 이런 실험실은 공교육의 성격을 띠기 때문에 모피업계와 협력 관계에 있다 해도 즉시 연락을 취하지는 않을 것이란다. 실험동물이나 사육장에 관한 질문을 해도 되고 신분도 노출되지 않는다는 말에 우리는 제의를 흔쾌히 받아들이고 곧장 준비에 돌입했다.

노르웨이대학의 실험실 사육장

우리가 오슬로에 있는 동안은 노르웨이 정부가 활동가나 예술가에게 저렴하게 임대해주는 아파트에서 머물렀다. 자세히 말해, 우리는 다큐멘터리 감독 올라 와근(Ola Waagen)의 집 거실에서 지냈다. 마흔 초반의 올라는 중단발의 헤어스타일에 턱수염을 길렀다. 그의 집에 있는 가구나 물건들은 죄다 키가 높고 큼지막했으며 먹을거리나 일상용품에는 동물 성분이 일체 들어 있지 않았다. 외진 시골의 사육장으로 출발하기 전에 나는 올라에게 물었다. 머리는 양 갈래로 땋고 볼 터치도 했는데 몇 살쯤으로 보이느냐고. 나를 잠깐 뚫어져라 쳐다보더니 올라가 말했다. "모든 나이를 다 커버할 수 있을 것 같아요." 이번에 우리는 고등학교를 갓 졸업한 어린 학생을 연기할 작정이었다. 동물 사육에 흥미를 느끼는 학생이 '동물과학과' 입학을 앞두고 방학을 맞아 예전부터 명성이 높은 연구형 농업대학에서 실습을 한다는 설정이랄까.

그런데 무조건 두 다리로 걷거나 대중교통을 이용해야 하는 처지에 몸단장을 너무 일찍 했나 보다. 고속버스는 정거장 표지판도 잘 보이지 않는 곳에 우리를 내려줬다. 흡사 고속도로 같은 곳에서 타오쯔와 나는 뙤약볕 아래 30분 정도 걸었는데 둑과 농업용지를 지나는 동안 온몸이 땀으로 흠뻑 젖었다. 우리는 어렵사리 목적지로 통하는 작은 시골길을 찾아냈다. 대학 실험실에 도착하니 중년 여성으로 보이는 동물관리사가 우리를 기다리고 있었다. 영어는 거의 안 통하고 일에 열정도 없어 보였다. 그녀가 우리를 귀찮아한 데다 우리 질문에 제대로 된 답변도 들려주기 어려워했는데 견학은 오히려 놀라울 정도로 순조로웠다. 동물관리사는 우리를 어떤 방으로 데려갔는데 거기에는 밍크 우리 12개가량이 휑뎅그렁한 방 한가운데에 놓여 있었다. 북유럽에서 자주 볼 수 있는 표준형 우리 안에 갇힌 밍크들은 심각한 정형행동을 보였다. 동물관리사는 옆에 놓아둔 사료를 가리키며 프리스키라는 브랜드의 고양이 사료라고 했다. 몇 번의 대화가 오간 끝에 여기서 하는 '동물 실험'의 내용을 파악했다. 여기서 하는 동물 실험이란 일반 사료와 프리스키 사료를 어떤 비율로 배합했을 때 가장 뛰어난 '모피'가 만들어지는지 알아보는 것이었다. 우리는 방을 나가다 가스봄베를 발견했는데 타오쯔는 이게 바로 밍크 도축 장비라고 했다. 여기서 키우는 밍크 수가 많지 않아 킬링 박스까지는 필요 없는 모양인지 대신 가스봄베와 부속 장치로 도축을 실시하고 있었다.

　다음 방으로 들어가려는 찰나 안에서 어떤 동물이 소란을 피우는 소리가 들렸다. 문을 열어보니 둘씩 짝지어 있는 은여우 여섯 마리가 눈에 들어왔다. 책상만 한 크기의 우리 안에는 작은 나무토막이 몇 개 들어 있었는데 사육장에서 동물에게 제공하는 흔한 '장난감'이다. 간단한 도구를 이용한 행동 풍부화 조치로 동물들의 무료함을 달래주는 효과가 있다. 그런데 자세히 보니 우리의 중간 높이에 그물을 쳐서 1층을 2층같이 만들었다. 층고가 너무 낮다 보니 은여우는 구부정한 자세로 있을 수밖에 없었다. 다른 쪽에는 연회색 밍크도 수십 마리 있었다. 밍크들도 여우와 마찬가지로 우리 이쪽 끝에서 저쪽 끝까지 왕복하는 정형행동을 했다. 타오쯔와 내가 모습을 드러낸 찰나, 은여우는 1초 정도 우리

노르웨이의 한 농업대학의 실험용 밍크. 우리에게 무척 호기심을 보였다.

1
2

1 실험실 사육장의 직원이 밍크에게 장난을 치고 있다. 동물을 가둬 기르는
경우에는 동물과 인간의 상호작용이 잘 이루어지지 않으며, 서로에 대한 이해도
매우 부족할 수밖에 없다.

2 실험실 사육장의 은여우. 우리 안을 끊임없이 배회하는 정형행동을 했다.
한시도 가만히 있지 않아 또렷한 사진을 건지기가 쉽지 않았다.

에게 시선을 보냈다. 하지만 그것도 잠시, 환경의 변화로 생긴 자극이 이내 사라지자 은여우는 다시 우리 안을 바삐 맴돌았다. 소설가이자 사회비평가인 존 버거가 동물원 속 동물의 모습을 묘사한 말 '무언가를 주시하는 능력을 이미 잃어버렸다' 그 자체였다. 나는 그 어떤 은여우의 시선도 붙들 수가 없었다. 그들의 눈에는 초점이 전혀 없었으며 독립적인 영혼으로 보기 어려웠다. 다만 광기와 아둔함이 어려 있을 뿐이었다.

이곳의 동물들은 겉보기에 상처가 없다는 점만 놓고 보면 앞서 견학한 덴마크의 사육장보다는 한참 나았다. 덴마크 사육장에서 열 마리 이상의 밍크에게서 확인한 상처는 열악한 상황 속에서 서로 물고 뜯은 결과였다. 모피업자 한스의 안내에 따라 사육장을 견학할 때 나는 몹시 망설였다. 밍크의 상처에 대해 말을 할까 말까? 괜히 한스의 체면만 깎는 건 아닐까? 이러다 불청객 취급을 받지는 않을까? 그러나 엄밀히 말해 그는 자신이 키우는 동물에게 관심이 전혀 없기 때문에 무슨 문제는 없는지 적극적으로 나서서 살펴보지 않은 것이다. 하지만 이 실험실 사육장이 덴마크 사육장과 다르다는 이유로 이곳의 동물복지 수준이 더 낮다고 말할 수 있을까? 그렇지 않다. 여기 실험실 사육장은 상대적으로 규모도 작고 동물도 몇 안 되지만 정형행동을 하는 동물이 금방 눈에 띄는 것으로 보아 동물복지에 문제가 많다고 할 수 있다. 대표적인 예로 '풍부화' 시설인 파이프를 꼽을 수 있다. 밍크의 나이나 체형을 고려하지 않은 탓에 밍크는 안에 꽉 낀 채로 오도 가도 못했다.

괴로운 심정으로 이 방을 나서니 동물관리사가 수십 미터 떨어진 창고 건물을 가리켰다. 대학에서 새로 지은 여우사육장으로 반 실외라 바람이 잘 통했다. 여우의 털은 추운 날씨에 더 잘 자라기 때문에 일부러 이렇게 지은 걸로 짐작된다. 고개를 들어 바라보니 어두컴컴하고 텅 빈 우리의 끝은 보이지 않았다. 북유럽의 모피 사육장 가운데 동물이 언제든 물을 마실 수 있도록 제공하는 곳은 드물다. 가장 큰 이유로 번거로움과 비용 문제를 들 수 있다. 겨울에는 기온이 매우 낮아 물은 금방 꽁꽁 얼어버리고 수도관도 걸핏하면 터지기 때문이다. 모피업자들에게 동물의 갈증 따위는 아무런 문제도 되지 않는다. 심지어는 "우리에 맺힌 얼음을 핥으면 갈증은 해결돼요"라고 하는 모피업자도 있었다.

진짜 모피는 어떻게 구별할까?

인조 모피(faux fur, 포 퍼)는 촉감은 물론 시각적인 느낌도 동물 모피와 매우 비슷해서 전문가들도 구분에 어려움을 겪는다. 진짜 모피를 확실히 가려내는 유일한 방법은 바로 '태우기'다. 털을 살짝 잘라낸 후에 불을 붙이면 천연 모피는 고기를 굽는 듯한 냄새가 나면서 털이 대번에 재로 변한다. 반대로 인조 모피는 태우는 순간 플라스틱 냄새가 코를 찌르고 털이 녹으며 뭉쳐진다. 하지만 과연 가게에서 불을 붙일 수 있을까? 따라서 속지 않을 가장 안전한 선택은 바로 모피를 '사지 않는 것'이다![5]

고작 수십 분 진행된 견학에도 동물관리사의 인내심은 바닥나고 말았다. 작별 인사를 하려는데 마침 그녀의 친구가 이제 겨우 걸음마를 뗀 보더콜리 새끼들을 데리고 찾아왔다. 뒤뚱뒤뚱 걷는 강아지들의 모습이 어찌나 귀엽던지. 강아지들은 한시도 가만히 있지 못하고 장난을 쳐댔다. 가끔 우리에게도 다가오는 게 사람을 전혀 무서워하지 않는 듯했다. 동물관리사는 의자를 몇 개 가져와 친구와 함께 강아지들을 데리고 놀았다. 잠시 후 온갖 간식까지 챙겨 오는 걸 보면 사육장 우리를 배경 삼아 오후의 여유를 즐길 작정인 듯했다.

세상의 중심에서 동료를 외치다

나는 2008년부터 여러 풀뿌리단체와 국제기구에서 자원봉사를 했고, 이후에는 액트아시아에서 '퍼 프리' 프로젝트를 담당했다. 당시만 해도 중국인들에게는 모피 문제가 매우 생소했다. 그래서 처음에 우리는 기초적인 정보를 번역하고 워크숍을 개최해 각지의 동물보호단체와 대학 동아리를 대상으로 모피 문제의 심각성을 알렸다. 더 나아가 각지 단체의 환경연극을 지원하고, 프린지 페스티벌의 퍼레이드에도 참가했으며, 초·중학교에서 수업도 진행했다. 작은 깃발과 캠페인 피켓을 꽂은 자전거를 타고 시내를 돌아다니는 등 내가 할 수 있는 모든 방법을 동원해 모피 문제를 알렸다. 다행스럽게도 모피의 진실을 알게 된 거의 모든 개인과 단체는 금방 '퍼 프리' 운동의 정신에 공감했을 뿐 아니라 실제로 행동에 나서서 다양한 캠페인을 펼쳤다.

이처럼 나와 동료들은 동물 문제에 대한 사회의 관심을 온건

한 방식으로 이끌어냈다. 봉준호 감독의 〈옥자〉에는 우리와 대조적으로 어떤 위험에도 굴하지 않는 동물보호단체, 동물해방전선 (Animal Liberation Front, ALF)이 등장한다. 그들은 유전자 실험으로 탄생시킨 기이한 '슈퍼돼지'를 학대하는 기업의 실체를 폭로하기 위해 온갖 수단을 쓴다. 블랙박스도 동원하고 트럭도 가로채며 기업의 홍보 활동까지 망쳐놓는다. 영화 속 동물해방전선의 멤버들은 이름 대신 닉네임을 쓰며 블랙 톤으로 맞춘 의상을 입는다. 영화에서 묘사된 동물보호 활동가의 모습이나 행동은 더 극적이고 과장된 부분이 있지만 어느 정도 현실을 반영했다고 생각한다.

공리주의의 대표적인 철학가 피터 싱어는 오늘날 동물이 농장과 실험실에서 매우 부당한 대우를 받는다는 점을 지적했다. 아울러 인류가 흑인노예 해방과 여성 해방을 이뤘듯이 이제는 '동물 해방' 문제에 진지하게 접근해야 한다고 강조했다. 동물보호 활동가 모두가 급진적인 동물해방전선의 활동 노선에 동의하거나 이런 활동 방식을 채택하지는 않는다. 하지만 활동가들은 동물이 처한 상황을 알아보기 위해, 특히 업계에서 공개를 꺼리는 장소의 동물복지 문제를 낱낱이 파악하기 위해 수시로 현지조사에 나선다. 동물의 상태와 사육환경을 관찰하고, 직원들의 이야기도 들어보며, 필요에 따라 녹음, 촬영, 기록을 한다. 심지어 측정 도구를 지니고 다니며 우리의 규격 등을 측정하기도 한다. 이렇게 얻은 결과는 정부의 주관 부서에 고발하거나 언론에 투서할 때 유력한 증거가 된다.

서구의 현대식 동물 운동이 100년에서 200년간 발전을 거듭하는 동안, 단체에 속한 활동가들은 다양한 현지조사 경험을 쌓았다. 이 경험들은 조직 내부 혹은 다른 조직으로 전수됐다. 활동가는 현장에 투입하기 전에 반드시 일정 수준의 훈련을 거쳐야 하며, 수집할 증거를 잘 기억하고, 각종 돌발 상황이나 위기 발생 시 대처법도 숙지해야 한다. 요컨대 만반의 준비를 마쳤을 때만 비로소 행동에 나서야 하는 것이다. 이처럼 같은 가치관을 공유한 사람들로 구성된 단체는 엄격한 보안을 요구하지만 다른 한편으로는 새로운 동료의 참여를 환영한다는 점에서 개방적이라고 할 수 있다. 실제로 내가 아는 각지의 활동가들은 대부분 호의적이고 친절하며 서로를 신뢰한다. 어쩌면 더러운 데다 온갖 위험이 도사리는 현장에 기꺼이 뛰어들려는 이가 늘 부족하기 때문일지도 모른다. 나는 이번 북유럽 조사 프로젝트의 이름을 '미카타(味方)'로 정했는데 일본어로 '같은 뜻을 품은 친구'라는 의미다. 우리처럼 갖가지 위험에 노출된 채 일하는 사람들에게는 동료 활동가만이 서로 믿을 수 있는 유일한 존재라고 생각한다.

나는 북유럽에 와서도 현지 동물권 단체에 도움을 요청했고, 현지에서 맞닥뜨릴 수 있는 상황이나 북유럽인의 정서, 그리고 현지 문화에 맞게 대처하는 법을 묻기도 했다. 북유럽 단체의 현지조사 방식에 대해서도 배웠다. 그들은 언론과 꾸준히 협력하며 현지조사에 언론인을 대동하는 방법을 활용했다. 예를 들어, 활동가가 잠입으로 갓 입수한 영상 자료를 밖에서 대기하던 기자가 현장에서 확인하는 것이다. 아니면 당일 자 신문의 날짜 부분과 촬영물의 모습을 한 화면에 잡는 방법도 있다. 이렇게 촬영한 자료는 증거가 너무나도 확실해 기업 측에서 도저히 발뺌할 수가 없다. 영국의 경우, 전국 도축장에 CCTV를 24시간 가동해 정부 소속 수의사가 언제든지 감시할 수 있도록 했다.[6] 그러나 아쉽게도 절대 다수의 국가에서 동물 착취 산업과 정부는 유착 관계에 놓여 있다. 미국을 예로 들면, 동물보호 활동가와 미디어 관계자의 도축장 출입 및 도축장 내부를 촬영한 영상의 방영을 법으로 금지하는 주(州)가 여러 곳이다.[7] 그러나 이런 〈어그개그 법(Ag-gag laws)〉으로 해당 산업을 보호하는 방식은 결코 합리적이라고 볼 수 없다. 2015년 미국의 아이다호(Idaho)주에서는 〈어그개그 법〉에 위헌 판결이 내려졌으며, 다른 주에서도 비슷한 법정 분쟁이 일어나고 있다.[8]

'퍼 프리' 운동의 세계적인 추세

노르웨이는 몇 년 전에 모피 사육장 운영 금지에 관한 법률을 제정했으며 2025년부터 시행할 예정이다. 현재 영국, 오스트리아, 네덜란드를 비롯한 약 10개국에서 모피 사육장 운영을 전면적으로 금지했다. 그중 네덜란드는 한때 3대 밍크 생산국으로 손꼽혔으나 코로나19가 폭발적으로 유행하자 선제적으로 모피 생산을 금지했다. 덴마크를 비롯한 일부 국가는 여우의 사육을 금지하는 등 사육할 수 있는 동물 종류에 제한을 둔다. 독일은 엄격한 동물복지 규정을 마련해 전국의 모피 사육장을 폐쇄했다. 우크라이나, 폴란드 등에서도 모피 생산을 금지하는 법안을 놓고 조정 중이다. 한편, 이스라엘에서는 모피 판매를 전면적으로 금지했으며, 뉴질랜드와 인도는 모피 수입을 금지했다. 마찬가지로 미국의 웨스트할리우드, 버클

리, 샌프란시스코 등의 몇 개 도시에서는 모피 제품의 판매를 금지했다.[9]

거대 기업과 동물보호 활동가 사이에 첩보전을 방불케 하는 공방이 벌어지면 압박이나 불공평한 대우를 받는 쪽은 활동가일 수밖에 없다. 기업은 자본의 우위를 이용해 활동가들을 고소하고 협박하기 때문이다. 현지조사를 전문으로 하는 북유럽의 한 동물보호 활동가는 몇 년 동안 매일 아침 눈 뜨자마자 법원에서 보냈을 이메일 걱정을 가장 먼저 했다고 한다. 세상은 이렇듯 동물을 불공평하게 대우하고 법은 늘 기득권자의 편을 들어주지만 우리는 어디에서든 같은 가치관을 품은 행동가를 만날 수 있는 것만으로도 큰 희망을 느낀다.

우리가 머무른 오슬로의 아파트에서는 매주 수요일이 '피자의 날'이었다. 각자 모두들 갖가지 재료를 준비해 다함께 만든 피자를 화로에 구워냈다. 여기 모인 친구들이 입에 올리는 화제는 온통 잠입이나 현지조사 같은 것들이었다. "만일 도축장 벽이 투명하다면 사람들이 고기를 안 먹을까요?" 하고 사람들에게 물었더니 의견이 다들 엇갈렸다. 하지만 분명한 사실은 우리 사회에서 동물이 어떤 대접을 받는지 대다수의 사람들이 잘 모르기 때문에 구체적인 결론을 도출할 수 없다는 것이다. 이때 우리가 할 수 있는 일은 바로 동물에 대한 진실을 널리널리 퍼뜨리는 것이다.

국경 없는 사회운동

당신은 '진짜 공포 영화'를 본 적 있는가?

나는 헬싱키와 오슬로 거리를 지나면서 동물권 단체가 설치한 홍보 부스에서 일하는 자원봉사자를 몇 번 본 적이 있다. 그들은 농장과 도축장의 모습을 360도로 볼 수 있는 VR(가상현실) 기기로 시민들을 체험시키거나 글과 그림 자료를 보여주며 설명했다. 길 가던 시민들은 짧은 시간 동안 가능한 한 많은 동물 문제를 접할 수 있었다.

유럽을 시작으로 일본, 대만에 이르기까지 동물에게 관심을 기울이고 주도적으로 단체를 조직해 여러 가지 형태의 캠페인 활동을 벌이는 사람들이 점점 늘고 있다. 과거 '완전채식30일(純素三十天)'이라는 이름으로 활동한 '대만동물우호협회(台灣友善動物協會)'도 마찬가지다. 이들은 매주 토요일 모니터와 전단지를 챙겨와 시먼딩(西門町) 같은 번화가에서 사람들이 모이기를 기다렸다가 캠페인을 펼친다. 어떤 이는 동물 탈을 쓰고 사람들의 시선을 끄는가 하면 또 어떤 이는 가면을 쓴 채 커다란 모니터를 메고 있다. 이들을 구경하느라 많은 시민들이 발길을 멈췄다.

이 모니터에는 매일같이 고통받는 농장동물들의 모습이 비춰진다. 산란계의 부화장에서 태어난 지 겨우 하루 됐지만 쓸모없는 쓰레기로 취급되어 분쇄기에 갈리는 수평아리. 서거나 엎드릴 수밖에 없는 '모돈 스톨'에서 출산 전후로 몇 달간 갇혀 지내면서 새끼에게 다가가기는커녕 뒤를 돌아볼 수조차 없는 암퇘지. '배터리 케이지'라고 불리는 바닥 면적이 A4용지 크기에 불과한 좁은 우리에 두 마리에서 네 마리씩 구겨 넣어지는 산란계. 열악한 환경 때문에 서로를 쪼아대고 짓밟을 수밖에 없는 닭들과 우리가 켜켜이 쌓인 구조 때문에 층층이 아래로 쌓여가는 닭의 배설물까지도.

유럽연합(EU)은 2012년 '배터리 케이지'의 사용을 전면 금지했으며 '모돈 스톨' 역시 동물복지 선진국을 중심으로 점차 사라지는 추세다. 그러나 오늘날 대부분의 농장이 밀집 사육을 하는 '공장식 농장'으로, 업자들은 투입되는 공간과 시간, 비용을 줄이는 데 혈안이 돼 있다. 이런 현상은 모피 사육장에서도 똑같이 발견된다. 전 세계의 동물 착취 산업에서 나타나는 동물 생명 경시 현상은 모두 엇비슷하다.

노르웨이의 동물권 다큐멘터리 영화감독 올라 와근의 〈인사이드 퍼(Ples, Inside Fur)〉(2014)에는 이런 현실이 잘 담겨 있다. 주인공 프랭크는 심리학자로, 모피산업의 진실을 파헤치기 위해 카메라를 몸에 숨긴 채 사육장에 위장 취업한다. 프랭크는 또한 모피 업계에서 주최한 그룹 투어에 들어가 중국의 모피 사육장을 견학하면서 보고 들은 것을 모조리 기록으로 남긴다.

유럽에서는 중국 사육장의 환경이 열악하고 동물복지 수준도 낮기 때문에 모피산업 시설을 유럽에 남겨야 한다는 시각이 팽배하다. 이른바 유럽이 중국 세력을 몰아내고 중국 제품도 시장에서 퇴출해야 한다는 견해가 지배적이다. '사가 퍼' 경매장 입구에는 이런 문구가 붙어 있다. '우리는 윤리적인 모피만 판매합니다' 그러나 '윤리적인' 동물 제품이란 대관절 어떤 것일까? 그 기준은 대체 어떻게 세워질까? 여기에는 또 어떤 선입견이 있을까? 한편 영화에서는 프랭크의 걸음을 따라 노르웨이와 중국의 사육장을 번갈아 비추는데 두 나라에서 사용되는 우리는 길이나 넓이, 높이까지 정확히 똑같다는 사실을 알 수 있다. 만일 북유럽 모피산업계의 주장처럼 중국의 모피 사육장의 복지 수준이 낮다면 북유럽의 사정도 마찬가지일 터다. 모피 경매장의 주장처럼 북유럽에서 판매되는 모피가 '윤리적'이라면 수많은 이들이 경악을 금치 못하는 중국의 모피 생산 방식 또한 '윤리적'일 수 있다.

독학으로 동물보호운동에 뛰어든 활동가이자 사진작가 크리스토 무리마(Kristo Muurimaa)는 우리에게 모피 매장에서 대화를 이끌어나가는 요령을 알려줬다. 모피 매장에 가면 먼저 상품 출처나 입수

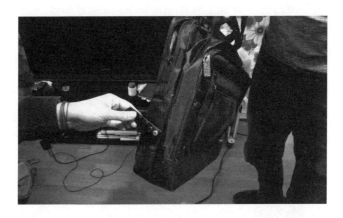

현지조사 경험이 풍부한 노르웨이 영화감독 올라는 토트백, 단추, 볼펜 등의 모양으로 된 다양한 비밀 녹화 장치를 보여줬다.

경로를 물어봐야 하는데 직원들은 십중팔구 같은 대답을 내놓을 거라고 했다. "인도적으로 사육된 거예요.", "인도적 도축을 거쳤답니다." 그럴 땐 "그럼 동물들은 전혀 고통을 겪지 않았다는 말인가요?" 하고 물으면 된다. 내가 둘러본 여러 매장의 직원들은 예상대로 한결같이 이렇게 답했다. "맞아요. 동물들은 고통받지 않았어요." 나와 직원이 생각하는 '고통'의 정의가 전혀 다르거나 아니면 직원이 거짓말을 한 것일 터이다. 이것도 아니라면 그들은 동물에 대해 아무것도 모르는 게 분명하다.

올라 와근의 〈인사이드 퍼〉와 〈양돈업계의 비밀(Griseindustrienshemmeligheter)〉(2019)은 노르웨이 사회에 큰 반향을 일으켰다. 2019년 초, 마침내 노르웨이 정부는 모피동물의 사육을 금지하는 법안을 발표했다. 올라는 정말 이런 날이 올 줄은 꿈에도 몰랐다고 말했고 지구 반대편에 있는 나까지 감동에 젖어 남몰래 눈물을 훔쳤다. 올라와 그의 동료들은 그해 노르웨이에서 가장 권위 있는 언론 자유상인 프리트 오르(Fritt Ord) 재단에서 수여하는 명예상을 받았다.[10] 나와 타오쯔가 그의 거실에서 지내는 동안 올라는 우리에게 카메라 스트랩 조절하는 법과 카메라를 촬영 모드로 유지하는 법을 가르쳐줬다. 몰래 촬영할 때 카메라를

올라는 동물권 다큐멘터리로
동물영화제에서
'오스 cow'상을 받았다.

놓기 적당한 장소도 알려줬다. "콘센트 쪽에 놔두면 충전도 계속 할 수 있어요." 그 후에 올라는 특이할 것 없는 볼펜 한 자루를 보여주며 "이게 뭔지는 잘 알겠죠?"라고 했다. 나는 이리저리 살펴본 후에야 이 정교한 물건이 바로 셔츠 주머니에 꽂을 수 있는 카메라라는 걸 알아차렸다. "당신들처럼 대만에서 온 거네요." 올라가 웃으며 말했다.

7장

모든 동물은
평등하지 않다:
판다 고향 탐방기

동물보호 활동을 하다가 큰 좌절에 빠진 나는 스물다섯 살이 되던 해부터 학술연구 분야로 눈을 돌렸다. 글쓰기와 사색에 몰입함으로써 꿈을 이루지 못했다는 우울감에서 벗어나려고 노력했다. 그러던 중에 나보다 먼저 동물보호에 뛰어든 칭화대학 장 진쑹 교수의 소개로 같은 학교에 입학했다. 얼마 후 나는 '판다 보호 역사'를 연구주제로 정하고, 판다 보호라는 개념이 형성되어 온 과정을 정리해 나갔다.[1]

판다는 '특권을 누리는 동물'일까?

어릴 때 나는 판다와 관련된 기사를 잔뜩 오려 하늘색 파일에 소중히 보관했다. 기사 중에는 성인 허리 높이 정도 오는 철창 위로 두어 명이 올라가 문을 열어주는 사진도 있었다. 그 안에 앉아 있는 판다를 꺼내기 위해서였다. 당시 나는 이들이 동물을 돕는 이름 없는 영웅처럼 보였다. 그러다 십대에 접어들고 '종차별주의'라는 개념을 이해하면서 지극정성으로 판다를 돌보는 영웅들이 마치 어린애를 괴롭히는 어른처럼 짓궂게 보였다. 모든 게 보여주기식 연극 같았다. 별안간 속았다는 생각에 화가 머리끝까지 치솟은 나는 그동안 스크랩 한 기사들을 전부 찢어버렸다. 이런 거짓된 모습에 나 말고 또 다른 누군가가 속지 않기를 바랐다. 나는 몇 년간 베이징에 머물면서 판다 보호 연구에 매달렸다. 그러나 아무도 내게 왜 이런 연구 주제를 택했는지 물어보지 않았다. 판다를 연구주제로 택하는 것이 지극히 당연해서 굳이 설명할 필요가 없다는 것처럼. 정작 이런 반응에 가장 놀랐던 사람은 나였던 것 같다.

종차별주의

종차별주의(speciesism)라는 용어는 영국 심리학자 리차드 D. 라이더(Richard D. Ryder, 1940~)가 1970년대에 처음 사용했다. 인간이 다른 종보다 우월하다는 사고에 근거해 다른 종을 경시하고 착취한다는 뜻으로 '성차별', '인종차별'과 비슷한 개념이다. 중화권에서는 '종주의'라고 말하기도 한다.[2]

이후 호주 철학자 피터 싱어(Peter Singer, 1946~)의 주도하에 선언된 '대유인원 프로젝트(The Great Ape Project)'는 인간과 비인간 동물의 종 경계를 뛰어넘기 위해 유인원에게 권리를 부여해야 한다고 주장했다. 이는 종차별주의를 타파하려는 시도로 평가받는다.

사실 나는 대만에서 대학 졸업 여행으로 일본 고베 동물원에 가서 '싱싱'을 보기 전까지 이 세상에는 도움이 필요한 동물이 수없이 많으니 판다 차례는 절대 오지 않을 거라고 생각했다.

우리는 판다 우리 앞에서 수십 분 동안 싱싱을 지켜봤다. 저 멀리 연못가에 자리를 잡고 앉은 싱싱의 얼굴은 계속 내실 쪽을 향하고 있었다. 겉으로 보기에는 싱싱이 눈을 감은 채 깊은 사색에 잠긴 것처럼 보였다. 하지만 이곳은 홀로 조용히 사색하거나 낮잠을 즐기기에 적합한 장소가 아니었다. "안녕, 싱싱!", "싱싱, 여기 좀 봐봐!" 같은 관람객의 외침이 주변에서 수시로 들려오고 있었다. 결국 우리는 싱싱의 뒷모습만 하염없이 바라보다가 돌아왔다. 몇 년 후, 싱싱이 인공 수정을 위해 정자 채취술을 받던 도중 구토물에 질식사했다는 보도를 접했다. 때는 2010년이었다. 나는 그제야 비로소 판다가 호사와 특권을 누리며 살아가는 동물이 결코 아님을 깨달았다.

그날 싱싱은 그냥 그곳에 등을 돌린 채 묵묵히 앉아 있었을 뿐 인간에게 반항하거나 시끄럽게 굴지 않았다. 사방이 꽉 막힌 성에 갇혀 매일 똑같은 일상을 보내는 싱싱은 인기스타라기보다는 흡사 감옥에 갇힌 죄수 같았다. 그곳에 감금된 채 온몸으로 느꼈을 선명하고 날카로운 고통은 죽을 때까지 계속됐다. 심지어 그 육체마저 온전히 소유할 수 없었다.

동물원에서 흔히 만나는 전시동물부터 멸종 위기의 판다까지, 대체 누가 우리에게 이들의 운명을 쥐락펴락할 권리를 준 것일까?

워룽의 판다도 자신이 귀여운 걸 알까?

1980년, 중국 정부는 세계자연기금(WWF)의 제안을 받아 야생 판다에 대한 공동 연구를 추진했다. 이 연구를 위해 뉴욕동물학회(1993년 '야생동물보호협회'로 명칭을 변경함-옮긴이)의 박물학자 조지 셸러(George B. Schaller)가 중국으로 향했다. 이는 중화인민공화국 수립 이래 최초로 해외기관과 공동 진행한 야생동물 연구였다. 연구는 주로 쓰촨성 워룽 지역에서 이루어졌다. 나의 첫 탐방

지이기도 한 워룽은 어릴 적부터 자주 들어왔던 곳이자, 『최후의
판다(The last panda)』에서 셀러가 몹시 그리워하던 곳이기도 하다.

　4월 중순인데도 워룽 지역의 산 정상에는 아직도 새하얀 눈
이 수북이 쌓여 있었다. 매일 햇볕이 강하게 내리쬐는 오후에는
고산지대의 눈이 녹아 계곡을 따라 산 아래로 졸졸 흘러내렸다.
워룽에 도착한 첫날, 한밤중에 세찬 흔들림을 느끼고 화들짝 놀
라며 잠에서 깨어났다. 하지만 바깥은 고요하기만 할 뿐 아무 기
척도 들리지 않았다. 이튿날 아침이 되어서야, 내가 느낀 흔들림
이 9년 전 발생한 '5.12 지진'의 여진이라는 사실을 알게 되었다.
쓰촨 대지진이 발생한 날은 2008년 5월 12일이었다. 그때 나는
판다를 관찰하러 난징(南京)의 훙산(紅山) 동물원을 찾았다. 저녁
에 엄마가 전화를 걸어와 판다 '퇀퇀'과 '위안위안'은 무사하다고
알려줬다. 당시 퇀퇀과 위안위안은 지진 피해가 심각했던 워룽보
호구역에 서식하고 있었다. 그로부터 수년 후, 전시동물 실태조사
를 펼치던 나는 판다 보호 역사로 연구 방향을 틀었다. 내가 판다
연구를 위해 과거 대지진의 진원지인 쓰촨을 찾았을 때는 퇀퇀과
위안위안은 이미 대만으로 떠난 후였다. 이후 2013년에 퇀퇀과
위안위안 사이에서 태어난 위안자이는 현재 대만인의 사랑을 받
으며 지내고 있다.

 # 판다 인공 사육과 번식

1990년대 중국은 판다 사육의 '세 가지 난제'였던 '발정, 임신, 양육'을 극
복하는 데 성공했다. 정부는 인공 사육 판다 연구에 막대한 인력과 자원을

투입했고, 국민들은 하루빨리 판다를 직접 볼 수 있길 간절히 바랐다. 이런 내외적 요인에 힘입어 인공 사육 판다의 개체 수는 점점 늘어났다. 이를 테면 수컷 판다 '판판'의 후손은 130마리가 넘는데, 이는 전체 사육 판다의 4분의 1에 해당된다.[3] 그러나 개체 수를 늘리느라 근친 교배를 거듭하면서 유전병과 돌연변이가 생길 가능성이 높아졌다. 2010년에 이르러서야, 중국 정부는 판다 '번식'보다 건강한 새끼를 낳아 잘 기르는 것이 중요하다고 강조하기 시작했다.[4]

쓰촨성에 있는 워룽국가급자연보호구역은 총 면적이 20만 평에 이르며 아바티베트족창족자치주(阿坝藏族羌族自治州)인 원촨현(汶川縣)의 서남쪽에 위치하고 있다. 이곳은 판다의 주요 서식지 중 하나이다. 워룽관리국에서 차를 타고 출발해 워룽관(臥龍關)을 지나는데, 우뚝 솟은 산이 사방으로 끝도 없이 펼쳐졌다. 용의 등줄기처럼 가지런하게 뻗은 능선이 마치 용이 누운 모양을 연상케 했다. 워룽(臥龍, '용이 누워 있다'는 뜻임-옮긴이)이란 이름도 여기서 유래했다. 촨창(川藏)고속도로에서 워룽 318번 국도를 타면 아바, 간쯔 등 티베트족 자치주로 갈 수 있다. 차를 타고 남과 북으로 솟은 산을 가로지르며 달리자 도로 양쪽으로 협곡이 나타났다. 이 보호구역 안에는 해발 5,000m 이상 되는 산이 100여 개나 있다. 차 뒷좌석에서 산 정상을 보려면 고개를 한껏 젖힌 채 아주 멀리 내다봐야만 했다. 덩성보호소(鄧生保護站)의 양젠(楊建) 소장은 이 산속에 1978년에 세워진 '우이펑(五一棚) 판다 야생생태 관찰연구소'가 있다고 했다. 중국 최초로 야생 판다를 관찰하기 위해 만든 곳이다. 우이펑이란 이름이 붙은 이유는 연구소로 올라가는 계단의 수가 총 51개라서 그렇다는 설과 중국 사회가 5월 1일 노동절을 숭상하기 때문이라는 설이 있다. 워룽특별행정구역에는 5,000명의 사람이 모여 사는 흙집인 '토루' 말고도 관광 명소가 많아서 해외 관광객의 발이 끊이지 않았다. 나는 길가에 늘어선 크고 작은 숙박 시설을 보며 내가 상상했던 보호구역의 모습과는 많이 다르다고 생각했다. 2014년, 중국 정부는 이곳에 '중국판다보호연구센터 선수핑(神樹坪) 기지'를 세웠다. 이곳은 세계 최대 규모의 판다 사육 및 번식 연구 센터였다. 그래서 워룽에는 판다를 직접 보려고 찾아온 방문객도 많았다.

이튿날 오전, 우리는 다른 관광객들과 함께 아침을 맞아 실외 방사장에 나들이 나온 새끼 판다들을 구경하러 선수핑 기지로 갔다. 새끼 판다들이 한 줄로 쭉 늘어서 앉자, 직원들이 작은 스테인리스 그릇에 이유식을 담아 하나씩 나눠줬다. 판다가 앉아 있는 모습은 인간의 아기를 닮아 있었다. 동물행동학의 아버지라 불리는 콘라트 로렌츠(Konrad Lorenz)의 '종 보존(species preserving)' 이론에 따르면, 인간은 아기처럼 광대뼈가 낮고, 몸에 비해 커다란 머리를 가졌으며, 통통한 팔다리로 바닥을 기는 동물에게 보호본능을 느낀다고 한다. 그리고 판다는 성체가 되면 인간처럼 손을 이용해 음식을 먹는다. 아마도 이것이 인간이 판다에게 빠져들 수밖에 없는 이유 중 하나일 것이다.

아침 식사가 끝나자, 직원이 수건을 가져와 새끼 판다의 입을 일일이 닦아주었다. 그 모습을 보고 "귀여워!"라는 탄성이 나오려던 순간, 이번 탐방에 동행한 탕징이 옆에서 한마디 툭 던졌다. "불쌍해! 밥 먹는 것도 사람들이 다 지켜보고, 자기 입도 혼자 못 닦잖아. 스스로는 아무것도 할 수 없다니 너무 불쌍하지 않아?" 곰곰이 생각해보니 그 말도 일리가 있었다. 보호구역의 직원들은 판다를 줄곧 '야옹이(판다가 고양이를 닮아서 붙은 별명-옮긴이)'라고 불렀다. 처음에는 그냥 친근한 호칭 같다고 생각했는데, 가만히 생각해보니 판다는 원래 야생동물이었다. 고양이나 개처럼 인간에게 길들여진 동물이 아니었다. 판다는 새끼 때 사육사와 곧잘 어울려 노는데, 관람객들은 그 모습이 귀엽다며 몹시 좋아했다. 하지만 성체가 된 판다는 사람에게 전혀 흥미를 보이지 않는다고 한다. "감정이랄 게 없어요." 사육사가 한숨을 쉬며 나지막하게 말했다.

전국 판다 개체 수 조사

10년에 한 번씩 진행하는 '전국판다개체수조사(약칭 '판조')'는 중국에서 가장 대표적인 종 조사다. 1970~1980년대에 빈곤한 산간 지역에서는 정부로부터 보조금을 더 많이 지원받고자 판다 개체 수를 늘려서 보고하는 일이 종종 있었다. 이에 대해 영국 동물학자 존 맥키넌(John MacKinnon)은 이렇게 말했다. '중국의 일부 현들은 판다 개체 수를 부풀림으로써 보조금을 더 많이 챙겼다. 반면 중국 정부는 외부에서 봤을 때 판다 개체 수가 적어야 국제 사회로부터 기부금을 더 많이 원조받을 수 있다고 여겼다. 따라서 중국 정부가 발표한 통계수치는 신뢰하기 어렵다.' 판다가 희귀할수록 획득할 수 있는 외화(외국 자본)가 더 늘어날 가능성이 있다. 그래서 과거에는 중국정부가 공식 발표한 수치 말고도 중국 내에 떠도는 수치가 따로 존재했다. 물론 현재도 판다 개체 수는 여전히 민감한 문제다.[5]

해가 저물기 전, 우리는 워룽보호구역에서 가장 높은 곳에 위치한 덩성보호소에 도착했다. 눈발이 수시로 흩날리는 고산지대의 공기는 폐가 얼어붙을 듯 차가웠다. 그래도 직원들은 밖으로 잠시 나와 바람을 쐬다가 식당에 들어가 동료와 어울렸다. 우리는 보호소 직원 7~8명 정도와 함께 저녁을 먹기로 했다. 우리를 환영하는 자리라 그런지 신경을 쓴 듯 식탁에 고기반찬이 풍성하게 올라와 있었다. 소장은 언젠가 설날에 직원들과 소 한 마리를 통째로 잡아먹었던 얘기를 하며 너스레를 떨었다. 모두가 즐겁게 웃고 떠드는 상당히 유쾌한 식사 자리였다. 이곳 순찰대의 주 업무는 방범 순찰과 산불 예방 감시였다. 수십 년 전에는 도난 사고도 빈번하게 발생했지만, 지금은 거의 사라졌다고 했다. 나는 워룽보호구역으로 오는 길에 소수민족이 방목하는 소와 말 떼를 봤다. 사실 이 지역은 가축 방목은 물론, 죽순과 약재 채취 같은 행위를 모두 금하고 있다. 그러나 대체로 말로만 가볍게 주의를 주는 데에 그친다. 아무래도 산간 지역이다 보니, 이 밖에도 여러 금기와 생존법이 있었다. 이곳 사람들이 입버릇처럼 하는 말 중에 '아침에 부르지 말고, 저녁에 불지 말라(早不唱, 晩不吹).'가 있다. 이 말인즉, 산에서 아침저녁으로 노래를 부르거나 휘파람을 불지 말라는 뜻이다.

순찰을 한번 나가면 하루 이상 걸릴 때도 있어 안전에 각별히 주의를 기울여야 했다. 특히, 워룽에서 가장 멀리 떨어진 주자이거우(九寨溝)까지는 수일이 걸리므로 절대 혼자서 산을 오르면 안 된다. 한겨울에 산에서 야영할 때는 순찰대원들도 추위를 견디기 위해 소똥을 주워 불을 피운다고 했다.

보호구역에서 일하는 직원들의 월급은 약 수천 위안으로 그리 나쁘지 않은 수준이었다. 그러나 이들은 산이 아니라 도시로 나가 직장을 다녀야 체면이 선다고 생각했다. 중국은 자녀 교육열이 상당히 높은 국가이다. 십여 년 전만 해도 중국 대도시 대학생들의 과외비는 한 시간에 약 10위안(약 1,800원-옮긴이)이었다. 그런데 여기 직원의 말을 들어보니 현재 딸 학원비가 한 시간에 수백 위안이나 된다고 했다. 나로서는 상상하기 힘든 액수였다. 중국은 경쟁이 치열한 사회였다. 학교에서 높은 점수를 받아 좋은 대학을 가는 것은 낙타가 바늘구멍을 통과하듯 엄청 어려

워룽자연보호구역의 덩성보호소에서 보내는 첫날, 직원들에게 극진한 저녁 식사 대접을 받았다. 현지 직원들은 대부분 창족 청년이었다.

중국판다보호연구센터 선수핑 기지에서 새끼 판다들을 많이 볼 수 있었다.
나무 위로 기어 올라간 장난꾸러기 판다.

웠다. 게다가 인맥을 중시하는 사회라서 인맥이 없으면 여러모로 불편했다. 나는 운 좋게도 내가 좋아하는 연구를 할 수 있었다. 그리고 동물보호가 사치라고 생각하는 중국 대중의 인식을 변화시키는 데 조금이나마 기여할 수 있어 행복했다.

왕랑, 동화 속 세계

우리는 워룽보호구역을 뒤로하고, 쓰촨성(四川省) 몐양시(綿陽市) 핑우현(平武縣)에 위치한 왕랑국가급자연보호구역으로 향했다. 면적이 약 323km^2에 달하는 이 보호구역의 주변은 바이마(白馬) 티베트족의 생활 터전이었다. 우리는 가는 길에 '천하제일의 판다현'이라 불리는 핑우현의 현성(縣城, 현정부 소재지)을 지나갔다. 도시 건설은 대부분 끝난 상태였는데, 집 앞에 걸린 문패부터 교통표지판까지 전부 세계자연기금의 판다 로고가 그려져 있다는 점이 흥미로웠다.

탕징은 내가 처음 베이징에 와서 사귄 친구 중 하나였다. 미술사 전공으로 중앙미술대학에서 석사 과정까지 마친 그녀는 나와 대화가 무척 잘 통했다. 보호구역을 탐방할 때 탕징이 옆에 있어 준 덕분에 나는 무척 든든했다. 왕랑국가급보호구역에서 처음 식사하던 날이었다. 얼마 전 이곳에 온 50개국의 전문가들이 쓰러질 때까지 술을 마셨다는 얘기를 전해 듣고 나는 걱정이 앞섰다. 다행히 탕징이 술자리에 참석한 경험이 많았다. 나는 탕징이 귀띔해 준 대로 술을 마시는 척하면서 남들이 안 볼 때 테이블 밑으로 몰

래 쏟아버렸다. 이 자리에는 1997년부터 이곳에서 근무한 천유핑
(陳佑平) 선생도 함께했다. 천 선생은 나이에 비해 정정하고 활기찬
목소리로 왕랑국가급보호구역이 세계 여러 나라와 활발한 학술연
구를 펼치고 있으며, 풍부한 학술자료와 물자를 보유하고 있다고
자랑했다. 순찰대원은 대여섯 명 정도 있었는데, 이들은 2주에 한
번씩 집에 돌아갈 수 있었다. 그 밖에도 큰 원형 테이블 주위를 분
주히 돌아다니는 식당 아주머니 한 명도 보였다. 연구원들이 지내
는 숙소 내부는 쾌적하고 좋았다. 숙소는 마치 요새처럼 산에 둘
러싸여 있었다. 이곳도 워룽과 마찬가지로, 봄과 여름에 꽃을 구
경하기가 어렵다고 한다. 날이 어두워지자 별들이 밤하늘을 가득
채웠다. 낮이고 밤이고 기온이 매우 낮았던 탓에 나는 이곳에 머
무는 내내 베이징에서 가져온 겨울옷을 한시도 벗지 못했다.

극상군집과 우산종

극상군집(climax community)은 생태학에서 식물과 동물, 균류로 이루
어진 생물군집이 생태 천이(遷移, 일정한 지역의 식물 군락이나 군락을 구
성하고 있는 종들이 시간의 추이에 따라 변천하여 가는 현상-옮긴이)를 겪은
후 도달하는 최종 단계로 상대적으로 안정된 상태를 의미한다. 모든 종은
자신이 속한 곳의 기후 등 여러 환경 조건에 적응할 능력이 있으므로 최종
적으로 안정적 상태에 다다를 수 있다고 본다.

판다가 서식 중인 국가급자연보호구역에서는 관광객의 활동 범위가 현지
인보다 제한적이다. 하지만 현지인이라도 판다 보전의 핵심 구역에는 함
부로 출입할 수 없다. 판다가 생존하기에 적합한 환경을 조성하고 있는 이

핵심 구역은 다른 종들에게도 마찬가지다. 다시 말해, 판다를 보호함으로써 그 일대에 살고 있는 수많은 종은 물론 생태환경도 보전할 수 있다. 이처럼 마치 우산을 펼치듯 다른 종들을 보호하는 판다를 '우산종(umbrella species)'이라고 한다.

다음 날 아침, 우리는 적외선 카메라의 배터리와 메모리카드를 교체하기 위해 다워당(大窩凼)으로 향했다. 가는 도중에 커다란 나무로 둘러싸인 숲길이 나타났다. "이곳이 바로 극상군집, 가장 안정된 생태계를 이룬 곳이죠."라고 천 선생이 설명했다.

이곳에 도착할 때까지도 눈이 보슬보슬 내리고 있었다. 고개를 들자 저 높이 송라(松蘿) 위로 소복이 내려앉은 눈이 보였다. 송라는 고산지대에 서식하는 식물로 버드나무의 어린 가지에 기생한다. 듣기로 공기가 가장 청정한 곳에서만 자란다고 한다. 주위를 둘러보니, 우리가 타고 온 차량 말고는 인간의 자취는 찾아볼 수 없었다. 자동차 시동을 끄고 내리자 고요하고 상쾌한 아침 숲이 우리 앞에 펼쳐졌다. 내가 지금껏 중국에서 가봤던 장소 중 단연 가장 아름다운 곳이었다.

다워당에 들어가기 전에, 우리는 1976년에 발생한 '쑹핑(松平) 대지진(7.2도 지진이 두 번 발생함)'이 훑고 지나간 산등성이를 마주했다. 놀랍게도 폐허처럼 거칠고 모난 자갈들만 깔려 있고 푸르름이라고는 찾아볼 수 없었다. 나는 땅속 깊은 곳에 잠들어 있는 어마어마한 대자연의 힘을 새삼 실감했다. 그리고 수십 년이란 세월이 흘렀음에도 생기를 되찾지 못한 이 땅에서 세상의 무상함

마저 느꼈다. 나는 문득 이 세상에 사람의 힘으로 어찌할 수 없는 것들이 존재한다는 생각이 들었다. 인간이 과연 우주 만물의 조화(造化)를 이루어낼 수 있을까? 인간의 지혜로 만들어낸 산물은 얼마나 오래갈 수 있을까?

사실 워룽 지역에 있던 수십 년 전에 지어진 벌목장 주변도 이곳과 비슷했다. 산비탈에 나무 몇 그루만이 덩그러니 남아 약간의 생기를 불어넣고 있었다. 1980년대, 중국 정부가 판다 42마리를 분산시킨 현들에 총 28개의 대형 임업 관련 기업과 벌목장이 들어섰다. 나무로 울창했던 숲은 순식간에 민둥산이 되어버렸다. 그리고 줄기가 곧고 굵은 교목림이 키가 작은 관목림으로 대체됐다. 그 결과, 1975년부터 1988년 사이에 판다 서식지의 면적이 50% 줄어들었고, 1980년대 말에는 20여 개의 작은 점으로 축소되었다.[6]

산림 벌목은 판다의 생존을 크게 위협하는 요소다. 사실 대나무 꽃과 지진, 벌목 등이 판다 생존에 어떤 영향을 끼쳤는지 연구를 통해 밝혀내기란 쉽지 않다. 하지만 인위적 요소만이라도 최소한으로 줄이고자 노력한다면, 멸종 위기에 처하는 종이 점점 늘어나는 상황을 피할 수 있지 않을까? 생태계가 돌이킬 수 없는 지경에 이르고 나서 뒤늦게 대책을 강구해봤자 소 잃고 외양간 고치는 격이다. 오히려 악영향을 끼칠 수도 있다.

우리는 산짐승이 지나다니는 길을 따라 산을 타기 시작했다. 길 양편으로 관목과 교목, 대나무가 간간이 늘어서 있어 천연 회랑을 걷는 듯한 기분이 들기도 했다. 땅에 두툼하게 쌓인 눈 때문

왕랑자연보호구역에서 우리는 산짐승이 다니는 길을 따라 올라갔다.
내가 두 손 두 발로 거의 기다시피 올라가는 동안, 직원들은 이미
저만치 올라가서 나를 기다리고 있다.

에 발밑에 뭐가 있는지 알 수 없었다. 다만, 발을 내디딜 때마다 솜이불을 밟는 것처럼 푹신푹신해서 기분이 좋았다. 우리는 쉬지 않고 계속 위로 올라갔다. 서른 남짓의 순찰대원은 지금 이 계절에 산을 타는 게 가장 재미있다고 했다. 눈이 쌓여 넘어져도 다칠 걱정을 할 필요도 없는 데다, 마치 축지법을 쓰듯 산을 단숨에 내려갈 수도 있다고 했다. 딱 한 가지, 주의할 점이 있었다. 바로 눈 밑에 파묻혀 있는 대나무였다. 아무 생각 없이 바닥을 짚었다가는 뾰족한 대나무 줄기에 손바닥을 찔릴 수도 있다고 했다. 나는 산을 오르던 중에 눈 위로 삐죽 튀어나온 대나무를 몇 번이나 발견했다. 나무젓가락처럼 가늘고 날카로운 것이 마치 동화 속 세계에 몰래 감춰둔 섬뜩한 은빛 메스처럼 느껴졌다.

주변에 대나무가 있는 것으로 봐서, 이곳에 판다의 활동 흔적이 남아 있을 가능성이 컸다. 순찰대원 량춘펑이 빽빽하게 우거진 대나무 숲 앞에 멈춰서더니 두 손으로 바닥에 쌓인 눈을 휙휙 털어냈다. 잠시 후 그의 손에는 고구마만 한 크기의 뭔가가 들려 있었다. "이거 좀 보세요, 판다 똥이에요." 그 말에 모두 가까이 다가갔다. "장 점액이 묻어 있지 않은 걸로 봐서, 변을 본 지 한 달은 지난 것 같네요." 천 선생이 말했다. 나는 분변을 받아서 자세히 들여다봤다. 분변 크기는 약 10cm 정도로 잘게 잘린 대나무 잎과 줄기가 겹겹이 뭉쳐진 형태였다. 언뜻 보면 절묘한 형태의 죽공예품처럼 보이기도 했다. 향긋한 풀내음까지 났다. 사실 판다는 야생동물이라서 본능적으로 사람들을 피해 활동했다. 워룽 같은 현에서도 판다를 만나기란 하늘의 별 따기였다. 보호구역에서 약

20년간 근무한 직원들조차 판다가 야생에서 활동하는 모습을 본 적이 거의 없다고 했다. 그래서 야생 판다의 행적을 추적하는 방법 중 하나로 분변에서 추출된 DNA 정보를 활용하고 있다.

산을 오르던 중 판다의 활동 흔적 말고도 흑곰이 나무를 오르거나 가지를 물어뜯은 자국도 발견했다. 얼마 전에 다녀간 듯 발톱과 이빨 자국이 선명했다. 수컷 판다가 암컷을 쟁취하기 위해 싸움을 벌인 현장도 찾아냈다. 번식철에는 암컷 판다가 강렬한 냄새를 뿜으며 주변에 있는 수컷 판다들을 끌어들인다. 수컷 판다들끼리 싸우는 사이, 암컷 판다는 나무 위로 올라가 그 모습을 구경한다. 최종 승리한 수컷이 홀로 나무 위로 올라가 암컷 판다와 짝짓기를 한다. 이때 새끼 판다가 근처에서 이 모든 과정을 지켜보고 있다. 새끼 때 이런 경험을 하지 못하면 성체가 된 후에 자연 교배에 성공할 가능성이 지극히 낮다고 천 선생이 알려줬다.

대략 1시간 동안 나는 손과 발을 다 동원해 거의 기어가다시피 약 100m 정도를 올라갔다. 그러자 적외선 카메라를 설치한 장소가 나타났다. 동물이 카메라 앞을 지나가면 자동으로 사진 촬영이 되는 동시에, 1분가량 영상이 녹화됐다. 야생동물은 가끔 이 이상하고 낯선 물건을 이빨로 잘근잘근 씹어놓는다고 했다. 이 안에 담긴 영상은 더없이 중요한 학술자료였다. 천 선생이 우리와 대화를 나누던 중에 갑자기 카메라 앞에 있는 커다란 나무를 뚫어지게 쳐다봤다. 곧 나무 앞으로 다가가 나무껍질 사이에 낀 하얀 털 한 가닥을 빼냈다. 그리고 나무줄기에 얼굴을 붙일 듯이 가까이 댔다. 처음에는 노안 때문인 줄로만 알았는데, 알고 보니

<table>
<tr><td colspan="2" align="center">1</td></tr>
<tr><td>2</td><td>3</td></tr>
</table>

1 왕랑 다워당에서 우리는 산짐승이 다니는 길을 따라 올라갔다. 그 길의 끝에 적외선 카메라가 설치되어 있었다. 왼쪽부터 나, 천유핑 선생, 탕징.

2 왕랑자연보호구역에 있는 냉장고 안, 순찰대원들의 식량(오른쪽) 과 연구에 필요한 판다 분변(왼쪽).

3 판다 분변에서는 역한 냄새가 전혀 나지 않으며 오히려 향긋한 풀내음이 난다. 대나무로 만든 공예품처럼 보이기도 한다.

왕랑자연보호구역 안 수컷 판다가 암컷을 얻기 위해 결투를 벌인 장소.

판다의 냄새를 맡기 위해서였다. "이쪽으로 와 보세요." 천 선생이 우리에게 말했다. "야생동물은 냄새로 서로를 구별할 수 있어요. 언제쯤 왔다 갔는지도 알 수 있어 서로 마주치지 않고 피해 다닐 수 있죠." 그 말을 듣고 판다의 별명이 '숲 속의 은둔자'라는 것이 생각났다. 이렇게 독립적인 생활을 선호하는 판다가 과연 사람들로 북적이는 동물원에서 살고 싶어 할까? 과거 주쩡훙 교수는 이런 말을 하기도 했다. "애니메이션 속 판다처럼 암컷과 수컷이 늘 붙어 있기를 바라는가? 인간처럼 가정을 꾸리고 살아가길 바라는가? 마치 원수와의 동거처럼 괴롭고 고통스러울 것이다."

만약 '위안자이'가 돼지였다면?

왕랑을 떠난 후, 나는 핑우현에 있는 관바거우(關壩溝)유역자연보호구역, 라오허거우(老河溝)자연보호구역, 광위안시(廣元市) 칭촨현(青川縣)에 위치한 탕자허(唐家河)국가급자연호보구역, 청두판다연구기지, 야안시(雅安市)에 있는 비펑샤(碧峰峽)기지 등을 차례대로 방문했다. 각 기지마다 자연 경관과 인문 환경이 조금씩 달랐으며, 조직 구조와 운영방식에도 각기 특색이 있었다. 판다 보호 활동에서 각자 수행하는 임무에도 차이가 있었다. 나는 이번에 박사 논문을 준비하면서 판다를 선물 받거나 소유하고 있는 중국과 해외의 여러 시설을 방문했다. 판다의 귀여운 자태에 기분이 좋았다가도, 어린이 장난감이 덩그러니 놓인 밀폐된 공간에서 에어컨 바람을 맞으며 더위를 식히는 모습을 보면 안쓰러운 마음이 들었다. 셸러의 『최후의 판다』에 이런 구절이 나온다. '만약 판다가 대나무 숲에서 조용히 살아갈 수 있었다면, 온갖 매스컴을 통해 전 세계에 알려지는 일도, 인간의 이기적 탐욕에 휘둘리는 일도 없었을 것이다. 그리고 대나무 개화 현상을 핑계 삼아 대대적인 포획 활동을 벌이거나 보호소를 세우는 일도 없었을 것이다. 그랬다면 수많은 판다가 자유를 잃는 일도 발생하지 않았을 것이다.'[7] 엄마는 20만 자가 넘는 내 논문을 다 읽고 딱 한마디로 정리했다. "만약 위안자이가 돼지였다면 어땠을까?" 순간 나도 모르게 웃음이 터져나왔다. 하지만 이보다 더 적절한 표현은 없는 듯했다. 사람도 유명세에 시달릴까 봐 이름나는 것을 두려워하는데, 판다라고 다르겠는가?

야안시 비평샤기지에 사는 새끼 판다는 마음껏 나무를 오를 수 있다. 도시 동물원은 줄이나 그물, 풀 모형 등에 전류를 흘려보내 동물의 활동 범위를 제한하고 관광객의 시야에서 벗어나지 않게 한다.

비평샤기지의 새끼 판다들은 도시 동물원보다 훨씬 나은 환경에서 생활한다. 도시 동물원에서는 사진 오른쪽에 보이는 어린이 장난감을 판다 전시 공간에 갖다 놓는 경우가 허다한데, 이런 물건은 성체 판다에게 아무 쓸모가 없다.

타이베이 무자(木柵) 동물원에 있는 엄마 '위안위안'과 둘째 딸 '위안바오'.
덥고 습한 날씨 때문에 거의 모든 시간을 에어컨이 달린 작은 전시실
안에서 지낸다. 이들은 과연 행복할까?

깃대종 보호, 우리의 판단이 옳은가?

　대나무 꽃을 본 적 있는가? 옛날 사람들은 대나무에 꽃이 피는 현상이 자연의 섭리인 줄 몰랐다. 그래서 이 현상을 길흉의 징조로 판단하고 여러 해석을 내놓았다. 사실 대나무에 꽃이 피는 시기는 품종마다 다르다고 알려져 있다. 어떤 것은 60년을 주기로 꽃을 피우기도 해서 평생에 한 번 보기도 힘들다. 이렇다 보니 현재 학계에 발표된 논문만 가지고 심도 깊은 연구를 진행하는 데는 한계가 있다.

　과거 중국의 학자들은 1976년 쓰촨성 북부의 민산(岷山) 산맥에서 서식하는 화길죽(華桔竹, 현재 괴곤죽拐棍竹으로 명칭이 바뀜)의 개화 현상이 판다 138마리의 죽음과 연관성이 있다고 결론을 내렸다.[8] 그해 마오쩌둥이 별세했다는 비보까지 전해지자, 중국 민간에서는 국가 주석의 죽음을 '국보' 판다의 떼죽음과 연결 짓기도 했다. 그해 있었던 지진과 벌목 활동이 판다의 죽음에 영향을 줬다고는 생각하지 못했다.

　1983년에 판다가 서식하는 6대 산맥 중 하나인 충라이산(邛崍山)에 또다시 대나무 꽃이 피는 현상이 대규모로 발생했다. 대나무는 꽃이 핀 후에 시들어 죽기 때문에 사람들은 판다가 먹이 부족으로 굶어 죽지는 않을까 걱정했다. 이에 중국 정부는 신속하게 판다 구조대를 조직해 파견했다. 이들은 산 초입에 양고기, 옥수수 찐빵, 훈연한 양갈비, 돼지갈비를 가져다놓고 판다 유인 작전을 펼쳤다.[9]

그러나 워룽 지역에서 연구를 진행한 셸러도, 산시성(陝西省) 친링(秦嶺)산맥에서 60년간 야생 판다를 관찰한 베이징대학의 판원스 교수도 대나무 개화 현상으로 판다가 먹이 부족에 시달렸다는 어떤 근거도 찾아내지 못했다. 당시 현지에 파견했던 구조대도 굶주린 판다를 한 마리도 발견하지 못했다.[10] 그렇다면 1990년까지 총 118마리의 판다를 구조한 것을 어떻게 이해하면 좋을까? 그중 82마리만 살아남았다는 것은 또 무엇을 의미하는 것일까?[11]

당시 판다 '구조' 활동이 실은 '포획' 활동과 다름없었다고 보는 것이 합리적이다. 대나무 개화 현상 때문에 중국에서 판다 구조 활동을 대대적으로 펼치고 있다는 소식이 세계 각국에 보도됐다. 1983년, 중국 정부는 '중국야생동물보호협회'를 창설한 후 가장 먼저 국내외 모금 활동을 전개하도록 지시했다. 미국의 레이건 전 대통령 부부와 일본 연예인 구로야나기 테츠코(黑柳徹子)를 대표로 한 일본 사절단은 중국을 방문해 자국에서 모아온 기부금을 정부 측에 직접 전달했다. 그 밖의 수많은 나라와 비정부기구에서도 기부금과 물품을 보내왔다. 이는 어찌 보면 중국이 국제 사회에 판다 구조를 위해 도움을 요청함으로써 세계 정치 무대로 나갈 발판을 마련했다고도 볼 수 있다.

지금도 중국 민간에서 불리는 〈판다 미미(熊貓咪咪)〉라는 노래는 대나무에 꽃이 피어 굶주림에 처한 판다가 인간이 구하러 와주길 기다린다는 내용이다. 이 노래는 중국 가수 청린(程琳)이 불렀고, 대만 작사가 허우더젠(侯德健)이 가사를 썼다. 당시에 허우더젠과 청린 사이에 염문설 나기도 했는데, 이는 대만과 중국의 관계를 일부러 아름답게 연출하려는 의도로 읽히기도 한다. 노래 가사는 다음과 같다.

대나무에 꽃이 피었어요
미미는 엄마 품속에 누워 별을 세어요
별아, 아름다운 별들아
내일 아침은 어디서 구하지
미미야, 미미야 믿어줄래
우리는 널 잊지 않았어
달님은 하늘 높이 걸려 있고
너는 항상 우리 마음속에 있단다
너를 도와줘도 될까
나를 돕는 것처럼
너를 보살펴줘도 될까
나를 보살피듯이
세상은 더욱 아름다워질 거야
저기 떠오른 태양이
너와 나를 비추고 있어
우린 같은 공기를 마시고 있어
이 세상을 우리 함께 헤쳐 나가자

지난 수십 년간 판다 보호는 실험실 연구에 치중됐으며, 인공 사육과 번식에 중점을 두고 막대한 자원을 투입해왔다. 그 결과 세계 각지의 동물원 같은 수용 시설에 사는 전시 판다의 수가 점점 늘고 있다. 이런 현상이 나타난 배경에는 지난 역사와 어느 정도 연관성이 있어 보인다. 그러나 보다 근본적인 이유는 따로 있다. 바로 판다가 생존능력과 번식력이 떨어지는 멸종 위기의 동물이라는 고정관념이다. 이 고정관념은 〈판다 미미〉 노래처럼 지금까지도 이어지고 있다.[12]

종장

모든 동물은
나의 스승이다

요즘은 '동물보호'라는 말을 주변에서 자주 듣는다. 그런데 동물보호는 어떻게 하는 것일까? 또 누가 동물을 제대로 보호하고 있는 걸까? 각 단체마다 동물보호를 이해하는 방식은 물론, 시작하게 된 계기가 다를 수 있다. 심지어 서로 모순되거나 충돌할 수도 있다.

　　동물전시업자는 동물원이 동물을 보호할뿐더러 생물종 보전에 중요한 역할을 한다고 믿는다. 반면 동물권 운동가에게는 동물을 감금하는 장소 그 이상도 그 이하도 아니다. 반면에 길고양이를 거둬 돌봐주는 캣맘과 캣대디는 자신들이 동물에게 실질적 도움을 준다고 생각한다. 하지만 생태계 보전과 공중위생에 해가 될 수 있다는 우려의 목소리도 존재한다. 나의 첫 동물보호 활동은 길고양이가 중성화 수술을 받도록 동물병원에 데려간 것이다. 나는 고양이가 건강을 회복할 때까지 돌봐주다 원래 살던 곳에 방생하거나 입양처를 찾아줬다. 한편 중국에서는 포털사이트에 '동물보호사이트'라고 검색하면 축산업자에게 필요한 동물용 의약품에 대한 정보가 나온다. 얼핏 들으면 이해가 되지 않을 수도 있다. 축산업자는 자신의 재산과 다름없는 가축이 병에 걸리거나 죽으면 막대한 손해를 본다. 그래서 도축 전까지 가축을 건강하게 돌보는 것도 일종의 동물보호로 간주되는 것이다.

공포의 호생원

2018년, 나는 이 세상에서 가장 무서운 곳을 방문했다. 그곳은 동물원도, 사육장도, 번식장도 아니었다. 하물며 도축장은 더더욱 아니었다. 동물을 보호하는 곳이라 자처하는 호생원(護生園)이었다.

동물을 보러 가기 전, 우리는 잠시 불당에 들렀는데, 불상 앞에는 공양물로 바친 과자꾸러미가 잔뜩 쌓여 있었다. 오랫동안 방치됐던 탓인지 먼지가 뽀얗게 앉아 있었다. 난간 쪽으로 걸어가 밖을 내다보니 언덕 앞 푹 파인 구덩이에 낡은 천막이 쳐져 있고, 그 밑에 황소 세 마리가 목에 밧줄이 매인 채 서 있었다. 이날 먼 길을 마다않고 달려온 자원봉사자 왕이퉁은 굶주린 동물들에게 갖다주겠다며 길가에 자라난 풀을 손에 잡히는 대로 잡아 뜯었다. 당시 내 표정은 왕이퉁이 보기에 무척 담담해 보였을 것이다. 그도 그럴 것이 나는 이곳의 동물복지가 엉망이라는 사실을 진즉 들어 알고 있었다. 그러나 마음의 준비를 하고 왔음에도 내 눈앞에 펼쳐진 광경은 생각보다 더 끔찍했다.

불교 호생원의 실체

별안간 마음이 무거워진 나는 선뜻 발이 떨어지지 않았다. 그러나 안에 들어가 보지 않고, 내 눈으로 직접 봤다고 말할 수는 없는 노릇이었다.

1
—
2 | 3

1 중국 자오쭤시(焦作市) 불교 호생원 앞에 있는 나무 표지판에는 이곳의 열악한
사육환경과 극명하게 대비되는 글귀가 적혀 있다(표지판 번역은 다음과 같다.
"만물은 서로 의지하며 살아가야 합니다. 동물의 생명을 소중히 여기며 자비로
충만한 세상을 만듭시다").

2 이곳 동물들은 사람만 보면 음식을 구걸하러 허겁지겁 달려온다. 음식과 적절한
돌봄이 절실해 보이는 나귀를 보며 우리는 몹시 가슴이 아팠다.

3 삐쩍 마른 여우와 너구리. 스님에게 어찌된 상황인지 물어봤지만 엉뚱한 대답만
돌아올 뿐이었다.(런란(任冉) 촬영)

'애니멀 호딩(animal hoarding)' 혹은 '동물수집벽'이란 말을 들어본 적이 있을 것이다. 이는 일종의 정신병으로, 자신이 감당할 수 있는 범위를 넘어 지나치게 많은 동물을 키우는 행위를 말한다. 이런 경우 대개 복지 수준이 형편없으며, 동물들이 기본적 돌봄조차 받지 못하는 경우가 허다하다.[1] 이 호생원은 동물을 수집하기 위해 설립된 곳이 아니다. 그러나 동물을 무한정 데려오기만 하고 좋은 입양처를 찾아주거나 제대로 돌보지 않는다는 점에서 애니멀호딩과 별반 다르지 않다. 이는 동물들을 돕기는커녕 오히려 해를 끼치는 행위다. 듣기로 이 호생원에서 죽어나간 말들이 한두 마리가 아니라고 했다. 아이러니하게도 이곳의 규모는 상당히 큰 편이었다. 땅도 널찍한 데다 연못도 있었다. 한쪽에는 미래의 동물보호교육센터라는 표지판도 세워놓았다. 그리고 전문 업체까지 불러다 홍보 영상까지 촬영했는데, 이 영상을 본 내 친구들은 감탄을 금치 못했다. 하지만 이곳을 관리하는 스님은 동물의 기본 욕구에 대해 무지했다. 동물들은 굶주림에 시달리다가 죽기 일쑤였다. "동물이 죽음을 두려워하는 건 지각(知覺)이 없기 때문입니다." 스님은 이렇게 말하며 숨이 곧 끊어질 것 같은 나귀와 말 앞에다 불경을 자동으로 읊어주는 염불기를 내려놓았다. 그리고 마치 재판관이 판결을 내리듯 단호하게 말했다. "하루 빨리 극락세계로 가거라."

이 호생원에 사는 말과 나귀, 돼지, 소, 오리, 물고기, 고양이, 개, 여우 등은 하나같이 영양 상태가 극도로 안 좋아 보였다. 나는 문득 이곳에 오기 전까지 어떤 삶을 살았는지 궁금해졌다. 여기보다 사육환경이 더 안 좋았을까? 사실 이곳에는 동물을 위한 시설이 아무것도 없었다. 먹이도 배불리 먹을 수 없었다. 동물들은 이런 곳에서 '보호'를 받는 편이 더 낫다고 생각할까? 사실 이 동물들이 굶주림에 시달리는 이유는 운영비가 바닥나서가 아니라, '방생' 혹은 '호생(護生, 방생보다 넓은 개념으로 생명을 보호한다는 뜻-옮긴이)'이라고 알려진 활동에 전부 써버렸기 때문이다. 그런데도 직원들은 동물을 끝없이 거둬들이고 있었다. 어찌 보면 먹이보다 동물에 대한 지식과 인력이 부족한 것이 더 큰 문제일지도 모른다. 무엇보다 이곳에는 애정과 관심을 갖고 동물을 돌봐줄 직원이 단 한 명도 없었다.

이 호생원은 허난성의 우즈현(武陟縣)에 위치해 있었다. 극도로 외진 곳이다 보니 대부분의 중국인들도 들어본 적이 없을 정도였다. 나는 아무리 생각해도 여기까지 찾아올 사람이 있을 것 같지 않았다. 그리고 이곳이 동물보호의 중요성을 깨닫고 관련 지식을 쌓을 만한 장소인지 의문스러웠다.

중국에서는 매년 '대학생 동물보호 여름캠프'가 개최되고 있다. 각 성(省)에 있는 사찰을 돌아다니며 캠프가 진행되는데 그해 나는 주최 측의 요청으로 강의를 하기 위해 참가했다. 감사하게도 사찰 측은 장소를 무료로 대여하고 있었다. 허름한 환경에 물과 전기도 충분치 않았지만, 이 점은 내게 그리 큰 문제가 되지 않았다. 그보다 중국 현지의 동물보호에 대한 이해와 실천 방식이 내가 알고 있던 것과 너무 달라서 난감했다. 그리고 이제 막 지은 듯한 호화롭고 화려한 응접실을 보는 순간, 이 사찰이 동물보호로 세계적인 명성을 쌓고 있는 곳이 맞는지 당혹스러운 동시에 분노가 일었다.

"때리지 마세요!" 갑자기 밖에서 왕이통의 다급한 외침이 들려왔다. 서둘러 나가 어찌된 일인지 물어보니, 방금 전 우리가 도착한 소리를 듣고 안에서 직원이 요깃거리를 챙겨 나왔는데, 그 모습을 보고 배곯은 말이 달려들자 직원이 냅다 몽둥이를 휘두른 것이다.

실험용영장류번식센터

우리는 벽돌을 높이 쌓아 올린 담장이 길게 이어진 길을 달려 또 다른 호생원에 도착했다. 호생원 앞에 도착해 크고 육중한 철문을 보는 순간, 방금 전 차창 밖을 내다볼 때처럼 숨이 턱 막히는 느낌이 들었다. 나는 '허난성실험용영장류번식센터'라는 문패가 걸린 철문을 밀며 인간이 만들어 놓은 N번째 지옥으로 또다시 걸어 들어갔다.

이곳은 허난성의 유일한 실험용영장류번식센터였는데, 얼마 전 운영자가 암에 걸리는 바람에 불교 호생원으로 바뀌었다고 한다. 하지만 내부 시설과 사육환경은 달라진 게 거의 없었다. 말이나 개 몇 마리만 더 늘어났을 뿐이었다. 마침 우리가 갔던 날에는 자랏과 동물이 새로 들어왔다. 처음 갔던 호생원처럼 이곳에 있는 말도 뼈가 다 드러날 정도로 앙상했다. 말이 우리를 발견하고 허둥지둥 달려왔는데, 배가 몹시 고팠는지 두 눈에 생기가 전혀 없었다. 한쪽 철창에는 개들이 갇혀 있었다. 철창 크기는 개들의 몸집에 비해 약간 큰 정도라서 몸을 돌리기도 버거워 보였다. 우리가 방문했을 때는 뜨거운 햇살이 쏟아지는 7월이었는데도, 철창 안에는 사료는커녕 물도 없었다. 나는 일렬로 늘어선 시멘트 건물 쪽으로 향했다. 수십 마리의 원숭이가 갇혀 있는 곳이었다. 내가 가까이 다가가자 안에서 원숭이의 날카로운 울음소리가 들려왔다. 낮은 건물에는 창문이랄 것도 딱히 달려 있지 않았다. 나는 건물에 난 작은 구멍을 통해 새끼를 품에 안은 어미 원숭이를 어렴풋이 볼 수 있었다.

건물 주위에는 잡초가 무성한 데다 온갖 위험물이 방치되어 있어 가까이 다가가기 어려웠다. 게다가 사람 키만큼 자란 잡초에 둘러싸여 있어 더 폐허처럼 보였다. 초기 동물원에서 사용하던 우리도 있었다. 그 안에는 고슴도치와 비슷하게 생긴 호저(豪豬)가 있었다. 우리마다 거의 한 마리씩 들어 있었는데, 종류는 크게 두세 가지인 듯했다. 나는 비통한 마음으로 동물들을 바라볼 수밖에 없었다. 우리 안은 동물 말고는 아무것도 없었다. 이런 곳에서는 환경 풍부화는 고사하고 음식과 물 같은 기본적인 욕구조차 채우기 어려워 보였다.

내가 카메라를 들고 시멘트 건물 안으로 들어가자, 원숭이들이 마구 날뛰기 시작했다. 암컷과 수컷 원숭이 한 쌍씩을 가둔 우리가 복도 한쪽에 쭉 늘어서 있었다. 나는 철창 밖으로 팔을 뻗은 수컷 원숭이에게 붙잡히지 않으려고 등을 벽에 바짝 붙인 채 복도를 걸어갔다. 이 어두컴컴한 공간을 홀로 걷는 나를 원숭이들

$\dfrac{1}{2}$
$\dfrac{}{3}$

1 뼈가 앙상하게 드러난 말이 호생원 안을 돌아다니며 쓰레기 더미에서 먹을 것을 찾고 있다.

2 개들이 사는 좁은 철창에 배설물이 그대로 남아 있었다. 우리가 방문했을 때는 무더운 여름철이었는데, 철창 안에는 먹을 물도 사료도 없었다. 그리고 한눈에 봐도 피부병이 심각했다.

3 실험용영장류번식센터의 빨간 대문 앞에 '관계자 외 사육장 출입 금지'라고 적혀 있다.(처샹위안(車向原) 촬영)

이 마치 악마처럼 노려보고 있었다. 대체 이곳에서 무슨 일을 겪으며 살았던 것일까? 원숭이들은 분노하는 동시에 나처럼 공포에 떨고 있었다. 볕도 거의 들지 않는 우리 안에는 벽돌 몇 개만 벽에 박혀 있을 뿐이었다. 아마도 원숭이가 기어오르거나 걸터앉아 쉬는 용도인 것 같았다. 수컷 원숭이가 날 향해 달려들 때 암컷은 새끼를 안고서 가장 먼 구석으로 도망쳤다. 어쩌면 그림자 속에 몸을 숨긴 것일지도 모르겠다. 철창을 기어 올라간 수컷 원숭이들은 팔을 밖으로 뻗거나 철창을 있는 힘껏 흔들어댔다. 또 새끼와 암컷 원숭이를 보호하려는 듯 몸을 한껏 부풀리며 존재감과 힘을 최대한 과시해 보였다. 이 원숭이들은 대체 내가 무슨 짓을 할 거라고 생각하는 걸까?

아마 이곳에 갇힌 원숭이들은 평생 쉼 없이 번식만 하며 살았을 것이다. 그리고 번식 끝에 태어난 새끼 원숭이는 중국 각지에 있는 실험센터로 팔려 갔으리라. 나는 호생원 운영자와 대화를 나누며 내 예상이 틀리지 않았음을 확인했다. 원숭이들이 그런 반응을 보인 것은 새끼를 빼앗길지도 모른다는 두려움 때문이었다. 번식센터에서 호생원으로 명칭만 바뀌었을 뿐이었다. 먹이를 주는 직원도, 청소부도, 그리고 맞은편 방에서 텔레비전을 시청 중인 사람들도 전부 그대로였다. 문득 이곳에 사는 수컷 원숭이와 암컷 원숭이, 그리고 장차 태어날 새끼 원숭이의 운명도 크게 바뀌지 않을 것이란 생각이 들었다.

그곳을 떠난 후, 나는 얼마 전 인터뷰했던 위펑친(于鳳琴) 선생에게 연락했다. 야생동물 전문가이자 사진작가인 위펑친 선생은 중국 각지를 돌아다니며 야생동물과 동물 수용시설을 카메라에 담아왔다. 그중에 야생 황금들창코원숭이의 출산 장면을 찍은 영상은 중국중앙텔레비전에 수차례 방영되기도 했다. 내가 그 호생원에 대해 묻자 뜻밖에도 위 선생은 그 정도면 괜찮은 편에 속한다고 대답했다. "그럼 원숭이들은 앞으로 평생 그곳에서 번식만 하며 살아야 하는 건가요?" 내 물음에 위 선생은 이렇게 되물었다. "그것 말고 달리 방법이 있나요?"

나는 그곳 운영자로부터 번식센터에서 호생원으로 바뀐 후 일부 원숭이를 산으로 데려가 풀어줬다는 얘기를 들었다. 나로서는 그 얘기가 진실인지 알 도리가 없었다. 다만, 산에 방생한 원숭이든 이곳에 남은 원숭이든 이들의 미래가 그리 밝지 않으리라고 생각했다.

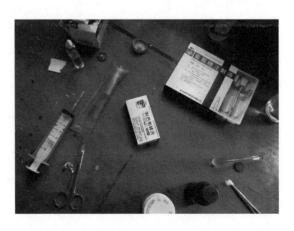

번식센터 진료실 안, 온갖 의약품과 의료기구가 탁자 위에 어지럽게 놓여 있다.

줄줄이 늘어서 있는 원숭이 우리를 지나자 기다란 의자와 선풍기가 놓인 공간이 나타났다. 직원들이 더위를 식히며 쉬는 휴게실처럼 보였다. 그리고 건물 입구 쪽에 간단한 의료 처치를 할 수 있는 공간도 있었다. 나는 사진을 찍을 생각에 '진료실' 팻말이 걸린 문을 조심스럽게 열고 안으로 들었다. 진료실 안은 발 디딜 곳이 거의 없을 정도로 너저분했다. 고개를 들자 책상 위를 나뒹구는 약병과 주사기 등이 보였다. 한창 주위를 둘러보는데, 갑자기 천장 쪽에서 주삿바늘 하나가 떨어졌다. 나하고 불과 10cm 정도밖에 안 되는 거리였다. 놀란 가슴을 진정시키며 고개를 돌리는 순간 구석에 놓여 있는 기구가 보였다. 원숭이의 몸을 고정하는 장치였는데, 사람의 갈비뼈처럼 생긴 틀 안에 집어넣고 양쪽에서 조이는 방식이었다. 건물 안을 돌아본 후, 나는 말없이 그곳을 빠져나왔다. 그 후 거의 반년 동안 거기서 본 장면이 자꾸만 머릿속에 떠올랐다. 나중에는 악몽이 되어 날 괴롭히기 시작했다. 어디에 하소연하거나 폭로할 수도 없는 데다 소통할 방법도 마땅히 없어 답답하고 울적하기만 했다.

4년 후쯤 왕이퉁에게 그 호생원이 또 다른 추문에 시달리고 있다고 전해 들었다. 확실히 그곳은 동물보호와 구조라는 호생원의 설립 취지와 달리, 동물의 기본욕구를 철저히 무시했다. 그리고 운영자는 동물의 희생과 멸시를 당연시 여기며 공덕을 쌓거나 기부금을 채우는 등 사욕을 채우는 데만 급급했다.

1
2

1 아빠 원숭이(왼쪽)와 새끼를 품에 안은 엄마 원숭이가 우리 안에 갇혀 있다.
번식센터는 호생원으로 바뀌었지만, 원숭이 가족은 여전히 열악한 환경 속에서
반복된 일상을 보내고 있다.(처상위안 촬영)

2 방문객을 발견한 어미 돼지가 새끼들을 데리고 우리 앞으로 다가왔다. 이 돼지
가족은 아마 햇빛도 들지 않는 우리에 갇혀 평생을 보낼 것이다.

이것이 과연 호생인가?

대만의 지룽(基隆)에 위치한 허핑다오(和平島) 공원은 '방생의 거리'라고 불릴 만큼 불교 단체에서 자주 방생활동을 펼치는 곳이다.

2019년 어느 날, 해양생태계 보전활동가 존의 초대를 받아 함께 불교의 방생활동에 참여하게 됐다. 나는 방생이 어떤 식으로 진행되는지 파악하는 한편, 신자들에게 호생의 개념을 정확히 알려주고 싶었다. 원래 호생이란 해양 중저층 생태계에서 개체 수가 줄어드는 어종의 치어를 구입해 인공 사육한 후 적당한 시기와 장소, 방식으로 바다로 돌려보냄으로써 해양생태계 복원에 기여하는 것이다.

이날 오전, 인근 횟집에서는 수조 속에 있는 물고기들을 모두 건져내 방생할 준비를 하고 있었다. 총 40만 대만달러(약 1,600만 원-옮긴이)어치에 달하는 물고기였다. 오후 무렵이 되자 수십 명의 불교 신자들을 태운 관광버스가 도착했다. 불교 신자들은 존과 나 같은 젊은이가 방생활동에 관심을 갖는다는 사실이 무척 기뻤는지 어서 와서 줄을 서라며 손짓을 했다.

횟집 입구부터 어선이 정박한 곳까지 십여 명의 사람이 한 줄로 쭉 늘어서 있었다. 줄의 맨 앞에 있는 사람은 뜰채로 물고기를 건져 올려 양동이에 옮겨 담았다. 그리고 양동이를 옆으로 넘기며 어선 앞까지 날랐다. 사실 이 물고기들은 선박장의 어선이 새벽에 잡아 올린 것으로 불교단체에서 다시 돈을 주고 구입해 바다로 방생하는 것이었다. 사람들은 '나무아미타불'을 계속 읊조리며 양동이를 옆 사람에게 건넸다. 이때 물고기가 뜰채나 양동이 밖으로 뛰쳐나가는 일이 간간이 발생했다. 나는 양동이를 옮기다가 몸에 상처가 난 물고기를 많이 봤다. 심지어 피를 흘리는 물고기도 있었다. 나중에 한 신자가 나를 조용히 횟집 앞으로 부르더니 새우 한 상자를 건넸다. 그리고 어선 앞까지 직접 갖다주라고 하며 이렇게 덧붙였다. "이게 제일 영험해요." 알고 보니 내게 가장 큰 '복'을 건네준 것이었다.

친절하고 귀여운 존은 대열 맨 앞으로 불려가 수조 안의 물고기를 건져 올리는 작업을 했다. 나는 우비를 입은 채 비를 맞으며 방생의식에 조용히 참여하면서 주위를 유심히 관찰했다. 불교 신자들 중에는 우리가 들고 온 촬영 장비를 보고 경계심을 드러내는 사람도 있었다. 대만 사회에서 불교 단체의 방생활동에 대한 논쟁이 줄곧 있었기에 불안감을 느끼는 듯했다. 심지어 촬영을 하지 말아달라고 부탁하는 사람도 있었다. 이 방생의식에는 다 함께 불경을 외는 것도 포함돼 있었다. 신자들 입에서 '중방(중형 방생의 줄임말)'이란 단어가 나오자 비로소 물고기를 가득 실은 어선이 항구를 떠났다. 그리고 모든 방생의식이 끝났음이 선언됐다. 이 황당한 의식을 처음부터 끝까지 지켜본 나는 만감이 교차했다. 해산하기 전, 존은 대화가 잘 통하던 몇몇 신도들과 연락처를 교환했다. 그는 해양생태계에 좀 더 도움이 되는 방식으로 물고기를 방류하도록 설득할 생각이었다.

위에 설명한 종교 단체의 방생활동 외에도 대만 각지의 불교 호생원을 참관하러 다녔다. 웬만한 호생원에서는 일정 수준 이상의 동물복지를 기대하기 어려웠다. 푹신한 잠자리와 널찍한 공간, 영양가 있는 음식, 중성화 수술 같은 의료 서비스, 여름에 더위를 식힐 수 있는 연못을 갖춘 곳은 극히 일부였다. 환경이 열악한 곳은 무기징역을 선고받은 죄인이 사는 감옥처럼 삭막하기 그지없었다. 동물을 돌보는 직원도 동물에 대한 지식과 애정이 한없이 부족했다. 나는 문득 호생원보다 사육환경이 좋은 동물원이 많을 거란 생각이 들었다. 하물며 사육장도 이 정도로 끔찍하지는 않으리라. 최소한 먹이라도 배불리 먹을 수 있으니까. 호생원의 참혹한 사육환경과 종교 단체의 비상식적인 동물보호 활동은 내게 정말 잊을 수 없는 기억으로 남아 있다. 이런 식의 보호는 안 하느니만 못하다고 생각한다.

황셴인과 백조의 애가(哀歌)

동서고금을 막론하고, 동물 문제에 관한 대책을 세우면서 동물복지를 무시하거나 왜곡된 지식이나 정보를 활용하는 경우가 적지 않다. 앞 장에 '구조' 활동을 명목으로 야생에서 살던 판다를 산 아래로 데려온 것도 그 예라고 할 수 있다. 결과적으로 인간이 돌봐야 할 사육동물의 수가 크게 늘어나버렸다. 사실 나는 이름난 단체나 국가에서 추진하는 활동보다 민간에서 자발적으로 벌이는 활동에 더 큰 관심을 갖고 있었다. 나는 유럽에 처음 실습을 나갔다가 받았던 100유로를 중국 민간에서 '백조 수호자'

로 활동한 황셴인(黃先銀) 선생에게 바쳤다. 비록 약소한 금액이
지만, 생의 마지막 순간까지 묵묵히 자신이 할 수 있는 일을 했던
황 선생에게 경의를 표하고 싶었다.

포양후(鄱陽湖)는 중국의 가장 큰 담수호로 매년 철새 수백만
마리가 겨울을 나기 위해 찾는 곳이다. 2004년 이전만 해도 수십
만 마리에 달하는 백조가 포양후를 찾았다. 그러나 이들은 곧 밀
렵꾼의 표적이 됐다. 밀렵꾼들은 백조나 기러기 등 철새를 포획해
광둥과 광시 지역에 팔아넘기고 돈을 챙겼다. 황셴인은 장시성(江
西省) 신젠현(新建縣) 헝후향(恒湖鄕)에 살던 농민이었다. 2005년 무
렵부터 그는 철새가 날아오는 계절이 되면 포양후 주변을 돌며
밀렵꾼이 설치한 그물에 걸려 버둥대는 철새들을 구조했다. 백조
밀렵꾼들과의 외로운 싸움이 시작된 것이다.

2008년 1월, 포양후에서 백조 떼가 독살당하는 사건이 발생
했다. 황셴인은 죽은 백조를 등에 떠멘 채 언론에 나와 이 사실을
폭로했다. 이는 누군가의 돈줄을 막는 행위와 다름없었다. 이때
부터 황셴인은 생계가 곤란해지는 한편, 위협과 협박에 시달렸다.
그는 생계유지를 위해 야생조류 자원봉사자의 도움을 받아 마카
오로 건너갔고 절에서 숨어 지냈다. 2009년 10월, 철새를 따라 다
시 포양후로 돌아온 그는 무보수로 야생조류를 보호하는 일을 계
속해 나갔다. 2010년부터는 포양후 보호구역의 순찰대원으로 정
식 임명되어 매달 1,000위안(약 18만 원-옮긴이) 정도의 임금을 받
았다. 하지만 안타깝게도 오랜 시간 호수에서 철새 구조 작업을
펼친 탓에 주혈흡충병에 감염됐고 결국 2012년 6월 3일에 눈을

장시성 신젠현 헝후 농장에서 일하던 황셴인은 처음에 포양후 주변을
돌며 백조 밀렵꾼들을 설득하고 다녔다. 그러나 이들이 불법 행위를
멈추지 않자 언론에 제보하기 시작했다.(위펑친 촬영)

감았다. 2015년, 백조와 두루미 등 야생조류를 포획해 팔아넘긴 주동자 류우(劉武)는 법정에서 13년 형을 선고받았다. 공범 9명도 함께 감옥에 수감되었다. 공범들 중 처벌을 피한 한 명은 교통사고로 사망했으며, 우울증을 앓았던 한 명은 투신자살로 생을 마감했다. 한 자원봉사자는, 너무 많은 살생을 저지른 탓에 심리적 압박이 심했을 것이라고 했다.[2]

풍차를 향해 돌진하는 돈키호테

내 주변에 있는 친구들은 항상 동물을 돕는 일에 적극적이었다. 이들은 비범한 능력을 발휘해 동물이 처한 상황을 개선하는 데 그치지 않고, 더 나아가 사회 전반적인 분위기도 바꾸려고 노력했다. 많은 단체들이 처음에는 개별 동물 구조에 적극적으로 나섰지만, 아무리 구조해도 끝나지 않는 상황에 허탈감과 무력감에 빠졌다. 이런 사람들 중에는 교육 분야로 전향하거나 정책 발의, 로비 활동에 투신하는 사람들도 적지 않았다.

어떤 사람들은 축산업계의 동물복지 수준을 높이는 방식으로 상황을 개선하려 했다. 그 예가 바로 동물복지 인증마크를 부여하는 제도였다. 동물복지 상품을 구매하는 소비자의 지지를 통해 사육환경이 조금씩 나아지길 바란 것이다. 한편, 의욕 넘치는 신생 단체들은 매주 사람들이 붐비는 기차역 앞 광장이나 타이베이시 시먼딩 번화가 등에서 공공 캠페인을 벌였다. 동물들이 어떻게 사육과 번식, 도축을 당하는지 알림으로써 사람들의 생활방식이 조금이라도 달라지길 기대한 것이다.

동물원 존폐 논쟁은 최근 몇 년 동안 대만 동물보호단체와 언론 매체가 비교적 관심을 갖고 있는 문제다. 그러나 대중들의 큰 관심을 받기까지는 상당한 시간이 걸릴 것으로 보인다. 내가 어렸을 때부터 엄마는 종종 이렇게 말하곤 했다. '동물원에 오는 사람들은 모두 동물을 엄청 좋아하는 것 같아 보여.' 동물원에서 동물을 실제로 보고 느끼는 벅찬 감정은 아마도 거짓이 아닐 것이다. 그러나 동물원을 다녀간 사람들 중에 다음과 같은 문제에 관심을 갖는 이는 거의 없다. '동물원을 폐지하는 것이 옳은가?', '동물원이 왜 논란이 되고 있는가?'

지난 십여 년 동안, 동물보호가 내 삶의 중심축이라는 사실은 변치 않았다. 한때 동물이 처한 현실을 영구적으로 바꿀 수 있는 궁극의 해결책을 찾으려고 했던 적도 있다. 그런데 궁극의 해결책이란 무엇일까? 새로운 법 제정? 동물보호 교육의 보편화? 생태계 관리 감독 강화? 동물원의 동물복지 향상? 사실 이십대 초반만 해도 서양에서 자주 벌어지는 '직접 행동', 이를테면 동물실험실과 사육장 테러가 하나의 해결책이 될 수 있다고 생각했다. 물론, 모피 상점에 페인트를 뿌리거나, 시위대가 몰려가 항의하는 모습을 보며 통쾌하다는 감정이 훨씬 컸다.

이처럼 동물을 보호하는 방법은 참으로 다양해 보인다. 그리고 나는 결코 모두가 동일한 목표를 향해 나아가고 있다고 생각하지 않는다. 각 단체뿐만 아니라, 개개인이 그리는 이상 세계가 너무 다르기 때문이다. 그렇다면 이들의 노력이 얼마나 많은 것을 변화시킬 수 있을까? 사람들의 주장과 행동이 다 다르고 심지어 서로 모순되는 경우도 있다 보니 효과는 반감될 수밖에 없다. 그래서일까 때때로 나와 동료들은 원대한 꿈을 좇는 대신 눈앞의 문제에 죽어라 매달리곤 했다. 그래야만 불가능한 일에 시간을 허비하고 있다는 무력감에 잠식되지 않기 때문이다.

가슴속에 새겨진 발자국

돌이켜보니 내 마음 깊은 곳에는 동물을 위해 쏟은 모든 노력이 물거품이 될지도 모른다는 두려움이 항상 존재했던 것 같다. 때로는 동물을 돕고자 내린 결정이 해가 되지는 않았을까 의심하기도 했다. 나는 괴로움과 위기감에 몸부림치다가 결국 학술 연구 분야로 눈을 돌렸다. 그리고 동물보호와 관련된 연구에 매달렸다. 그러는 한편, 스스로에 대한 확신이 없을 때마다 내 손으로 직접 구조한 고양이들을 생각하며 동물의 운명을 바꾸는 데 나도 미약하지만 힘을 보탰다는 사실을 상기시켰다.

베이징에 도착한 지 얼마 안 되어 두 고양이를 만났고 십여 년이란 시간을 함께했다. 내 모든 일상이 코코와 카카에 대한 기억으로 가득 채워져 있다고 해도 과언이 아니다. 만약 그때 고양이들을 대만으로 데려갈 방법을 찾았다면, 베이징에 계속 남아 학업을 이어나갔을지 장담할 수 없다. 또 고양이를 대만으로 데려가기 위해 일본에 체류하지 않았다면, 도쿄에서 유학 생활을 하면서 동물권 단체에서 활동하는 일도 없었을 것이다. 나는 앞서 코코와 카카가 어떻게 내 삶의 일부분이 되었고, 어떤 깨달음을 주었는지 간략하게 썼다. 처음에는 이 책에 우리 이야기를 쓸 공간이 충분하지 않을 거라고 생각했다. 그런데 막상 쓰고 보니, 우리의 일상이 지극히 평범해서 글로 옮기기가 무척 어려웠다. 매일 아침 고양이들의 울음소리에 잠에서 깨어나면 가장 먼저 사료부터 챙겨줬다. 그리고 나도 고양이들과 함께 아침을 간단히 챙겨먹고 나서 한바탕 놀아주곤 했다. 점심을 먹은 후에는 고양이들의 발톱 손질이나 화장실 청소를 해줬다. 저녁에는 서로의 몸에 기댄 채 평화로운 시간을 보냈다. 그러다 늦은 밤이 되면 고양이들이 기분 좋을 때 내는 골골 소리를 들으며 잠을 청했다. 그렇게 오랜 시간을 함께하면서 우리는 점점 하나가 되었고, 분신과도 같은 존재가 됐다. 인생이라는 큰 그림에서 구체적이고 소소한 일상으로 나아가려면 서로를 존중하고 배려하는 노력이 필요하다. 이는 달콤한 부담이기 때문에 자유로운 인생도, 또 다른 삶의 가능성도 기꺼이 내려놓게 만든다.

　　베이징대학 옌베이위안 교직원 숙소에 살면서 누릴 수 있는 가장 큰 특권은 바로 10월에 공급되는 중앙난방(베이징의 경우에는 베이징대학, 칭화대학, 그리고 베이징 동물원 이 세 곳에 우선적으로 난방을 공급함)이었다. 나는 이 숙소에 누나 코코와 남동생 카카를 차례로 데려왔다. 피 한 방울 섞이지 않은 두 남매는 매일같이 투닥거리며 장난을 치거나, 책더미에 앉아 뭔가를 골똘히 생각하곤 했다. 그러다 밤이 되면 두 녀석은 어김없이 내 이불 속으로 기어들어와 잠을 잤다.

나는 일과 공부를 하다가 지칠 때면 항상 고양이들에게 응석을 부렸다. 그러는 사이 첫사랑과 두 번째 사랑을 경험했다. 그러나 연애하는 내내 상대로부터 섬세한 배려나 부드러운 매너를 기대할 수 없었다. 심지어 자신의 행동에도 책임지지 않는 태도를 보였다. 내가 누군가와 다퉈서 기분이 안 좋거나 좌절에 빠졌을 때 오히려 고양이들이 매번 다른 방식으로 나를 위로해줬다. 나중에 나는 코코와 카카, 본가 고양이들의 관계가 우리 인간처럼 복잡하다는 사실을 알고 무척 놀랐다. 우리 코코로 말할 것 같으면 의리가 넘치는 고양이였다. 카카가 싫어하는 귀 청소나 상처 소독을 할 때면 코코가 득달같이 달려와 바짓단을 물고 늘어지거나 팔다리를 깨물어 날 이러지도 저러지도 못하게 했다. 가끔은 카카 대신 코코가 먼저 잡혀와 빗질과 발톱 손질을 당해주었다. 그럴 때는 물론 애정 표현과 칭찬을 듬뿍 해주었다.

고양이들을 입양한 날부터 나는 밤마다 둘을 꼭 대만에 데려가겠다고 다짐하며 잠들었다. 하지만 동물을 국외로 데려가는 일은 이민 수속만큼 복잡해서 중국 친구들도 혀를 내두를 정도였다. 당시 곤궁한 학생 신분이었던 나는 이 일을 내 인생 목표처럼 생각하고 매일 밤 결의를 다졌다. 그때 내게는 박사 과정 졸업을 하는 것보다 더 중요했다. 이 책을 앞에서부터 읽었다면 중국이 전반적으로 경쟁이 치열하고, 압박감과 불안감이 큰 사회라는 데 어느 정도 동의할 것이다. 이런 팍팍하고 삭막한 현실에 미세먼지 문제와 주링 사건(1994년 칭화대 화학과에 재학 중이던 주링이 독극물인 탈륨에 중독된 사건-옮긴이), 레이양 사건(2016년 환경문제 전문가인 레이양이 안마업소에 대한 성매매 단속 과정에서 경찰에 연행돼 조사를 받다 갑작스럽게 숨진 사건-옮긴이) 등이 발생하면서 나와 동료들 모두 인생이 뒤흔들릴 만큼 커다란 충격과 자극을 받았다. 우리는 거북이처럼 천천히 숨을 내쉬면서 기쁨과 분노를 겉으로 드러내서는 안 된다. 수명을 늘리고 싶다면 바깥을 함부로 돌아다녀도 안 되고, 실내에서도 가급적 천천히 움직이며 평온한 마음을 유지하려고 노력해야 한다. 지금 우리를 둘러싼 모든 환경과 상황은 신체 건강한 청년도 버티기 어려울 만큼 열악하다. 그러므로 우리는 몸을 웅크린 채 한 발 한 발 조심스럽게 내디디며 이 세상을 살아가야 한다. 다음번에도 불행이 나를 빗겨갈지 알 수 없기 때문이다.

나와 동료들은 기존 체제에 반기를 들고 싶은 욕구가 수시로 솟구쳤다. 때로는 이성이 행동을 제어하지 못하는 순간이 올까 봐 두렵기도 했다. 우리의 가슴에 품은 희망과 포부, 동물들이 처한 비참한 현실이나 사회 정의, 인권 문제에 관한 생각을 누군가에게 툭 터놓고 말할 수도 없는 데다, 펜도 함부로 들 수 없었다. 온라인상에 자신의 생각을 토로하는 것은 더 말할 필요도 없었다. 그럴 때마다 고양이들은 나의 가장 훌륭한 청중이자 친구가 되어줬다. 그렇게 무수한 날들 속 긴긴밤을 함께 보내면서 굳이 많은 말을 하지 않아도 서로를 이해하는 사이가 됐다. 정말이지 코코와 카카에게 위로와 용기를 받았던 순간은 셀 수 없이 많았다. 그만큼 내게 소중한 존재였다. 동물의 고통은 인간의 고통이라고 할 수 있다. 그리고 더 크게 보면 사회 전체의 고통이기도 하다. 즉, 동물보호는 모든 중생이 함께 짊어져야 할 공통의 과제인 것이다.

한 차례 우여곡절을 겪은 끝에 우리는 대만으로 돌아올 수 있었다. 본가로 들어가면서 코코와 카카에게는 새 친구, 그리고 엄마 아빠가 생겼다. 그리고 그날 밤부터 두 녀석은 내가 아닌 엄마 품 안에서 잠들기 시작했다. 아마 이제 더는 서로 의지해 난관을 헤쳐 나갈 필요가 없기 때문이 아니었을까. 나는 고양이들을 보며 어떤 환경에서도 살아남는 법과 나이에 얽매지 않고 나답게 살아가는 법을 배웠다. 그 결과 나 자신을 있는 그대로 받아들일 수 있었다. 드세고 화끈한 성격의 코코와 똑똑하지만 바보 같은 구석이 있는 내 껍딱지 카카. 나는 고양이들에게 많은 것을 해줄 수 없었지만, 그럼에도 이 둘은 아무 불평 없이 행복하게 지냈다. 이 책을 쓰던 중에 투병 중이던 카카가 14살 하고 3개월의 나이로 생을 마감했다. 당시 나는 원고를 하루라도 빨리 완성하고 싶었다. 특히, 카카 이야기를 쓸 때는 마음이 더욱 조급해졌다. 한편으로는 요행을 바라기도 했다. '이 책이 출간될 때까지 카카는 살아 있을 테니 서두를 필요 없어.' 카카에게 마비 증상이 나타난 후로 나는 몇 달간 카카의 잠자리 옆에 이불을 펴고 잤다. 또 원고가 한 챕터 완성될 때마다 카카를 찾아갔다. 그리고 카카의 작은 머리통에 머리를 맞대고 누워 내가 쓴 원고를 소리 내어 읽어 줬다. 학사 과정을 밟고, 박사 논문을 쓰고, 그리고 수많은 성명서와 연구제안서 등을 작성하며 보낸 지난 14년 동안 우리는 늘 이렇게 함께였다.

최근 몇 년간, 나는 박사 과정을 밟던 중에 지도 교수에게 성희롱을 당해 힘든 시간을 보냈다. 명목뿐인 지도 교수는 사실 중국 학계에 거장으로 알려진 사람이었다. 몇 년 전 일을 이제 와서 들추는 것은, 지난 10년간 노력한 끝에 어렵게 얻은 학계 진출 기회를 스스로 없애는 것과 마찬가지였다. 그러나 카카를 응급실로 보냈던 그날 이후로 나는 더 이상 두렵지 않았다. 나 자신과 동물들, 그리고 다른 사람들을 위해 무엇이든 해야 했다. 그리고 진실을 밝히고 나서 비로소 악몽에서 완전히 벗어날 수 있었다. '성실하고 진지한 자세로 과감하고 용감하게 자신이 바라는 세상을 만들어라. 그리고 현재에 만족하며 인생의 매 순간을 즐겨라.' 나는 이 모든 것을 고양이들에게 배웠다. 나중에 나는 죽은 카카를 데리고 이틀 밤을 더 보냈다. 그때도 카카의 조그만 앞발을 살며시

나와 십여 년을 함께 산 고양이 코코(오른쪽)와 카카(왼쪽).
이 둘은 둘도 없는 친구 사이였다.

그러쥔 채 잠을 청했다. 그러다 문득 눈을 떴는데, 카카의 두 눈이 평소처럼 반쯤 감겨 있었다. 순간 나는 카카가 아직도 내 곁에서 살아 숨 쉬는 것만 같았다.

사랑하는 카카를 떠나보내면서 나는 처음으로 죽음을 두려워 할 필요가 없음을 깨달았다. 이를 계기로 나는 더 원대한 꿈을 꾸기 시작했다. 내 인생을 바칠 만한 가치 있는 꿈은 바로 동물보호였다. 이 일은 내가 의미 있고 목적 있는 삶을 살도록 만든다. 가끔은 내 삶에 한 줄기 빛을 선사하기도 한다. 내가 모두에게 전하고 싶은 말은 전부 고양이와 살면서 깨달은 것이다.

동물들의 눈을 가만히 응시한다면, 우리는 이들이 진정 무엇을 원하는지 알 수 있다. 설령 몸이 철창 속에 갇혀 있어도 삶에 대한 강렬한 의지를 전하는 데는 아무 문제가 없다. 동물들의 눈빛에 담긴 갈망은 인간보다 훨씬 단순하고 순수하기 때문이다.

감사의 말

내가 스스로 택한 길을 걷는 동안 내디딘 발걸음 하나하나가 전부 도전이었다. 약자의 위치에 놓인 동물을 위해 목소리를 내는 일은 끝이 보이지 않아 종종 좌절감에 휩싸이곤 했다. 내가 품은 이상을 포기하고 싶었던 때가 수없이 많았으며, 만일 동물을 위해 일하지 않았더라면 인생에 다른 길이 펼쳐지지 않았을까 상상했던 적도 있다. 하지만 10년 넘게 활동가로 일하면서 수많은 동료들과 함께한 경험 덕분에 나는 비전과 모두의 꿈을 지킬 수 있었다.

먼저 나의 '핀란드 언니' 살라 투오미바라의 이야기를 하고 싶다. 내가 크게 좌절하고 슬럼프를 겪고 있을 때 우린 처음 만났다. '언니, 난 이제 그만뒀어. 그래도 나랑 만나줄 거야?' 내가 이런 내용의 편지를 보냈는데도 살라는 나를 포기하지 않았다. 그 후로도 10년 이상 함께하며 살라는 본인이 할 수 있는 모든 방법을 동원해 나의 활동을 지원해줬다. 전설적인 사진작가 크리스토 무리마, 다큐멘터리 감독 올라 와근 또한 나의 오랜 벗이자 정신적 지주다.

세계를 떠도는 동안 여러 나라 동물보호 활동가의 집에서 짧으면 하루, 길면 1, 2주 정도 신세를 졌다. 그때마다 활동가들 침대 맡에 사회학 이론서, 철학서를 비롯해 다채로운 예술서적이 여러 권 놓여 있어 놀라곤 했다. 나는 그들의 다양한 가치관을 접하면서 폭넓은 사회운동이 서로 지지하는 분위기를 느낄 수 있었다. 처음 영국 땅을 밟은 20대 초반에는 액트아시아의 이사장 브라이언 코위(Brian Cowie)의 집에서 잔뜩 긴장한 채로 지냈다. 그 집은 런던에서 흔한 4층짜리 건물이었지만 내 눈에는 100년 넘은 벽돌집과 반쯤 썩은 목조 계단이 퍽 낡아 보였다. 브라이언 이사장은 제3세계 출신의 게이 청년들에게 방 한 칸을 시세보다 저렴하게 빌려줬다. 그들은 아주 친절했지만 첫 마디가 "너 영국에서 일하고 싶어?"여서 나는 그만 말문이 막혔다. 노동, 자본, 사상이 국경을 자유롭게 넘나드는 세계화 시대의 현실은 내 삶에도 영향을 끼쳤다. 매일 해 질 녘, 방 안의 불을 끄고 있으면 정원 울타리 주위를 돌아다니는 크고 작은 여우를 볼 수 있다는 이야기를 들었다. 나는 매일 숨죽여 기다렸지만 단 한 번도 여우를 보지 못했다.

고양이들을 데리고 베이징에서 도쿄를 거쳐 대만으로 돌아갈 때 니콜라 리히텐슈타인(다들 니키키Nikiki라고 불렀다)은 큰 도움을 줬을 뿐 아니라 용기도 불어넣어 줬다. 중국항공의 수하물 운반 직원은 짐을 험하게 다루기로 유명한 데다 관련 규정과 시스템이 미흡했다. 그래서 앞선 사건들처럼 운송 중에 고양이들이 다치진 않을까 몹시 걱정이 됐다. 나는 생각 끝에 코코와 카카를 넣은 케이지 바깥에 메모를 써 붙였다. '직원 님, 저희는 어리고 약한 고양이랍니다. 새집에 무사히 갈 수 있도록 소중히 옮겨주세요.' 일본에서는 애니멀라이츠센터에서 인턴으로 일한 덕에 나이를 초월한 존경스러운 벗을 많이 만났다. 오카다 지히로 대표를 비롯해 '냐가상'으로 통한 오쿠세 에이코, 요네자와 구리나, 도미니크와 유카 마인츠 부부, 존 브룩스, 카바리야, 우에하라 마호, 미쓰노부 아키코, 사카모토 가오리, 후지와라 데루시게, 그리고 번역가 이노우에 다이치까지.

흔히들 '반려동물과 보호자는 점점 닮아간다'고 하는데 이를 한 단어로 '의태(mimicry)'라고 한다. 반려견과 보호자는 외모나 표정, 모습에서 활동 패턴까지 서로를 닮아간다. 몇 년 전부터 내 주위에는 여러 동물 문제와 종 보전에 집중하는 동료들이 갈수록 늘고 있다. 게다가 헤아리지 못할 정도로 다양한 형태의 활동이 등장하고 다양한 모습의 활동가들이 등장했다.

도쿄와 가마쿠라(鎌倉) 등지의 친구들 집에 묵을 때 우연히 밤늦게 라쿤을 본 적이 있다. 둥글고 포동포동한 라쿤이 민가의 정원에서 배를 채우는 모습은 정말로 귀여웠다. 라쿤은 처음에 애완동물로서 일본 땅에 들여졌지만 안타깝게도 보호자에게 버림받았고, 이제는 일본 정부로부터 '퇴출'해야 할 외래종으로 지정됐다. 나는 가나가와현(神奈川縣) 동물학대방지협회의 보호소에서 정부로부터 특별 허가를 받고 보호 중인 라쿤과 직접 만났다. 라쿤은 뒷발로 선 채 보송보송한 앞발로 내 다리를 툭 치더니 손바닥도 슬쩍 건드렸다. 이렇게 귀여운 동물과 만나게 된 건 일본 친구들이 나를 끝없이 포용해주고 믿어줬기 때문이며, 구로타니 선생님이 인내심을 가지고 일본어를 가르쳐준 덕분이다. 그리고 뒤에서 나를 가장 지지해주는 사람은 스승이자 친구이기도 한 쑤페이펀 대표다.

대만 출신인 쑤페이펀 대표는 생명보호협회의 초기 멤버로, 이후 동물보호를 테마로 미국과 유럽 등지를 여행하다 영국에 정착했다. 그녀의 집 주방은 액트아시아의 사무실이 됐다. 남편 로스 다이어는 이렇게 말했다. "세계 각지의 동물복지 전문가들이 모두 우리 집에 모여 회의를 합니다. 전 고양이 밥 담당이지만요." 베이징에서 액트아시아의 직원이었던 선청을 알게 되면서부터 시작된 이 국경을 초월한 비정부기구와의 인연은 지금까지도 쭉 이어지고 있다. 액트아시아는 내 마음속의 등대로 언제까지나 빛날 것이다.

내가 동물보호운동을 이어가도록 지지해주는 이들은 바로 베이징의 스승과 친구들이다. 그중 한 분은 어두컴컴한 곳에서 도살되는 개와 고양이를 보고 조용히 눈물을 훔친 칭화대학의 장진쑹 교수님이다. 장진쑹 교수님은 부인인 허빙 교수님과 함께 지금까지도 내게 무한한 믿음과 응원을 보내주신다. 나는 고양이들을 데리고 베이징에서 대만으로 돌아가려고 준비할 때 하루 종일 불안에 떨었다. 그때 장진쑹 교수님이 주먹을 불끈 쥔 채 "꼭 성공할 거야. 반드시!"라고 외쳐준 모습이 아직도 눈에 선하다. 그리고 학계 선배이자 동물보호계의 선배인 주수쉔 교수님, 산둥대학의 궈펑 교수님, 야생동물 사진가 위펑친, 종장에서 자신의 저서 『우리 마음속에 새겨진 발자국』의 이미지를 사용할 수 있도록 흔쾌히 허락해준 장단 선배와 중앙사회주의학원의 망펑 교수님이 있다. 이분들은 무지하고 무모한 이 후배에게 많은 가르침을 주고 사랑을 보내주었다. 우리는 함께 울고 웃으며 메신저로 서로를 응원했다. 이 중국의 지식인과 활동가들은 나의 영원한 롤모델이다.

베이징대학의 리다오신 교수님 밑에서 영화사를 배운 것은 내 인생의 터닝포인트 중 하나다. 교수님은 「지렁이에게 우산을 씌워주다」라는 글을 읽으며 바로 나를 떠올렸다고 했다. 어쩌면 동물보호를 향한 나의 독특한 행보가 캠퍼스에서도 티가 났는지도 모르겠다. 그리고 옌위안, 칭화위안, 그리고 너무나도 익숙한 위안밍위안과 이허위안에서의 지난 일들은 지금도 자주 꿈속에 나타난다. 나는 운 좋게도 '베이징의 중심지'인 하이뎬구에서 10년간 지냈는데 그간 쌓은 소중한 추억들 덕에 베이징은 제2의 고향이 되었다. 나는 그곳의 모든 동물과 사람들이 행복해지기를 진심으로 바란다.

고양이들의 병을 치료해준 장융쿼 수의사나 같이 고양이를 돌봐준 쿵리리, 류루이, 류샤오위와는 자주 인생 이야기도 나누고 생각도 공유하는 사이다. 책에서 이미 언급한 츠야, 탕징, 그리고 댜오쿤펑. 각각 베이징대학과 칭화대학의 채식문화협회의 회원인 류녠카이, 뤼샹양, 일행 사부, 일공 사부, 장쉬안과 어우양후이위를 비롯한 친구들도 소중하다. 나의 우유부단함과 나약함을 이들보다 더 잘 아는 사람들은 없을 것이다.

그리고 나를 이해하지 못하고 상처를 준 분들에게도 감사드린다. 좌절 끝에 나는 스스로 나아갈 길을 찾았다. 이런 악연들은 오히려 은인 못지않게 큰 도움이 되었다. 그들 덕분에 내 힘으로 새 인생을 찾았으니 감사드리고 싶다.

대학 시절 나의 은사인 대만동물사회연구회의 주쩡훙 선생님과 리젠후이 교수님이 추천사를 써주고 내가 책을 계속 쓸 수 있도록 격려해줬다. 주쩡훙 선생님과 천위민, 린다이진, 그리고 연구회 동료들은 나의 성장과 변화를 지켜보았다. 이런 인연 덕에 화판대학의 학우 왕수팅의 초대를 받고 동물과사회독서회에 들어가게 되었다. 나의 학우들에게 감사한다. 그리고 아이들이 자라면서 동물보호에 관심을 갖기를 바라는 마음으로, 나와 함께 그림책 『새끼 여우의 엄마: 엄마의 새끼 여우』를 만든 동창이자 일러스트레이터 스롼롼(스페인)에게도 감사한다. 그리고 베이징에 거처를 마련해준 나의 고등학교 동창 웡쉬안룽 덕분에 10년 동안 멋지게 살았다. 확고한 신념을 품고 살아가는 우리에게는 서로의 존재가 더없이 소중하다.

최근 대만의 동료 린위제, 린이산, 둥관신, 장자페이, 완천전, 린팅이, 왕사오춘, 뤄란, 훙옌핑, 천팅위, 우스윈, 그리고 왕후이윈, 지젠즈, 그리고 훙팡이 선생님은 내 책 이야기를 듣거나 각 파트를 최초로 읽은 독자가 돼줬다. 그중 훙옌핑과 중국동물원관찰단, 처샹위안, 장커, 런란은 사진을 여러 장 제공했으며, 이미지 처리에 관한 제안도 해줬다. '행복의 비결은 자유고, 자유의 비결은 용기다'라는 말처럼 나의 동료들은 도전적이고도 보람찬 길을 선택했다. 약자의 자유로운 삶을 위해 애쓰는 투사야말로 세상에서 가장 행복한 사람이어야 한다고 나는 믿는다.

책을 쓰면서 때론 내 경험의 가치와 의미를 의심하고 부족한 표현 능력을 탓했다. 그럴 때마다 아빠 룽사오루이와 엄마 셰주

전과 고양이 보리, 금은보화, 코코와 카카가 큰 힘이 됐다. 마지막으로 내가 이야기를 쓸 수 있도록 기회를 준 리진원 선생님과 2년 동안 나와 함께하며 격려해준 편집자 린웨이루, 디자이너 장멍다, 그리고 대만의 동물 역사를 쓰는 데 헌신한 정리룽 선생님과의 인연에 감사드린다. 이 책이 세상에 나온 건 무엇보다도 주위 사람들이 나를 인정해준 덕분이다. 책을 쓰는 동안 거의 잊고 지낸 예전 이야기가 생각나 가슴이 뭉클해졌다. 용기를 내어 당시의 내 속마음을 들여다보니 과거가 새록새록 떠올랐다. 그러자 방황도 했지만 포부 넘치던 그 시절 나와 동료들의 풋풋한 얼굴이 되살아났다.

사회 가치관이 변하고 여러 취약 계층의 권리가 중요해진 시대에 내가 태어난 건 정말 행운이다. 만약 시간을 되돌린다면 나는 무척 고생스럽지만 기쁨 또한 큰 이 일을 다시 선택할까? 다채로운 생명과 또다시 만날 수 있다면 이 길은 분명 후회 없는 선택이 될 거라고 굳게 믿는다.

동물보호 문제 노트

노트 1. 실험동물

동물 실험은 여러 동물 문제 가운데 대중이 직접 논의하기 어려운 주제다. 아무래도 실험은 전문 과학의 영역이기에 접근하기 힘든 데다 철학과 과학 분야에서 논란이 진행 중이기 때문이다. 그리고 사회에서 우리와 더불어 살며 접촉할 수 있는 떠돌이 동물이나 전시동물과 비교하면, 실험동물이 처한 고통은 직접 보기 어렵다는 점이 있다.

단편 다큐멘터리 〈피실험자(Test Subjects)〉에는 박사 과정 중 동물 실험을 한 과학자 세 명의 인터뷰가 담겨 있다. 그들은 동물 실험에 관한 중요한 문제점 몇 가지를 지적했다. 첫째, 동물 실험의 결과를 인간에게 고스란히 적용할 수 없으며 둘째, 관련 제도의 경직성으로 동물 실험의 필요성에 대한 성찰이 부족하다. 그리고 마지막으로 동물 실험을 직접 진행하는 사람들이 트라우마를 겪을 수도 있다.

보통 대중들은 제품이나 약품의 개발 단계에서 동물 실험을 거치면 효과와 안전성이 입증된 것으로 믿지만 이는 '유추의 오류'다. 사실 특정 동물(예를 들면, 동물 실험에서 자주 이용되는 흰쥐)의 몸에서 얻은 결과를 반드시 인체에 적용할 수 있는 것은 아니다. 사람과 쥐는 생리학적으로 아주 다르기 때문이다. 유수의 정기 간행물에 발표된 동물 실험에 관한 연구에 의하면, 90%는 20년 내에 임상 적용할 수 없으며, 동물 실험 단계에서 성공한 신약은 임상 단계 진입에 95%의 확률로 실패한다. 철학의 관점에서 보면,[1] 동물 실험은 인간과 동물이 유사하다는 잘못된 가설을 세운 반면, 동물을 윤리적으로 다뤄야 하는 도덕적 대상으로 취급하지 않는다. 결국 동물 실험에 대해 과학적으로는 잘못된 유추를 하면서 윤리적으로는 전혀 고려하지 않는 것은 이중 잣대로, '종차별' 의식이 여전히 사회에 깊숙이 뿌리내렸다는 증거다.

시장에는 동물 실험을 거친 제품들이 수없이 쏟아지지만 동물 실험은 불필요하고, 무의미할뿐더러 잔인하다. 대만을 포함한 세계 41개 국가와 18개 주는 화장품의 동물 실험을 법적으로 금지하지만 여전히 많은 나라에서는 화장품 개발과 출시 전 단계에 동물 실험을 한다. 이처럼 오늘날의 사회 시스템은 동물 착취와 불공정함을 발판 삼아 돌아가고 있다. 그리고 다른 사회 문제역시 동물 착취 문제와 비슷한 구조를 띠며 이 둘은 서로 얽혀 있다. 따라서 동물 문제에 대한 인류의 성찰은 인간의 복지 문제와마찬가지로 자연에 대한 태도, 그리고 세계관이나 생명 가치관과 밀접한 관계가 있다.

과거 대만에서는 건강식품에 '소록인(小綠人)'이라는 인증 마크를 부착하기 위해 동물 실험을 거치는 경우가 많았다. 동물보호단체는 동물을 고통에 빠뜨리는 뒤떨어진 실험방식과 건강식품 인증 제도를 끊임없이 지탄했다. 2021년 대만 보건부 식약처는 '건강식품의 항피로 기능 평가 방법'이라는 명칭을 '건강식품 항피로 보건 기능 평가 방법'으로 바꾸면서 잔인한 동물 실험을 전부 폐지했다. 과거에는 생산자가 인체 실험과 동물 실험 가운데 자유롭게 선택할 수 있었는데 대부분이 비용이 저렴한 동물 실험을 선호했다. 대만동물사회연구회의 설명에 따르면, '건강식품의 항피로 기능 평가 방법'에서 가장 질타받은 항목은 바로 유영 실험과 러닝머신 실험이다.

유영 실험이란 수조에 실험쥐의 발이 닿지 않을 만큼 물을 채운 뒤 각 그룹당 8마리의 실험쥐를 수조에 넣고, 체력이 고갈되어 익사할 때까지 헤엄치게 만드는 것이다. 심지어 연구원은 시간을 단축하려고 실험쥐의 등에 철사를 감아 하중을 가하기도 한다. 러닝머신 실험은 말단에 전기 충격 장치가 달린 러닝머신에 시궁쥐(몸집이 큰 쥐-옮긴이)를 올려놓고 달리게 하는 것이다. 점차 스피드를 올리고 경사 각도를 높여 시궁쥐의 체력을 전부 소진시킨다. 전기 충격 구간에 떨어져 여러 차례 전기 충격을 받고도 다시 일어나서 달리지 않으면 체력이 고갈된 걸로 판정한다.[2]

이런 실험으로 수없이 많은 동물들이 상상할 수 없는 고통을 받았다. 더군다나 대량으로 번식하고도 실험에 투입되지 못한 실험동물들은 잉여물로 취급되어 '소각' 처리됐다. '동물구호평가회(Animal Charity Evaluators, ACE)'는 미국의 경우 매년 희생되는 실험동물의 수가 농장동물의 수에 버금가지만 실험동물의 고통보다는 반려동물에게 훨씬 많은 관심이 쏟아진다는 사실을 지적했다. 그리고 실험용 생쥐와 시궁쥐의 경우 미국에서는 '동물'로 간주하지 않기 때문에 실제 수치조차 파악하기 어렵다고 밝혔다.

코로나19 유행 당시, 절대 다수의 백신은 개발 단계에서 동물 실험을 거쳤다. 다행스러운 소식은 모더나를 포함한 세 종류의 백신은 과거에는 반드시 거치던 동물 실험 절차를 건너뛰었다는 점이다. 과거에는 동물 실험을 통해 어느 정도 지식을 축적할 수 있었는지도 모른다. 하지만 이 때문에 동물과 사람 모두 큰 대가를 치러야 했다. 그것은 더욱 의미 있는 인체 실험을 실행하거나 대체 방안을 찾는 데 써야 할 시간을 동물 실험으로 허비한 것이다. 실험동물이 겪는 '고통'에 비례해 '이익'도 증가할까? 아무리 '공리주의'의 관점에서 생각해본다 한들 결코 만족스러운 결과는 도출할 수 없다. 동물권의 관점에서도 그 어떤 동물도 집단과 사회의 이익을 위한 희생양이 되어서는 안 된다.

몇몇 국가에서는 일찍이 100년 전부터 동물 실험에 반대하는 사회운동이 전개되었다. 이보다 더 많은 국가에서는 정부 차원에서 동물 실험을 반성하는 한편 동물 실험을 대체할 연구 방안이 논의 중에 있다. 네덜란드는 경제부에서 주도하는 국가 정책의 하나로 2025년까지 생체 동물 실험을 폐지한다는 목표를 세웠다. 앞으로 사람들은 동물 실험에 대한 성찰이 도덕과 윤리적 측면의 문제일 뿐 아니라 과학 방법론의 문제임을 깨달을 것이다. 시대에 뒤떨어지며 불합리한 동물 실험을 점진적으로 폐지하는 것이야말로 과학과 의학 발전에 보탬이 된다.

1960년대부터 동물 실험의 '3R 원칙'이 널리 퍼지기 시작했다. 3R 원칙의 내용은 다음과 같다. 첫째, 대체(Replacement), 가능하면 동물 실험을 다른 방법으로 대체한다. 둘째, 감소(Reduction), 실험에 사용되는 동물의 숫자를 최대한 줄인다. 셋째, 개선(Refinement), 실험동물의 고통을 가급적 줄인다. 세 단어의 머리글자인 R을 따서 간단하게 3R 원칙이라고 한다. 최근 들어 제안된

네 번째 R은 책임(Responsibility), 책임감 있는 실험 태도를 뜻한다. 이 밖에도 '1R'만 강조하며, 오로지 '대체'로만 앞에서 언급한 동물 실험에 따른 문제를 해결할 수 있다고 주장하는 단체도 있다.

현재 동물 실험의 대안으로는 장기칩(organ-on-a-chip), 초미량 약물 투여 등이 있다. 장기칩이란 미세 칩에 다양한 생체 조직을 배양한 것으로 간단히 말하면, 생체 기관을 모방한 칩이다. 예를 들어 장기칩 가운데 '폐칩'은 호흡하듯 팽창과 수축을 반복하며, 다세포인 폐포를 같이 배양할 수 있다. 따라서 기존의 단세포나 2차원 세포보다도 생체 모방성이 뛰어나다. '초미량 약물 투여'는 기존 투여량의 수백 배에서 천 배가량 적은 양의 약품을 인체에 투여하는 것으로 안전하게 약물동태학 특성을 관찰할 수 있다. 이를 '임상 0상'이라고 부르기도 하는데 동물 실험을 마치고 본격적으로 임상 1상에 들어가기 전에 실행한다.

교육 분야에서는 살아 있는 동물로 실험하는 대신 다른 방안을 적극적으로 활용하는 추세다. 매년 전 세계에서 교육용 동물 실험에 투입되는 동물 수는 약 1,000만에서 1,500만에 이르는데 주로 검증 실험과 조작 실험의 훈련을 위해 진행된다. 따라서 대부분의 동물 실험은 영상 교육, 모형 연습, 가상현실 기술 활용 등의 여러 방법으로 대체할 수 있다.[3] 더군다나 교육의 목표는 인도주의 정신을 지닌 인재를 양성하는 것이므로 교육을 위해서라도 이 분야의 발전은 불가피하다. 오늘날 수많은 국가와 고등 교육기관에서도 이 점을 인지하고 개선에 나서고 있다.

노트 2. 농장동물

매년 전 세계 600억에서 700억 마리에 이르는 육생동물이 축산품에 대한 수요를 충족하기 위해 도축장으로 끌려간다. 이 숫자는 세계 총 인구의 10배에 달하는 수치다. 만일 여기에 수치화하기 어려운 수생동물까지 보탠다고 해보자. 게다가 오늘날의 조업 방식 때문에 죽음에 이르지만 우리의 식탁에는 오르지 않는 동물, 이를 테면 어망에 감겨 질식해 죽는 돌고래, 바다거북, 물고기 수까지 포함한다면 희생되는 동물 수치는 우리의 상상을 초월한다. 존 맥스웰 쿳시는 소설 『동물로 산다는 것』에서 '진정한 공포는 살인자들이 희생자들의 자리로 생각해 들어가기를 거부했고, 다른 모든 이들 역시 그랬다는 데 있다'라고 했다.[4]

고기는 우리 식탁에 오르거나 버려지기도 하지만 대만이든 서방 국가든 개와 고양이 사료의 원료로도 막대한 양이 소비된다. 동물구호평가회에서는 미국의 경우 동물보호 기구에 들어오는 기부금의 90%가 동물 구조 활동에 쓰이는 데 반해 겨우 0.8%만이 농장동물을 돕는 데 쓰인다고 지적했다. 그러나 우리가 매년 도축되는 농장동물의 수에 관심을 기울인다면 농장동물이 전체 동물의 99.6%를 차지한다는 사실을 알게 될 것이다.[5] 이 두 데이터가 알려주는 사실은, 농장동물의 규모는 방대한 반면 관심도는 현저히 떨어지고, 반려동물은 차지하는 비율에 비해 상대적으로 많은 사회적 자원을 제공받는다는 점이다.

반려동물은 접촉할 기회가 많은 만큼 사람들과 정서적으로 더 가까운데, 반려동물에게조차 관심 갖지 않는다면 과연 다른 동물을 도울 수 있을지 우려하는 목소리도 있다. 물론 이 또한 하나의 관점이지만 동물윤리학의 관점에서 보면 쉽사리 이런 결론을 낼 수 없다. 최대 다수의 최대 행복을 추구하는 공리주의를 예로 들어보자. 농장동물의 숫자는 매우 많기에 이들을 각각 한 마리로 생각하면 농장동물의 이익은 중요해진다. 따라서 '우리의 생활과 동떨어져 있다'는 이유로 농장동물을 소홀히 해서는 안 된다.

대부분의 농장동물은 오랜 역사에 걸쳐 인간에게 길들여졌지만 오늘날의 집약식, 공장식 사육은 동물의 활동 공간과 자원을 극도로 축소시켰다. 최대의 이윤을 추구하는 경제적 논리 아래 두 마리에서 네 마리의 암탉이 겨우 A4용지만 한 '배터리 케이지'에 가둬지고, 알을 못 낳는 수평아리는 태어난 지 하루 만에 분쇄기에 넣어져 '폐기'된다. 어미 젖소는 강제로 임신과 출산을 반복할 뿐 새끼는 직접 기르지 못하며, 이렇게 짜낸 우유는 상품이 되어 인간의 입으로 들어간다. 결국 어미 젖소의 몸은 칼슘이 다 빠져나가 겨우 네 살에 '도태'될 운명에 처해진다.

통계에 의하면, 대만인은 매년 닭을 3억 마리 이상 먹어치우며, 고기 가운데 돼지고기의 소비가 가장 크다. 학자 첸융샹(錢永祥)은 다음과 같이 지적했다. "농업위원회의 보고에 따르면, 대만에서는 2015년에 돼지 800만 마리와 소 3만 마리, 양 7만 마리를 도축했다. 그러면 닭은 얼마나 희생됐을까. 자그마치 3억 2,000만 마리다. 바꿔 말하면 2,300만 대만인이 1년에 4억에 가까운 생명을 소비한다는 뜻이다."⁶ 저가 육류품을 소비하는 대가로 동물복지가 낙후되고, 환경이 오염되며, 소비자의 건강도 악화된다. 우리 문화에서 육류는 풍족함과 포만감 심지어 건강을 상징한다는 점 또한 무시할 수 없다. 미국의 심리학자이자 동물 운동가인 멜라니 조이(Melaney Joy)의 말에 의하면, 우리는 '육식 문화' 속에서 무의식적으로 살아가고 있다.

오늘날 여러 비정부기구와 영양학 단체에서 펼치는 주장에 의하면, 동물성 식품은 우리 몸에 꼭 필요하지 않을뿐더러 풍부하고 다양한 영양소를 제공하는 여러 식물성 식품만 못하다. 더군다나 동물의 몸에 투여되는 항생제 때문에 인체에도 약에 대한 내성이 생길 가능성이 높다. 세계 각지의 식품 회사는 고기의 대체 상품으로 다양한 '대체육(콩, 밀가루 등 식물성 원료를 이용해 고기와 유사하게 만든 것-옮긴이)'을 출시했다. 대체육 햄버거용 고기나 돼지고기 맛 다짐육은 식감도 좋을뿐더러 재료도 몸에 훨씬 좋다. 한편 축산업계는 여전히 대규모 개발을 거듭하며 남아메리카 등지의 원시림을 식물성 사료의 원료인 대두 경작지로 개간하고 있다. 대두 사료를 먹은 소는 소화 과정에서 메탄가스를 대기에 배출하는데 온실효과에 미치는 영향이 이산화탄소보다 28~36배가량 높다. 이처럼 오늘날의 식량 생산 시스템은 인류는 물론 전 지구 차원에서도 지속 가능한 방식이 아님을 다양한 측면에서 확인할 수 있다. 그렇기에 보전단체(종 보전에 힘쓰는 단체-옮긴이)들도 "고기 소비를 줄여서 지구를 살리자"라는 슬로건을 내건다.

다행히도 앞서 언급한 농장동물의 환경에도 변화의 바람이

불고 있으며, 갈수록 많은 국가와 기업에서 정책을 바꾸고 있다. 유럽연합은 2012년부터 산란계의 배터리 케이지 사육을 전면 금지했다. 선진국은 대만에서 널리 사용되는 '모돈 스톨' 같은 시설의 사용을 금지한다. 기업의 경우를 살펴보면, 스웨덴의 가구 회사 이케아(IKEA)는 대만에서 자유방목 계란을 전면적으로 사용하는 식품 정책을 앞장서서 제안했고, 대체육 등 식물성 식재료 시리즈를 함께 출시해 소비자의 선택권을 확대했다. 게다가 이케아는 하버드대학과 예일대학을 비롯한 미국의 유명 대학들과 마찬가지로 식물성 메뉴의 비중을 늘릴 계획이다.

어쩌면 육식이든 채식이든 개인의 선택 문제일 뿐이며, 사회 전체의 식생활 문화를 바꾸는 건 동물권을 주장하는 사람들의 허황된 유토피아일 뿐이라고 생각하는 사람도 있을 수 있다. 그렇다면 다음의 두 가지 예를 한번 살펴보자.

첫 번째는 개와 고양이 고기다. 일부 동아시아 국가에서는 개와 고양이 고기가 아직도 흔히 유통되지만 대만을 비롯한 세계 여러 국가에서는 개와 고양이의 식용 거래는 위법이다. 그렇다면 동물을 대하는 방식이 위법인지 아닌지 결정할 때 사안의 옳고 그름을 따져야 할까? 아니면 다수가 이끌어낸 문화적 합의에 따라 결정해야 할까? 정해진 답은 없다. 하지만 우리가 언젠가 동물 윤리에 관한 문화적 합의를 최대한으로 이끌어냈다고 가정하면, 동물의 고기를 먹는 것 자체도 얼마든지 위법 행위가 될 수 있다는 걸 어렵지 않게 상상할 수 있다.

두 번째 예는 모피 문제다. 사람들은 밍크, 여우, 너구리의 모피를 얻기 위해 매년 수천만 마리의 동물을 희생시킨다. 모피산업은 일부 나라에서 여전히 번성 중이지만 점점 더 많은 사람들이 반대에 나서고 있다. 이는 윤리적 차원의 문제일 뿐 아니라 모피를 가공하는 과정에서 환경이 심각하게 오염되며, 시판되는 대다수의 모피 제품에 잔류 중금속과 발암물질이 들어 있을 가능성이 높기 때문이다. 코로나19 유행 시기, 밍크는 사육장에서 감염됐고 변이된 바이러스를 다시 사람에게 전파했다. 이는 공중보건에 큰 위협이기에 갈수록 많은 국가들이 모피 사육장 운영을 금지하거나 제한했다.

만일 동물 모피가 어느 날 갑자기 역사의 뒤안길로 사라져 모피 생산은 물론 거래도 금지되고 입을 수 없게 된다고 해보자. 그렇다면 언젠가 동물의 고기도 이와 같은 운명을 맞이할 수 있지 않을까?

노트 3. 야생동물

사람들이 흔히 말하는 '동물보호'란 대체 어떤 동물을 가리키는 단어일까? 우리 가까이에 있는 반려동물, 혹은 육가공품이 되어 식탁에 오르는 동물일까? 그것도 아니면 거리의 떠돌이 동물이나 숲속의 야생동물일까?

자연에서 살아가는 야생동물은 우리의 일상생활과는 거리가 먼 듯 보이지만 실은 인류의 고기 소비에 큰 영향을 받는다. 월드워치연구소(Worldwatch Institute, WWI)의 조사에 의하면, 전 세계

70%의 농업용지는 농장동물 사육에 이용되고, 나머지 10%의 토지에서 농장동물의 사료작물이 재배된다.[7] 환경권 또한 동물권의 일부분으로 동물의 생활은 그들이 살아가는 환경과 밀접한 관계에 있다. 만약에 서식지인 자연환경이 파괴된다면 동물은 당연히 큰 영향을 받을 수밖에 없다.

팜유는 여러 가공식품에 다양하게 활용되지만 최근 들어 사용하지 않는 식품업체가 늘어나는 추세다. 저렴하고 쓰임새도 다양한 팜유를 생산하기 위해 동남아시아의 거대한 원시림이 파괴되기 때문이다. 대규모 경작으로 야생동물의 드넓은 서식지는 파괴되거나 불태워진다. 숲에 살던 오랑우탄은 매년 개간으로 놓는 불에 화상을 입거나 목숨을 잃는다. 결국 수많은 동물이 팜유 생산으로 삶의 터전을 잃었고 일부 동물은 멸종 위기에 처했다. 그러자 사람들은 소비주의와 글로벌 자본 시장의 영향으로 동물이 죽고 서식지가 파괴되는 문제에 점차 관심을 가지며, 팜유의 생산지도 확인하고 사용에도 주의를 기울이게 됐다. 이에 '환경친화적 팜유'를 인증하는 기구도 등장했다.

최근 대만에서는 왕우렁이, 이구아나, 아프리카 흑따오기 같은 '외래종'에 대한 논란이 점점 뜨거워지면서 이들이 공공의 적 취급을 받기에 이르렀다. 이런 동물은 대체 어떻게 대만에 출현했을까? 왕우렁이는 사업성이 높은 것으로 알려져 대만에서 양식되기 시작했으나 나중에 자연에 버려지면서 생태계와 농업 환경에 악영향을 끼쳤다. 아프리카 흑따오기는 동물원 사업자가 들여왔지만 일부가 탈출해서 번식하는 바람에 개체가 수천 마리 이상으로 늘어났다. 정부에서는 외래종을 '퇴출'시키기 위해 이구아나나 아프리카 흑따오기를 포함한 여러 동물의 수렵을 권장하고 있다. 동물보호의 관점에서 우리는 이런 현상을 어떻게 받아들여야 할까? 외래종 동물에게도 동물권이 있을까? 우리는 외래종의 동물 복지도 고려해야 할까? 외래종도 보호해야 할까?

보전(conservation)은 오늘날 사회에서 많은 이들이 중시하는 가치다. 보전이란 특정 동물종의 보존을 의미하며 때로는 생태환경의 보전을 뜻하기도 한다. 어떤 방법으로 실천하든 '보전'에는 '전체론(holism)'적 사상이 포함되어 종 전체나 안정된 생태계에 초점을 맞춘다. 동물보호, 동물복지과학 및 동물권리론에서 '개체(individual)' 동물에 주목하는 것과 대조된다. 최근 대만의 여러 보전단체와 동물보호단체는 특정 이슈를 놓고 갈등을 겪고 있다. 예를 들면, 떠돌이 개에게 물려 다치거나 죽는 야생동물 문제, 그리고 대만원숭이의 보호 등급을 '강등'하는 문제가 있다. 전자는 떠돌이 개나 고양이의 사육 문제, 그리고 정말 개나 고양이가 야생에 살면서 야생동물을 해치거나 죽이는지가 논란이 되고 있다. 후자의 논란은 다음과 같다. 대만원숭이의 개체 수 증가에 따라 영역이 점점 사람들의 활동 공간(논과 밭, 산간 개발지, 레저 활동지)과 겹치자 사람과 원숭이들은 잇달아 충돌을 빚었다. 이에 대해 보전단체와 동물보호단체는 이견을 보였다.

동물보호는 종의 보전이나 생태환경의 보전보다 '개별'적인 동물이 처한 상황을 개선하는 데 집중할 때가 많다. 보전과 동물보호의 공통점을 꼽아보면, 둘 다 인간중심주의에 반대한다는 점이다. 만일 우리가 동물의 서식지와 생태환경을 잘 보전한다면 동물들 역시 인간의 침입으로부터 보호받을 수 있지 않을까? 마찬가지로 우리가 자연에서 살아가는 동물을 주체적인 존재로 보고, 해를 입히거나 방해하지 않는다면 생태계 평형이 유지될 것이다. 어쩌면 이것만으로 보전 활동의 목표를 달성할지도 모른다.

살쾡이를 예로 들어보자. 살쾡이는 주로 대만 중서부의 산악 지역에 서식하는데 그 일대에 도로가 깔리고 주거지역이 확장되면서 로드킬을 당하는 경우가 많아졌다. 살쾡이를 보호하려면 동물종과 서식지 보전에도 힘써야 하지만 동물보호 정신도 발휘해야 한다. 따라서 보전과 동물보호는 서로 다른 방면에 초점을 두지만 가치관이나 실천 효과는 일치하는 부분이 아주 많다.

많은 사람들이 관심을 갖는 또 다른 야생동물 문제로는 '깃대종' 보호가 있다. 그러나 깃대종 보호는 동물보호나 동물윤리학의 관점에서 보면 논란의 여지가 있다. '깃대종'이란 자이언트 판다나 호랑이, 코끼리처럼 대중적 인기를 누리며 호소력을 지닌 일부 종을 말한다. 여러 단체에서는 깃대종을 종 보전 활동의 상징으로 내세워 특정 종과 그들이 지내는 생태환경에 대한 관심을 끌어모은다. 더욱이 다른 종을 향한 관심과 지원까지 얻어내기도 한다. 자이언트 판다를 예로 들면, 현재의 보호 방식은 '구역 내 보호(in-situ conservation)'와 '구역 외 보호(ex-situ conservation)' 두 가지로 나뉜다. 구역 내 보호는 동물의 서식지 안에서 보호하는 것으로 생태환경 전체를 보호해서 사람들이 미치는 영향을 최대한 줄이는 것이다. 후자는 판다를 인공적인 환경에 가둬 사육하면서 생존과 번식을 돕는다. 보전의 정신에 따라 가급적 '구역 외 보호'를 하고 '구역 내 보호'는 상황이 여의치 않을 때만 활용해야 한다. 그러나 판다의 보전을 실천하는 과정에서 수많은 개체가 갇혀 지내게 됐다. 판다는 서식지 환경과는 거리가 먼 협소한 공간에서 평생을 갇혀 살고 있으며 후손들이 자연으로 돌아갈 확률은 극히 낮아졌다. 대만 역시 매년 수천만 대만달러를 들여가며 동물원에서 판다를 돌보고 있다. 하지만 이는 과연 보전을 위한 것일까? 이를 동물보호라고 할 수 있을까?

야생동물에게는 결국 인류의 적극적인 '보호'가 필요할까 아니면 필요하지 않을까? 보전과 보호는 구체적으로 어떤 공통점이 있으며, 어떤 부분에서 다를까? 모두 곰곰이 생각해볼 필요가 있다.

노트 4. 전시동물

2008년, 타이베이 시립 무자 동물원과 육복촌(六福村) 야생동물원에서 자이언트 판다를 들이려고 하자 대만의 환경보호단체와 동물보호단체에서 반발했다. 민간단체에서는 판다를 대만에 데려와도 종 보전에 도움이 되지 않을뿐더러 판다 연구는 이미 충분히 진행된 만큼 연구할 필요가 없다는 사실을 지적했다. 더욱이 이미 사육 중인 동물에게도 자원과 공간이 충분히 제공되지 않는 통에 막대한 비용을 판다에게 투입한다면, 다른 동물과의 자원의 불균형 및 형평성 문제가 생긴다는 것이다. 판다 보호와 관련된 논란은 이 외에도 여러 가지가 있다. 판다는 단순한 동물이 아닌 정치, 경제, 문화의 아이콘으로, 전 세계와 양안관계(대만과 중국의 관계-옮긴이) 및 대만 사회에서도 상징적인 존재다.

현대의 동물원은 오락, 보전, 과학 연구 및 교육의 네 가지 기능을 제공한다고 주장한다. 여기서 '오락'은 확실히 인간을 만족시키기 위한 것이다. '보전'은 앞에서 밝혔듯이 마땅히 동물의 서식지에서 이루어져야 하는 만큼 동물원의 보전 기능에는 한계가 있다. '과학 연구'는 거의가 인간의 지적 욕구를 충족시키기 위한 것으로 때로는 현대의 지식 생산 체제에 기여하기 위해 진행된다. 요컨대 동물원의 생활환경은 실제 서식지와 큰 차이가 있기 때문에 동물 특유의 자연적인 습성이 발현되기 어려우며, 더군다나 심신에 병이 들거나 정형행동 같은 문제를 겪는 경우도 있다. 따라서 동물원에서 실시하는 동물 연구가 특정 종을 자연환경에서 보전하거나 보호 활동을 하는 데 정말 도움이 되는지 의문이다. 마지막으로 동물원이 긍정적인 의미에서 '교육' 기능을 제대로 발휘하는지 한번 살펴보자.

대만동물사회연구회에서 2014년에 대만 국민을 대상으로 동물원 관람 실태를 조사한 결과, 관람객들은 우리 앞에서 평균 20초에서 39초라는 상당히 짧은 시간을 머무는 것으로 밝혀졌다. 사실 현대의 동물원은 동물종 수는 많지만 동일 종의 개체 수는 적게 유지한다. 이처럼 다양한 동물을 전시해 관람객의 만족도를 올리는 전시 형태를 '우표 수집식' 전시라고 한다. 동물보호단체에서는 동물원의 전시 형태가 사람을 만족시키기 위한 것일 뿐

결코 동물의 이익을 위한 게 아니라며 비판한다. 그리고 사람들이 동물원에서 배우는 지식과 동물보호 정신에는 한계가 있으며 왜곡됐을 가능성이 높다고 지적한다.

설상가상으로 개인이 운영하는 소형 동물원이나 체험농장을 포함한 여러 동물원은 생태 교육을 가장한 동물쇼로 더 큰 수익을 벌어들인다. 대부분의 동물쇼는 동물이 관람객 앞에서 미끄럼틀을 타거나 불 고리를 뛰어넘는 등 부자연스러운 행동을 하는 것으로 동물에게는 큰 스트레스가 된다.

전시동물에 관한 다큐멘터리 〈블랙 피시(Black Fish)〉(2013)에는 미국의 해양 공원 시 월드(Sea World)의 범고래 틸리쿰의 이야기가 담겨 있다. 틸리쿰은 포획 과정에서 억지로 가족들과 헤어져 혼자 시 월드로 팔려 왔는데 오랜 세월을 좁은 수조에 갇혀 지내며 다른 범고래들에게 집단 따돌림을 받았다. 몸에는 상처가 날마다 하나씩 늘어났는데 붉은 피가 줄줄 흐르는 모습이 카메라에도 포착됐다. 틸리쿰은 전시되거나 훈련받는 시간 외에는 자신의 몸보다 조금 큰 수조에 하루에 몇 시간이나 갇혀 있었다. 이처럼 부자연스러운 환경과 사회관계 속에서 틸리쿰의 몸과 마음에 큰 이상이 생겼고, 몇 년 후에는 몇 사람을 죽음으로 몰고 간 비극적인 사고를 일으켰다. 먼저 틸리쿰의 조련사가 죽음을 맞이했으며, 다음으로 야생동물에 대한 지식이 부족한 관람객이 수조에 들어갔다가 틸리쿰의 공격으로 사망했다. 자연 상태의 야생동물은 극도로 공포에 질려 있거나 큰 두려움을 느낄 때만 방어 차원에서 사람을 공격한다. 하지만 사육 상태의 야생동물은 질병과 노이로제에 자주 노출되기 때문에 동물복지가 열악하거나 인간과 부자연스러운 상호작용을 할 경우에 인간과 충돌을 빚을 가능성이 있다.

틸리쿰의 길고 외로운 일생은 결국 몇 사람의 생명을 앗아간 비극을 만들었다. 한편 다큐멘터리에 의하면, 해양 공원에서는 직원 복지에 소홀하고 동물복지에 실패한 책임에서 벗어나기 위해 언론을 조작하고 변호사를 고용한 것으로 나타났다. 그런 가운데 동물쇼를 이어가면서 경제적 이득을 취했다. 다큐멘터리에는 과거 이곳에서 일한 조련사의 인터뷰도 담겨 있다. 조련사는 이런 시스템 속에서 직원들은 위험에 노출되고 안전을 보장받지 못했지만 동물에게 양심의 가책을 느끼는 상황에서도 계속 일할 수밖에 없었다고 증언했다. 〈블랙 피시〉는 북미 사회에 큰 반향을 일으켰고 관객들은 동물쇼로 동물뿐 아니라 인간도 피해를 입는다는 사실을 알게 됐다. 하지만 안타깝게도 동물쇼의 관람객들은 대부분 이 사실은 전혀 알지 못한 채 동물에 관한 잘못된 정보를 무의식적으로 받아들이게 된다. 하지만 다행히도 뉴욕주와 캘리포니아주에서는 다큐멘터리 상영 이후 범고래의 사육을 금지하는 법안을 입법했으며, 캘리포니아주에서는 시 월드 측에 범고래의 번식과 야생 범고래 포획 금지 명령을 내렸다. 2016년, 틸리쿰은 병세가 악화되어 세상을 떠났고 시 월드는 범고래 공연을 중단하겠다고 발표했다. 캐나다는 2019년에 돌고래 공연을 법적으로 금지했으며 프랑스는 일찌감치 2017년부터 돌고래와 범고래의 사육을 금지했다. 더 나아가 2021년에는 2년 내로 서커스단의 야생동물쇼를 종식하겠다고 발표했다.(한국에서는 2022년 전시 공연

목적으로 돌고래류를 새로 들이는 것이 금지됐으나 2024년에도 공연에 동원되는 돌고래가 있다-옮긴이)

2021년에 대만 남부의 한 사립 동물원이 아프리카 에스와티니의 기린 18마리를 구입할 계획이라는 소문이 퍼지자 사회적 이목이 집중됐다. 아프리카의 광활한 초원에서 지내던 기린은 과연 대만 동물원의 사육환경에 만족할 수 있을까? 대만에서 기린을 기르는 건 보전을 위해서일까, 아니면 단지 더 많은 관람객을 유치해 표를 팔아 관광 수익을 올리기 위해서일까? 동물단체는 해당 동물원에서 현지조사를 하던 중 몇 년에 걸쳐 새끼 기린이 몇 마리나 갑자기 사망한 사실을 알아냈고, 기린을 돌볼 만한 의료 역량이 부족한 게 아닌지 의문을 제기했다. 민간단체에 의하면, 야생동물 거래는 아프리카 현지의 혼란한 상황을 틈타 이뤄지는 경우가 많으며 더욱이 동물을 불법으로 포획했을 가능성이 많다.

동물보호단체의 노력에 대중이 호응하며 동물 수입 문제가 사회적 논의로 확대되자 해당 동물원은 기린을 비롯한 여러 아프리카 동물을 수입하는 계획을 철회했다. 이 결과에 동물보호와 보전에 힘쓰는 사람들은 모두 환영의 뜻을 밝혔다. 하지만 대만의 많은 동물원, 체험농장 및 동물카페 등은 여전히 동물을 전시한다. 수많은 동물이 심신의 고통을 받지만 복지는 만족할 만한 수준이 전혀 아니다. 더군다나 이런 전시장에서 사육되는 바다표범이나 펭귄을 비롯한 생소한 동물에게 의료나 생활에 필요한 도움을 줄 수 있는 전문가도 부족하다. 따라서 동물보호단체는 특정한 동물을 돌볼 만한 자원과 역량이 갖춰지지 않았다면 동물을 수입하지도, 사육하지도 말자고 호소한다.

　동물보호의 문제는 환경과 긴밀하게 얽혀 있을 때가 많다. 대만 정부에서 외래종을 제거하기 위해 막대한 돈을 들여 사냥꾼을 고용해 야생 아프리카 흑따오기를 제거하고 있다. 하지만 아직도 여러 동물원에서는 아프리카 흑따오기를 전시한다. 동물원 측은 사육 중인 야생동물이 절대 탈출하지 않으리라 장담하지만 실제로는 매년 동물의 탈주극이 펼쳐진다. 결국 동물 전시는 동물 윤리의 문제일 뿐 아니라 생태와 환경, 정부의 자원 분배와 법정 규제와도 연관된 문제이다.

주

서장
1   '눅눅한 꽈배기'라는 그룹 이름과 동료들 이름, '동물은 친구'라는 단체 이름은 모
    두 가명이다.
2   비거니즘(Veganism)의 어원인 비건(Vegan)은 동물성 성분이 들어간 음식은 전
    혀 먹지 않으며, 동물 성분이 포함된 제품도 사용하지 않는 엄격한 채식주의자를
    의미한다.
3   베이징 토종고양이는 중국 시골고양이라고도 하는데 사실 잡종을 일컫는 말이다.

1장
1   이 책을 집필하면서 온라인 검색을 통해 당시 엽서에 인쇄되어 있던 곰을 찾아
    냈다. 이제야 알게 된 사실인데, 이 곰의 이름은 '청두전상(成都真相)'이었다. 다
    음은 곰 사진이 올라온 사이트 주소다: http://news.sohu.com/20090916/
    n266768816.shtml
2   「越南破獲熊場/ 台灣人非法飼養 榨取熊膽汁」, 『自由時報』, 2010年 1月 23日,
    https://news.ltn.com.tw/news/focus/paper/368586
3   亞洲動物基金創辦人謝羅便臣部落格, 2010年 1月 5日, https://pse.is/49yw4k
4   「黃信陽: 關於在全國範圍內停止活熊取膽業議案」, 『騰訊新聞』, 2011年 3月 8日,
    https://news.qq.com/a/20110308/001847.htm
5   「中藥協會會長房書亭: 養熊是保護野生熊的最佳方式」, 『央視網』, 2012年 2月 16日,
    http://news.cntv.cn/china/20120216/121145.shtml
6   『中國熊場的真相』, 대만동물사회연구회 출판, 영국세계동물보호협회(World
    Animal Protection, WAP) 협찬, 2000年 11月, 보고서 전문: https://www.
    east.org.tw/sites/east/files/content/upload/File/03/03~3-1-1.pdf
7   Jo-Anne McArthur, Captive, Lantern Books, 2017, pp.158-159
8   John Berger, "Why Look at Animals?", see, Penguin UK, 2009(존 버거, 박
    범수 역, 「왜 동물들을 구경하는가?」, 『본다는 것의 의미』, 동문선, 2020)
9   「安樂死 衆人淚別可愛"明星黑熊"」. 『華西都市報』, 2006年 2月 10日 http://news.
    sina.com.cn/c/2006-02-10/04238167041s.shtml
10 「法律應隨著道德進步而修改-記"立法禁止熊膽製品輸入香港"遊行」, 『獨立媒體』,
    2012年 4月 1日, https://pse.is/4akkhx

11 불훅(bullhook, 60~90cm 길이의 손잡이에 쇠꼬챙이가 달린 도구로 옛날부터 코끼리 훈련에 사용됨)

12 저장성(浙江省) 원링(溫嶺) 동물원 조련사는 호랑이에게 기념 촬영을 위한 훈련을 시키면서 온갖 학대를 일삼는다. 이런 시달림을 오래 겪은 듯 호랑이는 아무런 반응도 보이지 않는다. 영상 출처: https://www.youtube.com/watch?v=vsPKe95KRi8

13 「瀋陽動物園 11 隻東北虎餓死之謎」,『南方都市報』, 2010年 3月 23日

14 潘文石,『呼喊春天: 貓熊虎子與我』, 遠流出版社, 2006年, 第148頁.

2장

1 李鑑慧,「英國工業革命中的動物貢獻與生命經驗初探」,『成大歷史學報』, 第58號, 2020, 第83–87頁

2 대만동물사회연구회 홈페이지(http://www.east.org.tw/node/8170)의 2001년 5월 20일의 사진. 공주가 타이베이시 공립 보호소에서 심각한 피부병을 앓는 개를 안고 있다.

3 대만동물사회연구회 홈페이지(http://www.east.org.tw/node/8170)

4 세계적으로 유명한 동물복지 전문가 데이비드 브룸(David M. Broom)은 스트레스를 '환경이 사람이나 동물에게 불리하거나 해로운 영향을 끼치는 상태'로 설명했다. 다시 말해 '환경에 적응하지 못하는 것'을 가리킨다. 동물들이 스트레스를 느끼면 생리 및 면역 체계에 특별한 변화가 일어나며 복지도 실패로 돌아갈 수밖에 없다.(理查 瑞德所著詞條, 收錄於馬克 貝考夫編, 錢永祥等譯,『動物權與動物福利小百科』, 桂冠圖書, 2002年, 第328-329頁(Richard D. Ryder, Marc Bekoff, *Encyclopedia of Animal Rights and Animal Welfare*, Taylor&Francis Inc., 1998))

3장

1 張丹,『另一次是遇見你』, 上海科學技術文獻出版社, 2016, 第171頁

2 위의 책, 第175-176頁

3 위의 책, 第172頁

4 위의 책, 第179頁

5 章軻,「中國南航被批漠視動物生命」,『中外對話』, 2012年 10月 16日, https://chinadialogue.net/zh/1/41580

6 張丹, 앞의 책, 第57-58頁

7 대만동물평등권추진회 자료 인용, https://www.facebook.com/TAEA2013/

vides/465876301640052/ 더 많은 관련 자료는 다음을 참고하라. http://www.
east.org.tw/action/8571(台灣動物社會研究會)

4장

1   애니멀라이츠센터의 역사에 대해 더 알고 싶으면 다음 사이트를 참고하라.
    https://arcj.org/about-us/history/

2   일본어로 '오샤베리'는 수다 떨기나 특별한 목적 없이 하는 잡담을 의미한다. 유학
    생의 신분으로 각계각층의 동물권 활동가와 수다를 떠는 건 흔치 않은 기회였다.
    이 덕분에 나는 친구도 많이 사귀었다.

3   일본의 '3개 반' 동물권 조직은 일본 동물실험반대협회(Japan Against Vivisection
    Association, JAVA), 일본 애니멀라이츠센터, 동물학대와착취종식(Put an End
    to Animal Cruelty and Exploitation, PEACE), 지구생물회의(All Life in Viable
    Environment, ALIVE) 등 비영리조직(NPO) 네 곳이다. 그중 지구생물회의는 동물
    실험 반대 및 캠페인에 주력하고 있지만 아직까지 조직 내부에서는 동물권 조직으
    로 인정하지 않는다. 따라서 '반 개'의 동물권 조직으로 취급한다.

4   일본의 '암퇘지의 스톨 사용률' 91.6%: https://www.hopeforanimals.org/
    pig/233/

5   理查 瑞德所著詞條, 收錄於馬克 貝考夫編, 錢永祥等譯, 『動物權與動物福利小百科』,
    桂冠圖書, 2002年, 第326頁(Richard D. Ryder, Marc Bekoff, *Encyclopedia of
    Animal Rights and Animal Welfare*, Taylor&Francis Inc., 1998)

6   https://api.worldanimalprotection.org/

7   Upton Sinclair, *The Jungle*, Doubleday, Page & Co., 1906(업튼 싱클레어,
    채광석 역, 『정글』, 페이퍼로드, 2009). 영화 〈옥자〉 속 대사는 다음과 같다. "돼
    지는 버릴 게 없어. 죄다 먹을 수 있지. 꾸엑 소리만 빼고."

8   黃驛淵, 「直擊北部官辦屠宰場防疫漏接 全台 4.8 萬無證移工陷感染風險」, 『鏡週刊』,
    2020. https://www.mirrormedia.mg/story/20200303inv005/

9   전문을 보려면 다음 사이트를 참고하라. http://blog.sina.com.cn/s/
    blog_64679e1a0102za5v.html

5장

1   Taija Rinne, "The bittersweet union of the Chinese and Finnish fur
    industry", 〈Animalia Media〉, Finland. April 22. 2020. 핀란드어 기사:
    https://reurl.cc/0XxGWK

2   Management of the invasive Raccoon Dog(Nyctereutesprocyonoides)

in the north-European countries: https://reurl.cc/pMx2KZ; 핀란드의 외래
종 억제에 관한 내용: https://reurl.cc/O4kgmy

3   中國國家林業局, 『貂, 狐, 貉繁育利用規範』, 2016

4   『Toxic Fur: A Global Issue』, ACTAsia, UK, 2018, p.22

5   툴리스패(Tuulispää)는 매우 분주하고, 열정적이며, 행동력 있는 사람을 형용하
는 말이다. 툴리스패 생크추어리 홈페이지: https://tuulispaa.org/

6장

1   *The Case Against Fur Factory Farming: A Scientific Review of Animal
Welfare Standards and 'WelFur'*, Respect for Animals, 2015, pp.27-28

2   Lennart Simonsson, "Finland Working on Virus Vaccine for Mink", 〈The
Standard〉, 2021. https://www.standard.net.au/story/7083891/finland-
working-onvirus-vaccine-for-mink/

3   덴마크 동물복지 전문가 안나 코르눔(Anna Kornum)과 개인적으로 연락함.

4   李娉婷, 「小北極狐破紀錄 76 天走 3500 公里」, 動物友善網, 2019, https://
animal-friendly.co/wild/15823/

5   다음의 영상을 참고하라. https://www.youtube.com/watch?v=bUeWzvzbRdcm

6   "All slaughterhouses in England to have compulsory CCTV", *The
Guardian*, Aug 11, 2017. https://reurl.cc/W1Xxj9

7   Sonia Faruqi, *Project Animal Farm*, Blackstone Audiobooks, 2015

8   〈어그개그 법〉을 두고 동물 착취 산업과 동물 학대를 폭로하려는 진영의 공방전
이 벌어지고 있다. 호주와 캐나다도 〈어그개그 법〉 제정을 통해 동물 학대의 진상
을 폭로하지 못하게 막고 있다.

9   현재 1,500개 이상의 브랜드와 소매상에서 '퍼 프리 리테일러(Fur Free Retailer)'
프로그램에 참여했으며 점점 많은 패션 디자이너들이 모피를 쓰지 않겠다고 선
언하고 있다. 아래 사이트를 통해 '퍼 프리'에 동참한 브랜드를 확인할 수 있다.
https://furfreeretailer.com/

10 '프리트 오르'의 해당 연도 수상자에 관한 참고 사이트: https://reurl.cc/GEbvqd

7장

1   '보전(保育)'은 영어로 'conservation'인데, 중국에서는 이 단어를 보통 '보호(保
護)'로 번역한다. 그리고 '보호'라는 뜻을 가진 'protection'과 혼용해 사용한다.
하지만 이 책은 앞뒤 내용의 통일성을 위해, 또 중국이 과거의 여러 사건에서 '보
전'이라는 개념이 내포된 행위를 취했다고 보기 어려우므로 일괄적으로 '보호'라

고 표기하도록 하겠다.

2   理查 瑞德所著詞條, 收錄於馬克 貝考夫編, 錢永祥等譯, 『動物權與動物福利小百科』, 桂冠圖書, 2002年, 第321頁(Richard D. Ryder, Marc Bekoff, *Encyclopedia of Animal Rights and Animal Welfare*, Taylor&Francis Inc., 1998)

3   劉敏, 「拒絶"降級"的大熊貓」, 『三聯生活週刊』, 2017年 3月 13日, 第11期, 第105頁

4   孫琪, 袁藝睿, 「優生優育: 大熊貓種群的新追求」, 『四川日報』, 2010 年 8月 6日

5   劉敏, 「拒絶"降級"的大熊貓」, 第103–104頁

6   潘文石等, 『繼續生存的機會』, 北京大學出版社, 2001年, 第299頁

7   夏勒著, 張定綺譯, 『最後的貓熊』, 天下文化, 1994年, 第387頁(Schaller, George B., *The Last Panda*, University of Chicago Press, 1994)

8   楊若莉, 張孚允, 羅文英, 「1976 年大熊貓災難性死亡原因的探討」, 『獸類學報』, 1981年, 1(2): 第127–135頁

9   歐陽惠筠, 「臥龍自然保護區大熊貓轉移到安全地帶」, 『人民日報』, 1983年 8月 10日

10 夏勒著, 張定綺譯, 『最後的貓熊』, 第314頁;潘文石等, 『繼續生存的機會』, 第5頁(Schaller, George B., *The Last Panda*, University of Chicago Press, 1994)

11 魏亞南, 「大熊貓保護工作有新進展, 有關方面希望進一步加強國際合作」, 『人民日報』, 1990年 8月 7日

12 뤼즈(呂植)는 1992년에 판다 DNA 유전자의 다양성이 다른 포유동물에 비해 결코 낮지 않음을 발견했다. 潘文石等, 『繼續生存的機會』, 北京大學出版社, 2001

종장

1   참고 자료 林憶珊, 『狗媽媽的深夜習題: 10 個她們與牠們的故事』, 無限出版, 2014年, 動物社會工作. 페이스북 계정: https://www.facebook.com/animalswtw

2   「"鳥王"劉武一審獲刑 13 年 捕獲獵殺萬餘野生動物」, 2015年 11月 3日, http://gongyi.cnr.cn/news/20151103/t20151103_520375338.shtml; 내가 루쉬(陸序)라는 필명으로 황셴인에 대해 쓴 기사, 「鄱陽湖的天鵝挽歌」, 『兩岸犇報』, 2012年 10月 1日, http://ben.chinatide.net/?p=522

부록

1   PETA, The Research Modernization Deal, October 2020. Accessed August 30, 2022. https://www.peta.org/wp-content/uploads/2020/12/PETA2021-Research-Modernization-Deal.pdf

2   다음 자료에서 인용했다. 台灣動物社會研究會, 「老鼠終於不必再荒謬游泳、跑步到

死！本會推動食藥署正式公告修正"健康食品之抗疲勞功能評估方法"」, 2021年 4月 16日. https://www.east.org.tw/action/8509

3   程樹軍,「動物實驗替代技術研究進展」[J],『科技導報』, 35卷 24期, 2017, 第40–47; 賈小東,「動物學實驗教學中的思考與探索」[J],『安徽農學通報』, 24卷 19期, 2018, 第134–135頁

4   庫切著, 朱子儀譯,『動物的生命』, 北京十月文藝出版社, 2006, 40頁(존 맥스웰 쿳시, 전세제 역,『동물로 산다는 것』, 평사리, 2006). 이 책에서는 도축장을 수용소에 비유하는 한편, 대상을 '비인간'인 동물로 여길 때는 마음의 소통을 단절시켜 동정심이 움직이지 않게 만드는 인간의 상황을 비판했다.

5   https://animalcharityevaluators.org/donation-advice/why-farmed-animals/

6   「台灣 4 億屠宰量 學者籲檢討吃肉文化」, Yahoo 奇摩新聞, 2017年 9月 8日. https://reurl.cc/jG1oKZ

7   伍冠瑋,「畜牧業搶走全球人類的糧食, 還讓地球發燒了」, 2019年 7月 26日. https://ubrand.udn.com/ubrand/story/12116/3952628

동물 유토피아를 찾아서

초판 1쇄 발행 2024년 11월 28일

지은이 룽위안즈
옮긴이 강수민 김영화
펴낸이 강수걸
편집 이선화 강나래 이소영 오해은 이혜정 김효진 방혜빈
디자인 권문경 조은비
펴낸곳 산지니
등록 2005년 2월 7일 제333-3370000251002005000001호
주소 부산시 해운대구 수영강변대로 140 BCC 626호
전화 051-504-7070 | 팩스 051-507-7543
홈페이지 www.sanzinibook.com
전자우편 sanzini@sanzinibook.com
블로그 http://sanzinibook.tistory.com

ISBN 979-11-6861-396-6 03300